激励

让员工自动自发地奔跑

田风◎编著

中国纺织出版社
国家一级出版社
全国百佳图书出版单位

内容提要

人的需求是多层次的，物质需求只是最低层次的需求，只是使用物质鼓励并不能从根本上激发员工的工作热情。本书为读者揭示了员工行为背后真正的动力源泉，归纳了赞美、荣誉、情感、竞争、企业文化等能够带给员工强大行动力的各种激励方式。管理者灵活运用这些手段，可以节约激励成本，激励效果也会大大提高。本书是激励员工的实用指南，适合各层次管理者阅读使用。

图书在版编目（CIP）数据

激励：让员工自动自发地奔跑 / 田风编著 . -- 北京：中国纺织出版社，2020. 2

ISBN 978-7-5180-5231-8

Ⅰ . ①激… Ⅱ . ①田… Ⅲ . ①企业管理—人事管理—激励制度 Ⅳ . ① F272. 923

中国版本图书馆 CIP 数据核字（2018）第 158640 号

策划编辑：曹炳镝　　责任校对：王花妮　　责任印制：储志伟

中国纺织出版社出版发行

地址：北京市朝阳区百子湾东里 A407 号楼　邮政编码：100124

销售电话：010—67004422　传真：010—87155801

http: //www.c-textilep.com

E-mail: faxing@c-textilep.com

中国纺织出版社天猫旗舰店

官方微博 http: //weibo.com/2119887771

天津千鹤文化传播有限公司印刷　各地新华书店经销

2020 年 2 月第 1 版第 1 次印刷

开本：710 × 1000　1/16　印张：17

字数：245 千字　定价：49. 80 元

前言

在一个组织中，无论是管人、管事、管钱还是管发展，其本质都是“人”的问题，人管到位了，领导自然就成功了。管人是一门高深的学问，领导者不仅要大权在握，更重要的是要有高超的领导艺术，充分地调动下属的工作积极性。世界上最复杂的事情莫过于“人事”，领导者最头疼的工作莫过于“管人”。

然而，在企业的实际运作中，不少领导常常感到人才不好找，员工不好管，有的时候甚至是束手无策。俗话说，没有带不好的兵，只有带不好兵的将军。这句话也可以这么说：没有管不好的下属，只有当不好的领导。要想当好领导，就必须懂得管理下属之道。

现在，很多管理者抱怨现在的员工跟过去比真是不一样了，他们的要求正在变得越来越高，但对企业的忠诚度却变得越来越低，他们的个性变得越来越强，承受力却变得越来越弱。从前那些仅仅是为了养家糊口，就能够顺从一切，服从一切，任劳任怨的员工已经难寻踪迹了。

事实上，人的需求是多层次的，物质需求只是最低层次的需求，因而使用金钱并不能从根本上激发员工的工作热情——即使对有些员工适用，但是其所起的作用也是有限的、短期的。真正有效的激励手段，往往是不花多少钱就能够做到的，关键是要抓住员工的心，从满足员工的心灵需要出发，才能让员工自动自发，充满热情地努力工作。

激励是什么呢？激励是一种让人向上的动力。车可以行驶，靠的是引擎；飞机可以飞翔，靠的是引擎；而激励对于员工，就像是引擎一样，给员工以动力。这种动力并非斥责员工就能获得，而是通过激励来实现的。因为激励代表别人对自己的信任，代表着别人对自己的肯定，代表着别人对自己的重视。

楚汉争霸时，投靠了刘邦的陈平，对西楚霸王项羽的评价是项羽表面上很爱他的士兵，他的士兵生病他也会因此落泪，但当他要奖赏将士时却特别吝啬，手里拿着发给下属的“印鉴”，却迟迟不肯发下去，因为“掌握”得太久，印鉴的角都被磨光了。下属得不到应有的赏赐，就会觉得主帅不是真的爱惜下属。

当然，不激励员工，员工也会工作，但是你想过这其中的区别吗？员工毫无动力地在工作岗位上机械地工作着，根本没有任何激情，没有任何对工作的热爱，这种工作态度就好像是缺少了润滑油的齿轮，费力地转动着，总会有一天承担不住负荷坏掉。如果我们能激励员工，员工就会朝气蓬勃地工作，每天都会有新的想法、好的创意，每天这些员工都会为我们的企业带来新的活力。美国学者杰克·弗朗西斯说过：“你可以买一个人的时间，可以安排一个人到固定的工作岗位，可以买到按时或按日计算的技术操作，但是你买不到热情，买不到创造性，更买不到员工的全身心投入，而你不得不设法去争取这些。”

你或许会说，就算不去激励员工，员工只要有能力，就一定能主动积极地工作，但问题是人才会为你工作吗？明察秋毫而不见车薪，是不为也，非不能也。一个明察秋毫的人，却看不到眼前的一车柴薪，显然，这不是他没有能力，而是他不愿意干。究其原因，这是因为动机没有被激发起来。可见，即使有能力，但没有动机的激励，也不能产生行为和绩效。

因此，只要有人的地方，就需要管理。只要有管理的地方，就需要激励。员工激励一直是企业管理的核心要素和永恒主题，在市场竞争越来越激烈的环境中，如何激励员工，已成为决定企业成败的关键要素之一。

那么如何激励员工呢？每天都去说一些重复的鼓励的话，或许员工在开始的时候还会有一些被激励的感觉，但是时间长了呢？久而久之他们就会对这种方式厌倦了。激励的方法是多种多样的，学会这些方法，就好像是学会了制造高级引擎，这些“高级引擎”会让员工勇往直前。物质激励很重要，但是物质却不能激励所有的人，有些人才是你用金钱收买不到的，他们需要你的信任、你的重视、你的提拔，还有你给他们提供的机会，这些激励方法，都需要管理者学会运用。

本书旨在告诉你，激励的重要性和如何去激励。本书从人性的角度出发，去探索员工行为背后真正的动力源泉。在看完本书之后，你对激励的看法和重视会有新的高度，你能得心应手地洞察到员工的不同需求和不同目标，并采取有针对性地、行之有效的激励方式来提高员工的士气，激发员工的战斗力，从而使员工保持最佳的工作状态。而这些，将大大提高企业的凝聚力和向心力，并最终实现企业的宏伟目标。

目录

第一章 目标激励——有目标才能有干劲

第二章 赞美激励——人人都需要认可与赞美

第三章 榜样激励 ——火车跑得快，全凭车头带

第四章 感情激励 ——情感激励的作用是无限的

第五章 授权激励 ——给合适的人合适的权力

第十三章 股权激励
——让打工者成为老板合伙人

第十四章 事业激励
——事业是员工毕生的追求

第十五章 挫折激励
——让受挫的员工笑对失败

第十六章 培训激励
——为企业可持续发展加油续航

第一章　目标激励

——有目标才能有干劲

管理者只有不断促使员工追求一些高目标，才能激发其奋发向上的内在动力。而目标激励法则能起到这样的作用。目标激励指的是以适当的目标来诱发员工的动机和行为，并调动员工的主动性和积极性，最终实现引发、导向和激励员工的目的。目标激励法作为其他所有激励方法的基础，就是为最终实现团队的既定目标而服务的。

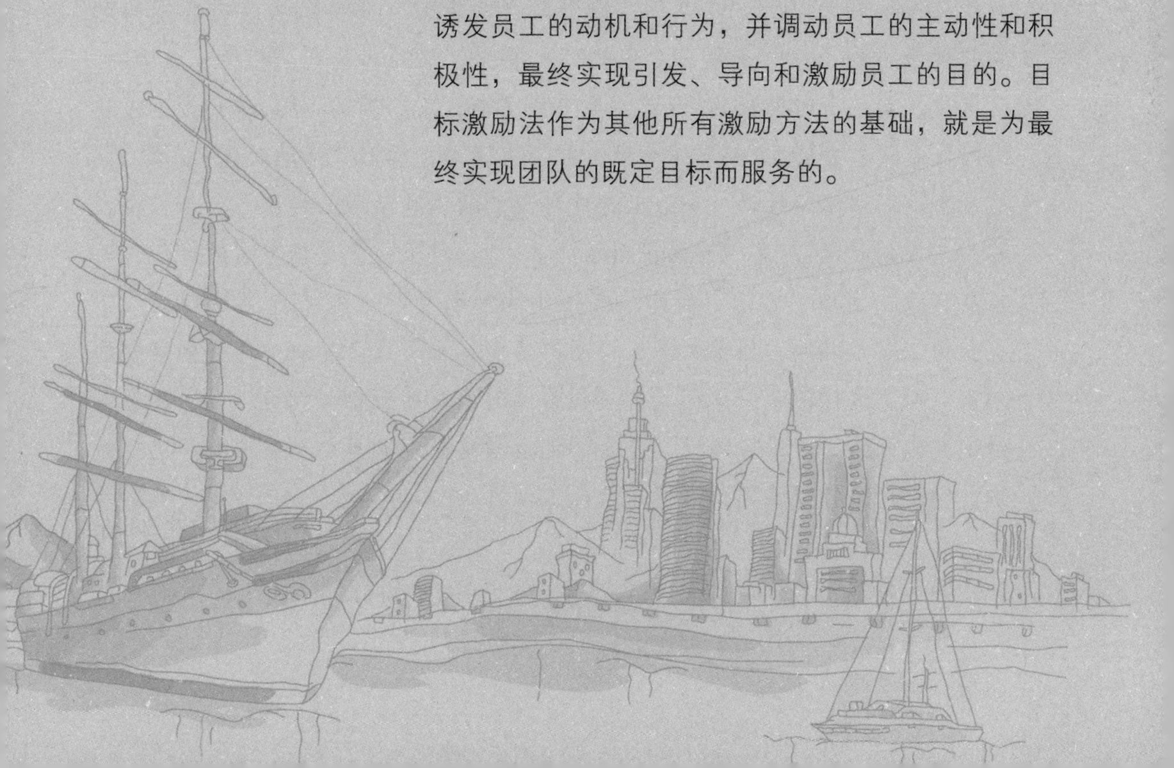

让员工有干劲的前提就是看到并且认可企业的目标

目标激励的作用是让员工对企业前途充满信心，让员工了解企业的优势、发展目标及企业的美好前景。企业只有制定出一个明确的发展目标，使得员工在思想上有了奋斗的方向，在工作上有了前进的动力，才能激发员工的潜力，提升他们的士气。不过，企业有了目标之后，还必须要与员工进行有效的沟通，使员工能够明白自己所做的工作，对于实现企业目标所发挥的重要作用，并以此来激发员工的斗志，增强他们的责任感，进而主动地把个人的事业和企业的前途紧密地连在一起。所以，明确企业的发展目标是激励员工积极性的有效手段。员工越了解企业目标，归属感越强，企业就越有向心力。

松下先生的重要经营策略之一就是不断提出适合企业发展的目标，让员工对公司的未来充满梦想。松下担任社长时，就时常跟员工说自己的梦想，展望未来。在20世纪30年代，松下幸之助在向企业员工讲公司前途的时候，曾经描绘了一个长达250年的公司愿景。其内容是把250年分成10个时间段，第一个时间段的25年，再分成3期，第一期的10年是致力于建设的时代；第二期的10年继续建设，并努力活动，称为“活动时代”；第三期的5年，一边继续活动，一边以这些建设的设施和活动的成果贡献于社会，称为“贡献时代”。第一时间段以后的25年，是下一代继续努力的时代，同样要建设、活动、贡献。如此一代一代地传承下去，直到第10个时间段，也就是250年以后，松下的员工将不再贫穷，松下也会变成一片繁荣富庶的乐土。松下这样做，一方面是为了让员工有坚定的目标与期待，从而能够看清楚努力的方向；另一方面，是由于他确信这是经营者的必备素质和应有做法，给予员工希望的同时自然能给员工动力。

听了这个故事你可能认为松下能够达到这样的目标是因为松下本身就

是一个庞然大物，合理的经营方法让松下轻松地运作着，如果经营状态不那么理想，松下自然就会寸步难行。然而并不是这样，有了一个高高在上的目标是需要更多的努力才能够实现的，良好的企业环境和努力工作的员工才是松下达到目标的根本。实际上，企业经营顺利时，就一定要制定一个远景目标，这样才能保证企业的顺利发展。目标对了，还要学会坚持目标。

“二战”后的松下电器公司处于惨淡经营之中，但松下先生却不曾因此放弃为公司制定的250年规划。由于目标明确、科学合理，松下电器公司很快就走出了困境。经营出现困难时，更需要管理者予以员工目标和希望，重新给予员工动力，一起努力走出困境。并且，就当时的状况看来，战后的日本所有非军工企业都处于一种困难经营的状态，松下自然也不例外，但松下先生却不曾因此而放弃为公司制定目标。有了希望，松下的员工自然就更加地努力，也正因为此，松下公司快速地从萎靡不振的市场环境中脱离出来，再次实现了它的辉煌。

松下公司通过不断地提出适合企业发展的目标，让员工对企业前途充满信心。松下的这个250年规划，在企业界鲜有先例，细数那些有名的改革家，也没有多少人能有这样长远的规划。最难得的是，松下当时的规划不是一句空话，时至今日，可以说他的梦想正在一步一步地实现着。而更为现实的是，松下的这种规划让每个员工美梦成真，员工对企业的前途充满了信心，从而提高了他们的工作热情和积极性。这样的激励作用是巨大的，所以，松下曾经这样说道：“经营者的重大责任之一，就是让员工拥有梦想，并指出努力的目标。否则，就没有资格当管理者。”

由此可见，赋予目标是一件非常重要的事情。毫无疑问，每个企业的成功之路都是困难的，因为每个企业面对的都是一条崭新的路，走别人的路终究只能变成附属，而附属不代表成功，只有你真的走出自己的路才能叫作成功。在这条路上无疑是一片昏暗的，只有你制定出一个目标，将它高高地挂在天空中，当成一颗明星在黑夜中给予你的员工希望，才能让你的员工有前进的动力。

所以，管理者应该基于自己的知识或经验，确立一个最适合企业发展的目标。明确的企业目标是给予员工希望的极好方式，员工越了解企业目标，归属感就越强，企业就越有向心力。你的企业才能更加有活力！

有共同愿景才能步调一致

企业的共同愿景，就是我们常说的共同目标。它唤起员工的使命感，让员工感到他们隶属于一个优秀的团队，使他们极具敬业精神，乐于奉献。工作不仅是谋生手段，更是一种社会责任。员工在工作中充满激情和乐趣，也从中体会到工作的意义。管理者通过树立共同目标改变了自己和员工的关系，让所有的员工称公司为“我们的公司”，视彼此为实现共同愿景的伙伴，是生命的共同体。这样，激励的巨大力量就显现出来了。

如果大家没有一个共同的目标，必定无法使所有人的力量凝集在一起。就像十个大力士去推一辆货车，他们不是朝着一个方向使劲，而是你朝东，我向西，最终结果可想而知。

一天，梭子鱼、虾和天鹅一起，想把一辆小车从大路上拖下来。于是，它们各自用劲，拖呀，拉呀，推呀，可是它们连吃奶的劲都使出来了，小车还停在老地方，纹丝不动。倒不是因为小车太重，而是它们不是朝同一个方向使劲，天鹅使劲儿向上提，虾一步步向后倒拖，梭子鱼又朝着池塘拉去。

梭子鱼、虾和天鹅之所以拉不动小车，不是因为它们的力气不够大，而是因为它们没有共同的方向和目标，所以就形不成合力。同理，作为一个团体组织，也是如此。要想激励好你的团队，就要让员工建立共同的利益立场、共同的利益兴趣和共同的奋斗目标。由此可见，凝聚力的形成，来源于共同的目标。

“共同目标”就是企业全体成员所共同持有的“我们想要创造什么”的设想。当这种共同目标成为企业全体员工一种执着的追求和强烈的信念时，它就形成了强大的凝聚力、动力和创造力，企业必然出现生机勃勃的局面。管理者通过设定一个共同目标，让员工知道：“我们为什么要来到这里？我们要做什么？我们聚集到一起，要达到一个什么样的目的？”如果一个组织没有共同目标，那么这个组织的成员必定是一盘散沙。如果这个组织就这样壮大，那么日后这个组织必定因为互相之间没有共同的目标而引发“撞车”。

因此，企业的运作要求各项工作都必须以整个企业的目标为导向，尤其是每个管理人员必须注重企业整体的成果，每个人的成果是由他对企业目标所作出的贡献来衡量的。管理者必须知道，企业要求和期望于他的是些什么，否则他们就会迷失方向而徒劳无功。

有人曾对目标的激励作用做了考察，其结果令人吃惊：90% 表明目标制定能大大地提高工作效率。迄今为止，没有任何一种已知的促进生产的方案能够刷新这个纪录。这是因为：第一，目标使员工和管理者的注意力都能集中到相关的重要因素上；第二，难度大的目标能增强人的意志，而持之以恒则是“长时间工作所需要的努力”。没有人能够把所有要做的事做完。精力跟资金一样，也受短缺经济规律的制约。我们所有的人都想做更多的事，但我们的精力和时间却不允许。目标给我们规定了一些最直接相关的工作，并指导我们去取得一些重要的成果。第三，目标能调节一个人真正的工作强度。所花的精力与管理者和员工所接受的目标难度成正比。综上所述，有一个共同目标是让员工步调一致的好方法。有了共同目标，员工就能步调一致，而这种步调的一致，不仅仅代表了员工的合作性增强，也代表了我们能够从员工身上获得更多的利益。

综上所述，目标不仅为员工指明了工作的方向，还能给他们以前进的精神动力。在鼓励员工为企业打拼之前，管理者应该给予员工一个明确的目标。有了共同的目标之后，管理者就要想方设法地把“共同目标”这一个理念贯彻到每一个员工的心里。只有让员工深刻认同共同目标，才能让员工们更好地为了这个共同目标而奋斗。

企业管理者在制定企业的共同目标时，一定要做的一项重要工作就是了解员工的意愿，看他们的远景或目标是什么。虽然企业的共同目标不可能跟每个人的个人意愿都相符，但是，只有当个人意愿和企业目标相一致时人们才会真诚相随。否则，他们所能做的就仅仅是附和别人的目标，结果只能是顺从，绝不是发自内心的意愿。因此，共同目标应反映最广大企业员工的意愿。

企业共同目标体现员工意愿绝不是说共同目标就是员工个人意愿的单纯

相加，从个人意愿上升到共同目标还需要一个过程。如果广大员工仍旧停留在个人意愿的层面上，那么其简单相加反而会影响目标的激励功能。有意建立共同目标的企业管理者，必须持续不断地鼓励员工发现自己的个人目标。如果员工没有自己的目标，那么他们被要求遵从的共同目标就没有融合他们的个人意愿，这就丧失了建立共同目标的初衷。同时要注意只有个人意愿是不行的，一定要有在此基础上形成的共同目标，因为共同目标远比个人意愿更具有创造张力。

那么，管理者应该怎样由个人意愿上升为共同目标呢？共同目标的建立需要管理者不断地学习聆听。聆听需要不凡的胸襟和不竭的耐性来包容不同的意见。这并不意味我们必须为“大我”而牺牲“小我”的目标，而是必须先让多样的目标共存，并用心聆听，以找出能够超越和统合所有个人目标的正确途径。要想在企业中达到彼此的目标并真正分享融汇，不是一蹴而就的，共同目标是由个人目标互助成长而形成的，因此，管理者一定要学会聆听，避免由管理决策层来直接决定这一共同目标。因为这样的目标通常不是由个人意愿汇集而成的，通常这样传统的由上至下的行政性指导易导致目标的破产。

| 制定目标的基本原则 |

在生活中人们往往有这样的感觉，那就是努力往往是为了达成某种目的，比如说为了高考而努力学习，为了好的生活而努力赚钱，为了自己的理想而拼命奋斗，等等。你注意到没有，你的这些行为，都是有了目标之后才做的事情。如果没有高考，你会拼命地看书到凌晨吗？没有了理想，你还会为谁去奋斗？我们都知道，田径运动的训练非常枯燥，可一旦有了追求胜利的目标，就能够激励无数人每天进行刻苦的训练。因为，人们只有在不断接近目标，实现和超越自我价值的过程中，才能获得成就和满足感，进而激励人们不断努力进取。因此，对于管理者来说，没有经营目标就没有前进的动力，而经营目标的实现依赖于全体员工的共同努力。然而，企业各个职能部门的分工不同，工作方式不同，那我们是否有办法使员工能够在最大同步节奏下完成工作呢？那就是用共同的目标引领全体员工。管理团队以设定目标来激励员工是非常重要的。但是，制定目标是有一定原则的，这样才能充分发挥其激励员工的作用。下面就为大家介绍一下制定目标应遵循的原则。

1. 目标具体明确，可实现，易测定

目标应具体、明确，而且能够实现，可以调控和测定。千万不要制定一些过于笼统的目标，导致就连将来是否完成了目标都弄不清楚。比如，“我要成功”“我希望变好”等目标，根本没有具体的结果，这样就不具备可操作性。通常来说，制定一个具体目标应包括下列三个必要条件：第一，目标能够量化。真正的目标，是可以用数字进行量化的，而不能量化的目标只是一个想法。第二，可以验证目标。不能验证的目标，通常也就是无法实现的目标，这是没有任何意义的。第三，必须给目标设定一个“期限”。给目标设定一个期限，也就具有了激励的“期限效果”，这样可以促进员工实现目标。这三个条件缺一不可，否则都不能称其为“具体目标”。

2. 既有大目标也有小目标

通常目标有大有小，其中大目标让我们感到工作有方向、有动力，能够增强我们的意志力；而小目标可以让我们感到工作具有其阶段性与合理性，从而降低实现目标的遥远或渺茫感，这可以加强我们的行动力和执行力。也就是说，目标大，会激励人们变得更坚强且富有持久力；目标小，就会使人们变得更加勤奋和细心，逐渐积累经验，收获阶段性的成果。这样的目标，才是真正可控且容易实现的目标。通常来说，实现大目标是一个比较复杂的过程，将其分解成若干个阶段性的小目标，来实现未来的大目标，也可起到有效激励的目的。

3. 目标要设定的有挑战性，又可以被修正

目标是比较容易制定的，但如果因为某种原因，比如发现目标制定得过高，或者是出现了很多之前没有预料到的客观情况，而导致不能实现目标，那么就需要对目标进行修正。既不要轻易地随便改变目标，也不要墨守成规，非得“死守目标”。此外，目标的制定应该具有一定的挑战性。正是由于目标具有挑战性，才能充分激发自身的全部潜能，最后能够积极地、想方设法地来完成目标。乔丹在念高中时，被学校的篮球队退训，他回到家，自己一个人痛哭了整个下午。很多人受到这个打击后，可能就不会再打篮球了，但乔丹却没有这样做，反而将挫折转化为前行的动力，并由此激起了他不断向更高、更具有挑战性的目标迈进的决心，即只要第一，不要第二。此后，乔丹在校队的教练克里夫顿·贺林的帮助下，每天清晨五点就开始进行非常密集的训练。他甚至每天还在学校的攀爬架上进行攀爬练习，这让他的身高长到了6英尺2英寸（1.88米）。勤奋、刻苦，再加上一个具有挑战性的目标，使得乔丹一步步成为全州、全美大学乃至NBA职业篮球史上最伟大的球员。我们从这个案例中看到，被誉为“篮球之神”的乔丹，就是因为他对篮球有着一个充满挑战性的目标，即“只要第一，不要第二”，这不但为他赢得了众多个人的无上荣誉，而且为球队创造了辉煌的成就。

4. 不但要有定量目标，也要有定性目标

很多企业的管理者只注重定量的目标，但定性目标的概念却非常模糊。实际上，企业的定性目标也是非常重要的。通常企业在制定目标时，既要制定一个定量目标，又要制定一个定性目标，这样的目标才是完整的，也才符合实际情况。举例来说，像营销、生产等部门，可以制定出一个定量的目标，比如每年或者每个季度的任务是多少。但对于像行政部、财务部和人力资源等部门，却难以制定出一个定量目标。然而，这些部门又是不可或缺的，他们是为配合销售部和生产部存在的，而且这些部门的工作做得好不好，会直接影响到定量目标的完成情况。因此，企业也需要为这些部门制定一个定性目标，可以用执行效率来衡量它们的目标完成情况。即便是定量目标非常明确的销售部门，也会存在着像提高营销管理水平，规划员工的职业生涯，以及建设营销培训体系等定性目标，这些都是定量目标能否完成的重要因素。此外，还应注意不要为了完成一个所谓的定量目标，而牺牲企业的定性目标。比如，销售经理为了拿到奖金，就必须要完成公司下达的5 000万的销售目标，为此，他可能会透支公司的资源，如牺牲员工接受销售培训的时间，营销管理缺少标准化、流程化等，这不但造成了透支公司资源的后果，而且也在损害着公司的定性目标。

把目标分解落实到每个人身上

管理者要记得把企业目标分解到个人，让员工清楚自己的责任。明确的责任也是激励员工的重要手段之一。目标分解就是将总体目标在纵向、横向或时序上分解到各层次、各部门以至具体的员工，形成目标体系的过程。目标分解是使总体目标得以实现的基础，也是明确目标责任的前提。

如果管理者把员工当作随意摆布的“小棋子”，只是依靠权力单方面地做出决定，然后命令部下去执行，那么，员工不会觉得企业的目标与他们有什么关系。而如果让员工参与整个工作蓝图，就能极大地调动他们的工作积极性和热情。

一旦有了比较具体的目标任务，就可以很快衡量其完成的效果，通常有3个指标，即完成质量、时间和成本。从管理者的角度看，必然要求完成的质量最高、时间最短、成本最低；但从员工的内心期望看，则要求完成的质量不要太苛刻，时间还要足够宽裕，耗费的成本也不能太受限制。如此一来，就造成了管理者与员工在一定程度上的分歧。

有位老板曾经这样向管理大师诉苦说，他的公司管理极为不善，希望大师能给他一些建议。管理大师应邀前往，到公司上下走了一回，便知道了是什么原因。

这位管理大师问老板：“你到菜市场去买过菜吗？”

老板愣了一下，答道：“当然去过。”

管理大师继续问：“那你有没有注意到，卖菜的人总是习惯缺斤短两呢？”

老板回答：“嗯，是这样的。”

“那么，买菜的人是否也习惯于讨价还价呢？”

“是的。”老板回答。

“那么，你作为老板是不是也习惯用买菜的方式来购买职工的生产力呢？”管理大师笑着提醒老板，此时老板大吃一惊，目瞪口呆地望着管理大师，不知该如何作答。

后来这位管理大师总结说：“一方面是你在工资单上跟员工动脑筋，另一方面是员工在工作效率或工作质量上跟你缺斤短两，这就是公司管理不善的症结所在啊！”

要想彻底解决这一冲突，最好的做法就是把公司目标内化为员工目标。怎么内化呢？

（1）在制定企业目标的过程中充分总结员工的个人目标，尽可能地让员工参与企业目标的制定。

福特公司每年都要制订一个全年的“员工参与计划”，动员员工参与企业管理并向他们说明整体工作计划和概况。此举引发了员工对企业的“知遇之恩”，以至于他们的投入感、合作性不断提高，合理化建议越来越多，生产成本大大降低。在员工参与整个公司的前景计划时，管理者还要维护好与员工之间的关系，要巧妙地对员工进行组织，既不能毫无保留地把公司的安排全部透露，又要适当地让员工参与进来。因此建立企业目标时应做到如下几点：

①与员工充分沟通，制订新的计划。如果不知道管理者的想法，部下是不会有所行动的。因而，应该不断地向所有部下明确自己的想法和意见，与员工进行沟通和交流，以完善目标计划。然后与员工一同计划新的工作目标。

②指导部下工作。明确表示自己的想法。各个部下应该做什么，要明确指示，工作内容、分工与职责要具体指派。明确传达什么是好的工作、什么是坏的工作，对于不妥当的结果，要明确地批评。话要说得很明白，不能含糊其辞。

③明示部下的工作位置、职责，时间限制和评价标准。管理者要仔细、清楚地向每一位涉事员工说明自己的部门在整个组织中是居于怎样的位置，他们又该扮演什么样的角色，负什么样的责任。越是属于组织底层的员工，越是不容易了解整体工作的内容，但如果不了解整体工作的内容，就不会有想做的冲劲和热情。实际上尽管是很单调的工作，但如果明白它在整体工作中的位置的话，就会产生很大的干劲。还要让员工明白工作流程的期限，这样也有利于员工制订工作计划。

④让部下遵守工作的方法、规则。在集团中的工作是有必要加以统一的。如果每个人都以各自的方法、规则来做事的话，就无法加以统御。对个人来说是好的东西，却不见得能提升整体的成果。所以，管理者必须让部下遵守工作的方法、规则，统御部下才行。

⑤帮助部下提升能力。集团的成果，是每一个部下个人能力的总和。所以，管理者帮助每一个部下提升自己的能力是很重要的。任何人都怀有上进的心，管理者应该让它萌芽成长。

⑥统合工作。如何巧妙地统合部门成员之间的工作，决定着集团的成果。巧妙地统合部下是管理者的管理手腕和力量的表现，倘使能够活用各自的长处并加以统合，将使企业目标得到完美的实现。

（2）将企业目标层层分解到每一个员工，让员工了解完成这项目标给企业和个人带来的好处。

通常来说，企业制定好目标后，都会对目标进行分解。基本上会按“企业目标—部门目标—岗位目标—个人目标”的过程进行分解。

目标分解的过程就是压力传递的过程。管理者要在下属身上找到重点目标的对接点，而不是一人来扛，下属毫无压力。管理者需要检查每个员工的职责，然后确定谁与这些目标有关，他们的承担比例是多少。要做到目标分解上下贯通，不错位。

对销售部门可以直接进行数字上的人头分解，对销售部以外的部门，就不能也无法在数字上进行分解。这个时候，我们就要先罗列出各部门工作职责（也就是部门的作用），然后将职责赋予不同的岗位，最后根据岗位人员数量来分解。个人目标是上级目标的进一步细化和延伸。目标分解时，要把这些细化、配套措施都找出来。这样下级的工作才能更有效地支撑上级目标的达成。

管理者还应当注意的是，目标分解必须把握“能够控制的范围”原则。如利润目标通常不是营销经理所能控制的，它还涉及管理、采购、生产的成本，而只有管理者能为其负责。同理，交货及时率也不是生产经理所能左右的，因为它涉及生产、研发、质检、采购等诸多环节，所以应是其上级的目标。

定目标时要遵循“可实现，需努力”的原则

我们都知道，人的目标如果是阶段性的，就好实现一些，如果是长远的目标就很少有人能实现。这是为什么呢？因为阶段性的目标一般是比较低的。就像是迈台阶，一下迈一个，一定比一下迈三个要容易得多。

这就是“稍努力可实现”原则，比如说树上有一个苹果，你跳一跳，就可以够到，你就会很努力地尝试；但是如果你把目标定为树尖上的苹果，当然了，它接受的阳光最多，光合作用充分，糖分大，但是很难够到，即使搬了梯子也还要爬一段距离，那么很多人就不想去够它了。

企业制定目标也是如此。不管你制定了多少措施，提了多少口号，目标若脱离实际，只能是空中楼阁。

企业管理者大多倾向于制定较高的目标，较高的目标会给各方面一个非常好的心理预期，但必须注意到，站得高摔得疼。如果你将目标定在太高的地方，第一，你的员工会觉得很艰难，那么就会打击他们的积极性；第二，一旦你的预期目标过高而没有达到，这种落差是所有人都难以接受的。

企业是实业，企业领导人要做的是实事。因此，在制定目标时，管理者就要从环境和企业的实际情况出发。

巨人集团的史玉柱立志要做中国的IBM，要做“东方的蓝色巨人”。巨人集团的产值目标可谓大矣：1995年10亿元，1996年50亿元，1997年100亿元。

如果我们仅仅从数字上看，这些数值实际上是没有任何问题的，放眼全球年产值几十亿元的公司比比皆是。

然而，史玉柱没有充分考虑企业内外环境，巨人大厦就是最典型的一例。巨人大厦是史玉柱有生以来最为重大的投资失误，如此巨大的工程从动工起到建设的第三年中旬，居然没有申请过一分钱的贷款，全凭着巨人集团的自有资金和卖楼收的钱支撑。要知道这笔花销是巨大的，这样的花销不仅

仅使得巨人公司的资金迅速流失，还影响了其他方面的利益，比如巨人大厦使得占企业利润大部分的生物工程一度停产，资金补给线中断。

就这样，史玉柱不得不将巨人大厦和巨人产业一刀切断，在一片口诛笔伐声中，巨人大厦轰然倒塌。

巨人大厦是中国现代商业发展史上，因制定目标过高不符合实际而导致失败的一个极为典型的例子。这个例子可以为所有的商家敲响警钟，绝不要过高地制订一些空中楼阁般的计划，这样的计划只能让你慢慢地从空中降落到地面，进而跌入深渊，无论这个空中楼阁被你描绘得多么美好。

所以，企业管理者制定目标，一定要把握“如努力可实现”原则，即要让我们的员工够得着。只有让我们的员工够得着了，我们才能真正地激发他们的上进欲望，而不要建造一些毫无意义的空中楼阁。

| 制定目标要具体而清晰，并结合实际 |

明确具体的目标就是指引企业航行的灯塔，有了它，企业之船才能满载货物靠岸。而假如我们的企业没有明确的、清晰的目标，我们的企业就会变成在黑夜中航行的船，说不定什么时候就会触碰暗礁。

一些企业常常会出现年初时已经明确制定了的工作目标未能按照预期实现。出现这种情况，其中一个最主要的原因，是目标在刚刚开始时就没有制定好，甚至在制定目标时就注定不能实现。换句话说，企业虽然制定了目标，但这个目标不是一个好目标。很多企业在制定目标时犯了如下的错误：

1. 目标不固定

目标总是变来变去，就像是一个移动靶一样，刚刚熟悉了位置和方向，结果很快又“跑偏”了，员工就需要不停地追寻管理者的目标。更有甚者，目标有点南辕北辙，或者连提前做准备的时间都没有，那么又何谈实现目标呢？

2. 目标不清晰

有的企业虽然有总体目标，但目标过于模糊，也就是没有具体的目标。例如，企业把明年销售收入的目标定在 1 个亿，但如何实现这个目标却没有具体规划，比如，这 1 个亿的销售任务是如何分配给每个销售人员的，他们是否能够经过努力完成。这样就会导致这种“1 个亿”的目标，只能是一种口号式的目标，不能具体指导企业的工作。因此，管理者在为员工安排任务时，总目标具体、清晰还远远不够，企业的各个部门甚至每一个员工的目标也应当具体、清晰。只有这样，员工执行任务时才能突出重点，共同实现企业总体的战略目标。

例如，1990 年，全世界第一大零售商沃尔玛制定了这样一个目标：在 2000 年前，在原有基础上把商店数目增加一倍，使每平方米营业面积的销售额增加 60%。这个目标无疑是具体的、明确的，而不是类似于“要成为世界五百强企业之一”这样的毫无内容的目标。这样沃尔玛的员工就可以非常清晰明确地朝向着这个目标前进。

因此，作为企业，只有设立明确而清晰的目标，在执行时才能突出重点。要做到这一点，就不能忽视目标的层次性这一因素。目标的分层可以有两种方式：

（1）自上而下法。这种方法简单说就是上级通知下级，下级通知下下级，好像一座金字塔一样，最顶端的目标最高，那是决策层的目标，进而慢慢地扩大，将这些目标一个个地分级，这样一个大的目标就划分为不同的小目标。而随着慢慢地分解，这一个总目标也就慢慢地变成了一个个小小的任务目标，就更容易去实现和实施。

（2）自下而上法。海纳百川，高层人员要做的就是这个工作，各部门员工将自己的能力之内的目标，一级一级上报，从而一级一级汇总，交给决策层，进而让决策层去决定到底有什么要的目标适合这一段时间内的工作量和工作进度，这种方法的好处就在于目标是各个部门定下的，也就能更好地去完成，也就能更加切合实际。

总之，无论是自上而下还是自下而上，定目标要结合实际，做到具体而清晰。而员工只有在理解和明确行动目标后，才能更有效地完成目标。

注重目标的可操作性，规划出实施步骤

远大的目标即使很清晰、很明确，如果没有具体的步骤，也会给人一种摸不着头脑的感觉，所以我们在制定具体清晰的目标之后，一定要制定一个实施步骤明确的规划，这样按部就班地具体行事，才能让我们的效率最大化。当然，这个目标也一定要具有它的可行性。

在复杂的组织当中，如果没有事先设定实现目标的步骤，各部门在进行磨合和决策的时候，就会产生冲突。作为管理者，你必须为自己的组织设定一些步骤清晰而又比较现实的目标——这将对你公司的全体成员和公司的总体绩效产生非常重要的影响。

2000年8月，世界最大的零售连锁集团任命了一名新CEO。当时的形势非常严峻，竞争对手咄咄逼人。沉浸在“革命性”的愿景目标中的这家连锁集团，一味地把自己的目标放在了一个不可行的计划上。那就是它放弃了对自己核心业务的关注，转而去关注那些高效益的电子产品，但是这种计划是不可行的，也是不切合实际的，致使公司股票价格一落千丈，一年之内下降了三分之二。

公司高层管理团队敦促新首席执行官建造更多的商店，以此来挽救公司的衰运，但是这位新官上任，当然想一展拳脚，因此没有听从管理层的决策，一意孤行，从而让他们的利益一度面临历史最低。此时他幡然醒悟，马上把改进现有商店的业绩水平放到了更加优先的位置上，集中公司所有的人力、物力来提高总边际利润额和可比销售额（也就是说，比较而言，同一家商店的销售额应该是不断增长的）。

为了实现这些目标，他重点采取了三个步骤。首先，他向10位经常向自己汇报工作的下属解释了这些目标，并和他们就具体实施方案、具体步骤等问题，逐个展开了讨论。然后他召集100名商店执行官举行了一次为期两天的研讨会。在会上，这位首席执行官清晰地向执行官们阐述了公司目前的

情况，并承认了当初造成这种情况的原因，以及现在他准备如何去面对和解决这些问题，以实现更高的增长；商店和营销部门之间存在着哪些配合上的问题，比如说物流正在影响着公司的成本结构，这些问题会给公司带来什么影响，等等。他为公司下个季度的工作设定了非常明确的目标，并且和大家一起讨论了整个计划的可实行方案。在执行官们离开之前，每个人都为自己随后9天的工作制订了明确的计划。最后他又和各部门管理人员还有商店管理人员一一制定了极为明确的可实行方案，给出了具体规划。

这一系列的改革措施最终结出了丰硕的成果。一年后，这家公司的利润得到了巨大的提高，而它的股票价格也实现了近一倍的增长。

既然是清晰的目标，那么只有当你依次地制订出计划，并且依次去执行的时候，你才有可能非常好地实现这些计划。在制定这些计划时管理者可以先分解目标，分解目标的方式主要有两种，第一种是按照时间分解目标，管理者可以首先把年度目标分解成季度目标，再把季度目标分解成月度目标，进而再分解成周目标、日目标。第二种是按照员工分配目标，管理者可以按照员工能力的高低，把每日（每周、每月）的目标进行依次分配。但值得注意的是，应当与员工探讨交流，让每个员工觉得这个目标是经过努力可以实现的。分解目标之后，管理者要做的就是对比目标，当员工完成了目标以后，需要管理者做出对比，以检验目标的完成情况，并以此来激励员工。此外，管理者还应建立与员工的目标完成情况相对应的奖励机制，使得他们能够在工作中时刻注意到实现目标与获得奖励是紧密联系的，这样就能够大大提高团队的凝聚力和战斗力，有利于保持员工长久的积极性。

另外，如果想同时实现多个目标，工作人员的工作程序必然发生混乱，弄不清到底要干什么，结果导致哪个目标也没能实现。让员工忙于各式各样的事情而没有重点，会使他们变得平庸。不清晰的计划就极有可能为他们带去很多临时的琐碎的工作，这在员工积极性上是非常大的打击和消耗。可见，有了目标并不代表着一定能实现，你还要注意规划目标的实施步骤，也就是具体的实现计划。在层次上和顺序上要有着明确的规划，而且一定要注意它的可实行性，只有这样你们的团队才能更好地发挥它应有的作用。

第二章　赞美激励
——人人都需要认可与赞美

真诚的表扬与赞同是对员工价值的最好承认与重视。如果管理者能够对做出优异成绩的员工进行奖励，不仅可以最大限度地满足员工追求成就感的欲望，还能达到推动员工继续做出最好成绩的目的。

认可和赞美是对一个员工最大的鼓励

每一个人都有自己的缺点和优点，世界上没有十全十美的人，也不会有一无是处的人。如果总是盯着员工的缺点不放，你会发现每个员工都不能令你满意，你会觉得公司无人可用。

玫琳·凯是著名化妆品品牌玫琳凯的创始人，她所经营的美容、化妆品公司在全世界都享有盛誉。她提倡以人为本的管理方式，提倡多赞美员工。

一次，玫琳·凯听说一个新来的销售员在跑业务的过程中屡屡碰壁，甚至对自己的营销技能丧失了信心。于是，她主动找到这位销售员并对他说："我给你的前任老板打过电话，想了解一下你的情况。他对我说，你是个很有闯劲的小伙子。真后悔当初把你放走……"这一席话，让那个销售员心中快熄灭的希望之火又重新燃起来了。

事后，这位销售员冷静地分析了市场的需求，终于给自己的营销工作找到了一个突破口，最终成为了玫琳凯公司的销售能人之一。一番赞美让这位销售员神奇地找回了丢失的自信。其实玫琳·凯并没有与什么前任老板谈过话，打电话的事情是她自己编出来的，但是销售员却信以为真了，他为了捍卫自己的尊严与荣誉，再度拼搏，最终以优异的销售业绩证明了自己的能力。

玫琳·凯曾经说过这样一句话："世界上有两件东西比金钱和爱情更为人们所需——认可和赞美，正所谓"士为知己者死"。每一个人都有荣誉感和自尊心，都渴望得到别人的赞美。如果一个人总是挨批评，那么他的工作热情一定不高，精神也一定萎靡不振，对工作失去了信心。就算有再高超的才能和智慧，也很难发挥出来了。

每一位领导都有这样的经验，要员工努力向上，与其非常严厉地管理，严格地监督，让员工战战兢兢，不如用称赞鼓励。"你的工作完成的很不错！"对员工说了这样的赞美之词，下一次他做得一定更好。这比用命令督促要好得多。有些做领导的永远不会对他的下属说一句称赞的话，他们整天只是不断地板起面孔来督促着下属，后来他们发现，员工根本就不爱说话了，他们战战兢兢，每天谨慎、刻板地工作着，毫不知道去开心地享受工作。公司每天死气沉沉，根本一点儿生机都没有，这样的公司一定做不长远。

把赞美送给员工，即使是片言只语，也会让他们感觉到管理者是一个明事理、懂世故的好上司，而且，他们还会觉得自己应该创造出更多的利益以便让管理者肯定。在赞美的过程中，双方的感情和友谊会在不知不觉中得到增进，而且会调动其交往合作的积极性。

优秀的管理者懂得，激励员工最好的方法就是赞美。在员工取得成绩时，他们最想得到的，就是上司对他的一句表扬与鼓励。对于员工来说，他的成绩即使是微不足道的，如果管理者大方地给予如蜜糖般甜美的赞美之词，在他们看来都会是一种莫大的鼓舞，从而会将良好的心理状态带到工作中、带到客户中，这个公司的效率自然会得到提高。

总之，每个员工都想要得到领导的奖赏，需要得到别人包括团队同事的肯定。赞美具有不可思议的魔力，是激励员工的有力手段，管理者要善于使用赞美使自己的员工变得干劲十足。这种激励比金钱的效果好得多，真诚的赞美可以温暖员工的心。因此，管理者要发自内心地、真诚地赞美员工。但是，赞美一定要基于事实，切莫虚夸。要在员工的工作成绩达到该赞扬的程度时才赞扬。只有这样，员工才会感到自己得到了应有的承认，从而更加卖命地为企业工作。

| 善于发现下属的闪光点并及时表扬 |

有这样一句名言你一定听过，那就是“我们的生活不缺少美，只是缺少发现美的眼光。”我们赞美别人也是一样的，你不知道如何去赞美一个人，是因为你没有怀着一种欣赏的眼光去看待别人。

某学校的一个看管传达室和做清洁工的工人，本来是一个最被人忽视，最被人看不起的角色，但就是这样一个人，却在一天晚上学校电脑房被窃时，与小偷进行了殊死搏斗。

事后，有人为他请功并问到他的动机时，答案却出人意料。他说，当学校的校长从他身旁经过时，总会不时地赞美他“你扫的地真干净”，“你对传达室工作很负责”。

这位校长是成功的，他就具有我们所说的欣赏的眼光，作为一个校长，不但没有嫌弃校工本来就没有多少可谓工作技术和难度的工作，反而每天都会怀着一种欣赏的眼光看待别人，这种眼光是不可多得的，而且他会将这种眼光，这种欣赏转化为对别人的称赞，然后表达出来，再让别人去感受到这种称赞。就因为这一点点的称赞，这位校工甚至就可以不顾自己的生命安全，勇于和危险的歹徒搏斗，从而保护了学校的利益。

寻找赞美点需要多角度。多一把衡量的尺子，就会多出许多好员工。如何看待一个人，固然有其客观标准，但与观察者看人的角度也有一定关系。用灰暗的心理去看待别人，看到的肯定是别人的不足和短处，就不会去称赞别人；用欣赏的眼光看人，从人的长处着眼，所看到的优点一定多于缺点，长处多于短处。

尺有所短，寸有所长，每个人都有长处和短处。只要用心寻找，管理者总能发现员工值得赞美之处。假如一时没有看到值得称赞的地方，继续寻找就会发现有一些日常的行为是值得引起你注意的。不要以为那些按时上下班的行为是例行之事，就不去赞美他们。管理者认为员工做的是“分内之事”而不去称赞他们，这是很不正确的。的确，这些工作是员工应当做的，这也是他们得到薪水的原因。但是如果我们偶尔夸一夸这些例行之事，他们就会像上文中的那个清洁工人一样更加认真负责。

另外，每个员工在完成工作任务后，总希望能够尽快了解反馈信息，然后对自己的行为进行调整，巩固、发扬好的方面，克服、避免不好的方面。因此，赞美员工这件事宜早不宜迟，只有及时反馈，及时表扬，才能让员工看到目标，充满干劲。如果管理者没有及时表扬员工，那么表现出色的员工就会心寒，觉得自己的付出没有得到及时的认可，产生消极情绪。就算管理者事后想进行弥补，也不会有太大的作用了，因为人走茶凉，事过境迁，员工的工作热情已经消耗殆尽了。

马立兹副总裁巴西·福克斯说："要对员工的行为给予积极的、立即兑现的表示，这样他们就会去做管理者想要他们做的事情。"美国有一家公司，管理者被员工们亲切地称为"一分钟经理"。他发明了一种"一分钟表扬术"，如果员工做对了，他会马上进行表扬，而且还会很精确地指出员工哪里做对了，然后鼓励员工继续努力。他说，他之所以这样做有三个目的：第一就是单纯地表扬员工；第二是使表扬及时、具体、准确；第三是与员工分享成功的喜悦，然后共同进步。其实，"一分钟赞美"，就是企业的管理者花费少量的时间，在员工所做的事情中，挑出大体正确的部分加以赞美。这样一来，不但可以促使员工更加努力地工作，还能使每位员工清楚地知道自己所做的事情正确与否，进而不断完善自己的行为。这种做法会使员工们感到管理者与他们站在一条战线上分享成功的喜悦，从而为他们取得的成绩而高兴。

著名的心理学家斯金纳说，要想达到最大的诱导效果，你应尽可能地在行为发生后立即加以肯定与奖励。因此，管理者不要等到工作结束、成果已出或年终考核的时候才对员工进行赞美，要有意识地对员工的工作进行积极评价。如果你能在工作的进行中及时给予努力的员工以肯定，这无疑是一种额外的推动力。员工会在积极情绪的引导下，取得超乎想象的成绩。

总之，多多用欣赏的眼光去看待员工，并及时反馈，及时表扬，员工就会从心里感激你，而这种回报就体现在他们对工作的态度上，最大的收益者还是公司。

赞美的话不要泛泛而谈，要说到点子上

赞美对于激励员工确实有神奇的功效，但凡事都是要讲究方式和技巧的，如果赞美不到点子上，不但起不到应有的作用，反而会适得其反。所

以，管理者在赞美下属时要注意以下几点：

1. 抓住时机，不要雨后送伞

马后炮往往是最不让人受用的，员工应该受到及时的赞美，而不是受到对他去年业绩的赞美。

2. 选好赞美点

选好赞美点，不要指东打西。员工这件事情做得最好、最满意，管理者却夸奖另外的事情，员工会觉得管理者忽视他们的努力。

3. 赞扬要有新意

①语言要新颖。员工如果听到管理者永远用“你做得很好”这一种方式夸奖他，久而久之，他们心中对“你做得很好”的理解，就会和“你吃了吗”一样平常，没有任何感觉。

②新鲜的表达方式。赞美的方式有很多，花样翻新能给人更好的心情。

③独特的角度。赞扬一个人就需要有欣赏的眼光，这我们之前也说过，这种眼光就是一种用独特角度看待问题的眼光。如果管理者能发现别人不能发现的地方然后加以赞扬，赞扬效果就更好了。

4. 赞扬应该适度

过犹不及，这个道理我们一定要明白，所有的赞美一旦过度，听起来就像是讽刺了。而这种讽刺比骂人还要难听，赞扬员工的时候一定要注意这点。

①赞扬要有所保留。即使是赞扬，要提出一些希望和对方仍不足的地方，这样对方不仅不会厌烦，还会努力改正。

②有比较地赞扬。赞扬一定要有比较，没有比较就没有差别，没有差别赞扬从哪儿来？

5. 间接地赞美

直接地赞美有可能会被人认为那只是应酬话、恭维话，如果进行间接的赞美，对方就会由衷地高兴。

6. 要有一定的前瞻性和预见性

赞美不仅要符合眼前的实际，而且要高瞻远瞩，具有一定的前瞻性和预见性，提升赞美的高度，经得起推敲和时间的考验。要达到这样的效果，需要注意以下几点：

①赞美别人要站在一定高度上。只有站得高，才能更充分地发掘下属的

优点和成绩的意义。

②要把赞美的眼光放长放远，使自己的赞美能经受得住时间的检验。

③要善于见微知著，从小事上发掘出重大意义，从眼前的影响推测将来的影响。

④要注意考察下属的成绩或长处的影响范围，使赞美更加具体、贴切。

7. 背后赞美更有效

背后说人坏话，再传到别人耳朵里，会比当面呵斥别人更让对方气愤。赞美也是一样，如果管理者能背后赞美别人，然后“不小心”让对方知道上司曾经在背后夸奖他，对方就会更加相信管理者的真心。

8. 赞美不可过多过滥

赞美就像是吃大餐一样，天天吃白菜，忽然吃一顿大餐你会觉得非常好吃，那么我们就要注意，不要把赞美的话变成冬储大白菜，天天吃，员工总会腻。

总之，赞美的话说到点上，必然产生激励效果。赞美是一门艺术，是一门点亮人心的艺术，而如果管理者能把赞美的话说到点上，说明已经开始慢慢掌握这门艺术了，员工必然也会受到激励，从而努力工作。

当众赞美下属时不能忽视其他员工的感受

赞美当然能够鼓励他人，能让别人努力向上，但是管理者也许没有想过，大肆赞美一个员工的时候，别的员工是不是也在听？如果他们在听，赞美者是否注意到了“厚此薄彼”的问题？大肆赞扬一个员工没有错，但是不能忽视其他员工的感受。所以，管理者当众赞美下属要注意以下几点：

1. 当众赞美某个下属要有诚意

富兰克林有句名言说：“诚实是最好的政策。”没有人喜欢虚情假意，员工之所以被感动，是因为作为赞美者的上司拥有真挚的情感。如果不能真挚地赞美一个员工，那么你还不如闭口不言，也胜过弄巧成拙。所以管理者赞美下属，必须首先自己表示欣赏，表示出诚意。有的管理者在表扬下属时，只想着树立自己的威信，收拢人心，实际上并没有表现出欣赏的诚意，无论是被表扬者，还是其他人都像被当猴耍一般，这样的做法从根本上失去了表扬的意义。

北魏时太武帝拓跋焘很赏识崔浩，于是揽用他，让这位崔浩为其集思广益出谋划策。太武帝还命令歌舞乐人员用歌舞歌颂有功之臣，说："智如崔浩，廉如道生。"还有一次很多人参加的酒宴之上，这位太武帝指着崔浩认真地说："你们看崔先生，他纤瘦懦弱，手不能弯弓持矛，但他胸中所怀的却远远超过甲兵之能。朕开始时虽有征讨之意，但思虑犹豫不能决断，前后克敌获捷，都要依赖崔先生帮我走到今天这一步。"话中不无诚意。

2. 给每个人公平赢得赞美的机会

管理者当众赞扬下属，一定要注意，给每个人以公平的机会，表扬要把握对事不对人的原则，谁有了成就、符合要求、达到标准都要当众表扬，而不能此一时彼一时、忽冷忽热、专门偏向某个人或某几个人，这样才能充分发挥当众赞美的激励作用，要努力给员工制造一种积极竞争，努力向上的工作感觉。

3. 不要表扬的同时贬低众人

在众人面前过于热情地称赞某一位下属，会使其他人感到不快，被称赞的人会感到拘束不安。如果对某个员工的长处大肆赞美，然后大加宣扬，但对没有这种优点的员工大力批评的话，会让其他员工感觉到不被尊重不被重视，不可避免地造成心理失衡甚至嫉忌心理。虽说"不遭人妒是庸才"，但是被嫉妒之后，被赞扬的员工就会被其他员工疏远和孤立。一旦发生这样的情况，赞美不但没有达到好的效果，反而管理者要付出更多的管理成本。

总之，当众赞美下属要注意方式，一定要注意其他人的感受，要避免"厚此薄彼"，不要让别人妒忌被赞扬的员工。否则员工之间就会产生分裂和孤立，那样就得不偿失了。

| 用证书等书面形式赞美优秀员工 |

每一个做出成绩的员工，都非常希望得到上司的肯定，如果仅仅得到上司口头上的表扬，虽然也有激励作用，但绝对没有书面表扬有效。最好的方式是把你对员工的欣赏写出来，因为口头表扬随着时间的流逝会让人淡忘，而书面赞美则会永远存在。这并不需要花什么钱，也不会占用太多时间。下面这些书面表扬的方式可供借鉴：

费雷罗在一家生产示波器与其他电子仪器的德克壮公司任主管，他经常得意地向人讲起他设计的一种免费的奖励，叫作“你做得很好奖”。当费雷罗还在德克壮公司公关部门工作的时候，曾好几次与副总裁一起喝咖啡。有一回，副总裁对费雷罗说：“公司正在快速成长，实在应该及早设计一套正式的办法来奖励员工。”传统上，德克壮对员工只有一种奖励，就是用金表来奖励员工，可由于副总最近读了几本讨论“奖励”的书，所以他在想，是不是该改一改传统，改用金表以外的东西来对员工进行奖励？

费雷罗建议公司印一种卡片，上面写着：“你做得很好！”让员工视实际情况，签名送给自己的同事。令费雷罗感到意外的是，副总居然答应试一试，于是费雷罗印了卡片开始发送，许多人响应这种做法，于是这项非正式奖励办法成了员工生活的一部分。“虽然对员工进行口头赞美也是不错的，但如果有人以具体的文字来赞美你，并且签了名，对受奖人来说，他会觉得更有意义。”费雷罗说，“事实上，我们的员工非常感激这种奖励，收到这种卡片的人，通常都很高兴地把它贴在办公桌旁。”

1. 赠送员工感谢卡片

管理者可以准备一些卡片，每当员工做了值得赞赏的事情，部门领导就在上面写上一条，详细写明他的成绩及对他的激励话语。

2. 颁发给表现突出的员工证书和奖章

证书和奖章对员工的激励是巨大的，虽然员工嘴上不说，但其实每个人都十分重视这一点。

3. 为员工建立业绩档案

管理者可以给优秀员工寄表扬信，也可以把信封装入标有“成功档案”的档案夹中，并写上下述鼓励：“也许你以后会遭遇失败，但你要记住，你曾经成功过，你曾经是一个优秀的人，只要你努力，没有什么可以难得住你。”“我们公司永远以你为自豪，你是一个有能力的人，相信你以后会表现得更优秀。”这些文字可以给员工战胜困难的勇气和信心，会帮助员工克服各种各样的工作困难。

总而言之，巧用书面形式激励员工，就会让员工感到自己得到了莫大的荣誉，这种看得见、摸得着的荣誉会不断激励员工继续努力，继续为企业贡献更大的力量。

功劳是下属的，过错是自己的

当一个管理者带领的团队取得功绩时，当上级要表彰一个团队时，功劳是谁的呢？如果业绩不好，受到上级的批评，错误又是谁的呢？这时，管理者切记，推功揽过是管理者激励员工的重要手段。管理者在管理过程中，一定是功劳与过失并存，是推功揽过，还是推过揽功，都有可能对自己的管理地位产生很大影响。

从古至今，很多史料和故事都可以证明：推功揽过的人大多能有效地激励下属，进而取得自己事业上的成功；而推过揽功，则很可能削弱下属和团队的斗志与工作积极性，从而导致事业上的失败。

三国时期，东吴都督吕蒙趁关羽不备，一举收回荆州。捷报传来，吴主孙权犒赏三军，将上座赐予吕蒙，对大家说：“荆州久攻不下，这次能够成功取回，全是仰仗了吕蒙都督智勇双全，还有众将士的奋不顾身！”孙权自己毫不居功，把胜利的功劳全部归于大家，此举深得军心。后来在合肥战役中，孙权被曹魏大将张辽激怒，带兵与之决战，结果大败而归。痛定思痛，孙权对大家说："这次失败，责任全在我这，要不是我轻视了张辽，我们吴国也不会有此一败，从今往后我一定改正。"此言一出，闻者无不感动。

与孙权形成鲜明对比的是袁绍。袁绍的势力一度非常强大，人才济济、雄霸河北。但他刚愎自用、好大喜功，以致势力日益凋零。在与曹操的官渡之战中，谋士田丰诚恳地劝告他不要出兵，袁绍不仅执意不听，反而将田丰囚禁。官渡大败后，别人都以为田丰应该会受到袁绍重用了，没想到袁绍却不愿意承认自己的错误，认为自己羞见田丰，竟下令将田丰赐死。此举彻底寒了袁绍帐下其他将领的心，最终导致他众叛亲离，被曹操所灭。

推功揽过，是管理者赢得下属信任、成就自己事业辉煌的手段之一。孙权宽厚大度，推功揽过，从而很好地树立了自己的威信，赢得了将士们的拥戴，终成一番伟业；而袁绍心胸狭隘，推过揽功，残害忠良，结果众叛亲离，遭到了彻底的失败。

曾经有人问过海尔集团首席执行官张瑞敏："工作中最让你感动的是什么？"他回答："最让我感动的是，很多普普通通的在平凡工作岗位上的员工，能够用心去做一些工作；一些生产线上普通的员工为了提高生产效率，搞一个技术革新，自己回家拿钱用自己的业余时间去做。如果每个人都能够用心去创造、去发明，去把自己的工作做好，那么，不管什么困难我们就都能够克服了。没有他们，就没有海尔的今天。"

谁也无法否认张瑞敏对于海尔集团的巨大贡献，甚至可以说，没有张瑞敏，就没有海尔的今天。即便有如此功劳，张瑞敏依然对员工的工作和成绩作出了充分的肯定，这样做得到了员工们打心底里的尊重，让他们能够心甘情愿地为海尔集团献力献智。任何企业的管理者，都应该对张瑞敏的话有所体悟。

在荣誉面前，有些管理者会利用自己的特殊地位，将功劳占为己有，似乎只有这样，才能在下属面前展现出自己的高大形象，才能体现自己在事业上的成功。殊不知，评断一个管理者是否取得了事业上的成功，得看他的下属是否成功，得看他带领的团队是否成功，只有下属和团队获得了成功，才能证明管理者自己的成功。

把功劳让给员工，一方面对他们进行了充分的肯定和赞扬，满足了员工的荣誉感；另一方面也能够拉近管理者与员工之间的距离，让员工更愿意为他效命，这正是所谓“士为知己者死”。不但如此，当团队员工失误时，还要主动承担自己的责任甚至是帮下属承担责任。人非圣贤孰能无过，言必有失行必有过。如果有错就退有过就推，无疑会失去下属的支持；如果揽过罪己，则有助于人心的凝聚。

管理者要对团队的整体负责，在遭受挫折时，更要将责任一肩挑起。当然，失败的原因各种各样，有可能是因为一些难以抗拒的外力作用，也有可能来自于内部的掣肘与阻力，但作为团队领头人，不管什么原因，都要承担责任，绝不可以在失败之后为自己开脱，将责任推给其他员工。因为管理者如果勇于揽过，会让员工更有安全感，赢得员工的爱戴和信任，从而激发员工对工作的热情，没有后顾之忧地将工作做到尽善尽美。同时，管理者如果能够主动承担责任，也会让员工感动，从而自责与反思，发觉自己的不足之处，在以后的工作中加以改进。

所以要想在员工中拥有更高的威信，获得员工的理解与尊重，得到员工的支持，就必须做到工作中推功揽过。相反，如果管理者推过揽功，就很有可能成为一个像袁绍一样的失败者。

不要吝惜对落后员工的表扬

古往今来，胜王败寇，天经地义。有先进者自然有落后者，任何企业都是如此。先进者理应得到鲜花和掌声，无可厚非。但是，那些落后者呢？有的员工不辞辛劳工作，有时会取得上佳的业绩，有时可能效果并不理想。这时，管理者一定要及时地给予落后员工一些掌声。这份善意与理解将会起到远远大于金钱和物质的激励作用。

所以，不要只把溢美之词全部送给先进者，而忽略了落后者的存在。去鼓励那些落后的员工吧，他们也能为你创造出惊人的业绩。

1945年9月2日，日本投降，“二战”结束。在美军“密苏里”号战舰上，聚集了大量的记者和各国政要，人们翘首以待，都想目睹日本签署降书这一历史性时刻。

就在美国五星上将麦克阿瑟即将代表盟军在投降书上签字时，他的手突然停了下来。现场数百名记者和摄影师对麦克阿瑟此举大惑不解。谁也不知道他打算做什么。只见麦克阿瑟转过身，招呼随同前来的陆军少将乔纳森·温斯特和陆军中校亚瑟·帕西瓦尔，让他们站到了自己身后。

麦克阿瑟此举让大家既惊讶又嫉妒。因为那两名军官占据着的是历史镜头前最重要的位置。一般来说，这里应该属于那些战功显赫的常胜将军才对。而现在，这份巨大的荣誉却分配给了两个在战争初期就当了俘虏的人。然而，此二人都是在率部苦战、寡不敌众、援兵久候未至的情况下，为避免更多无谓伤亡，才缴械投降的。

麦克阿瑟以他特有的方式向这两位已经尽力的落后者表示了自己的理解和尊敬，向他们作出的巨大牺牲和所受的苦难表示感谢。无论如何，投降毕竟不是光彩的事情，不管你是出于何种原因、何种考虑，降将都会被人轻视，乃至遭人唾骂，而温斯特和帕西瓦尔无疑是幸运的。

每一个员工都会经历挫折与伤痛，都会有懊恼与失意，一切在所难免。世上本没有人天生就是成功者，也没有人能在成功的道路上一帆风顺。如果员工跌倒了，管理者应当用掌声激励他，让他能够在哪里跌倒，就在哪里爬起。当面对有各种问题的落后员工时，管理者要知道，即使再落后的员工，身上也有闪光点，要挖掘他身上的长处，当落后员工身上有了某一点的进步，要及时地给予表扬，这样会使落后员工感到温暖、鼓励，自尊心就会得到抚慰，会感恩，会更加努力。如果不断地对他们的小小变化和进步给予密切的关注，时常提出表扬和鼓励，他们就会不断地进步，这样，落后的员工终将变为先进员工。

第三章　榜样激励

——火车跑得快，全凭车头带

管理者在企业中发挥的是中流砥柱的作用，尤其是在关键时刻，管理者的行为往往会影响员工的工作热情和积极性。只有在关键时刻挺身而出，并力克难关的管理者，才能最大限度地提高员工的斗志，对员工形成一种积极向上的激励作用。

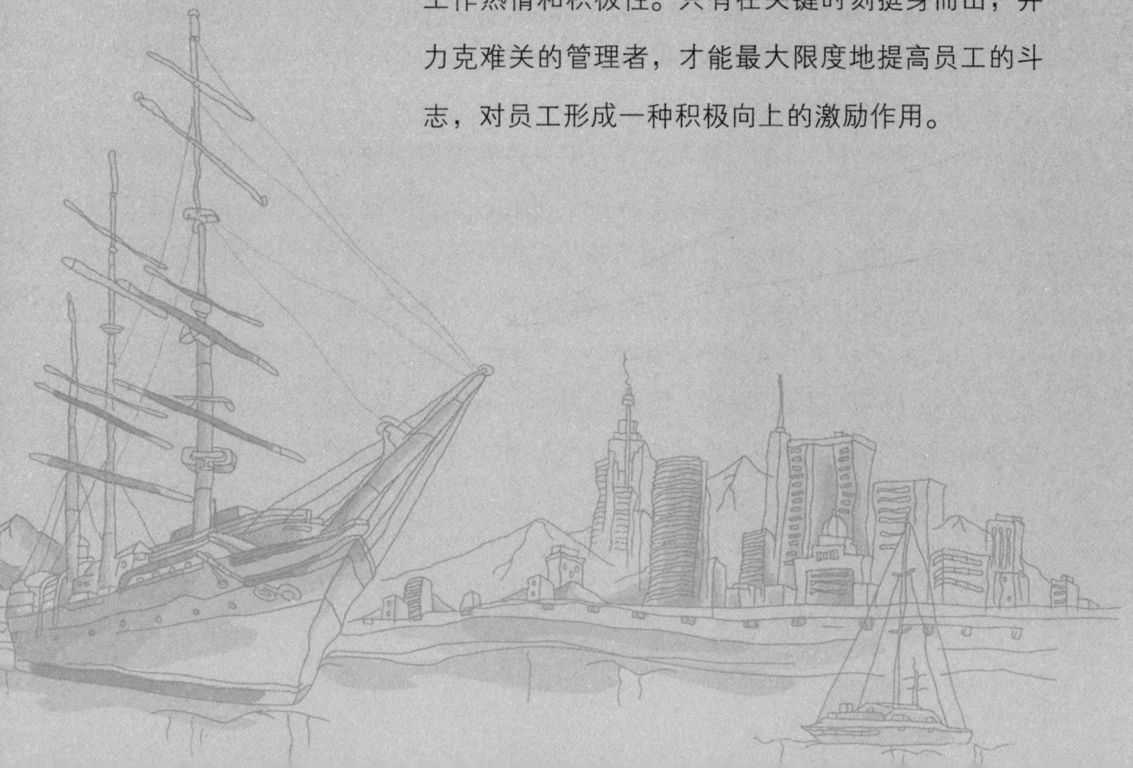

| 领导要起到榜样的作用 |

在企业中，管理者就是员工的表率，员工则是管理者自己的一面镜子。员工的一些行为，其实大多都是管理者自己做过的，而且这种表率作用还会影响公司的整个作风，甚至会形成企业文化，为企业打上不可磨灭的烙印。如果管理者能够以身作则，那么这种激情和精神就会影响员工，让大家产生一种积极向上的精神面貌，从而影响到企业的工作气氛。

管理者的榜样作用具有强大的感染力和影响力，是一种无声的命令、最好的示范，这对于员工来说是一种很好的激励。相反，假如管理者常常迟到，吃完午饭后迟迟不回办公室，打起私人电话来没完没了，经常因为一些小事而影响到自己的工作，一天到晚眼睛直盯着墙上的挂钟，时不时还玩一会儿网络游戏，属下大概也会成为这样的人。

比如，微软公司由于其创始人比尔·盖茨本人进取心很强，富有竞争力与冒险精神，因而勇于进取创新，敢于冒险，就成为了微软公司企业文化的鲜明特点；而 IBM 公司的情况则恰恰相反，其创始人托马斯·沃森几乎为每一件事都制定了严格的规则，因而，IBM 公司的企业文化特征表现为稳健与保守。

可见，管理者的所作所为，几乎全都在部属的效法之中，还会对组织文化有深刻的影响。当管理者想斥责员工时，先看看自己，如果自己做不到，又凭什么让员工做到？员工模仿领导，模仿他们的习惯，模仿他们的工作方式、工作技巧，这是员工的本能。所以，作为管理者，首先要起到示范作用。

古人对这个问题早有清醒认识。《礼记·哀公问》中有这么一段对话：“公曰：‘敢问何谓为政？’孔子对曰：‘政者正也。君为正，则百姓从政矣。君之所为，百姓之所从也，君所不为，百姓何从？’”

圣人的意思是，执政就是要做到让自己行得正、做得正。如果君主能正直，那么百姓就会跟从执政者，并且学习他。君王的一举一动，都是百姓的学习对象，如果君主没有作为，百姓又如何去学习？

另外，《周书·苏绰传》也对统御者本身做了形象比喻："凡人君之身者，乃百姓之表，一国之的也。表不正，不可求直影；的不明，不可责射中。今君身不能自治，而望治百姓，是犹曲表而求直影也；君行不能自修，而欲百姓修行者，是犹无的而责射中也。"

这段话的大意，也是讲只有掌权者、管理者做得正、行得端，手下人才能学习。如果掌权者本身做不好，就不应该也不能要求手下人去做好什么。

可见，"君明则臣直"，管理者在工作中要表现出示范效应。如果希望下属能够做到，那么自己就要先做到，这样才能减少不必要的说教。在不声不响努力工作的过程中，下属自然会被感化。身教胜于言传，作为员工的模仿对象，领导要有领导的样子，发挥带头作用，以此影响员工，激励其更好地工作。

请榜样人物作报告

在一个公司中，总会有一批具有较高个人素质、业务技术能力强和业绩好的典范人物。他们是集中体现组织主流文化，被组织推崇，被广大员工仿效的特殊员工。这些人是组织先进文化的体现者，在组织正常的生产经营活动中起着模范带头作用，是组织文化建设不可多得的主力军。这些人可以树立为公司的榜样人物。

另外，在某个方面工作优秀的人，即使他并不是处处都优秀的完人，也是企业的榜样人物。榜样人物并非要有极其突出的事迹，只要是员工在自己的平凡岗位上比别的员工业绩高，就可以被树立为榜样。比如，采购部门降低成品库存成本、食堂提高了食堂饭菜质量和服务质量等，都算是榜样事件，可以请出幕后的管理者来介绍经验。

树立员工中的榜样人物有如下好处：

（1）具有更加有效的示范作用。由于他们是员工中的一员，其为人、功绩是大家直接看得到的，容易使大家产生感情共鸣，因而乐意去效仿。他们高尚的品德、模范的言行、生动感人的形象更容易感染其他员工。

（2）潜移默化的舆论导向作用。在一个良好的企业环境中，典范人物的公正主张和卓远见识能够控制舆论导向，起到引导员工言行、强化组织价值观的作用。而如果是管理者去说去做，则可能遭到员工的排斥。

（3）更好的凝聚整合作用。由于这些典型人物来源于员工，他们的理想、信念和追求具有现实的基础，易于为员工所认同和敬佩，易于产生独特的魅力，使整个企业同心同德，形成整体合力。

（4）对榜样人物本身的激励。成为榜样人物，是一件光荣的事，它意味着领导的重视、肯定与信任，同时也能得到其他员工的赞许和效仿。这对其本身就是一个很大的促进与激励。

（5）更好的调节融合作用。典范人物以其自身在企业中的影响力，在解决组织内部的各类矛盾、冲突时起着调节融合的作用。他们能以公正的态度判定是非，具有正确解决企业冲突的立场、原则和手段，利于化解冲突。

在企业内部挑选合适的榜样有很多优越性。但要达到更好的效果，管理者还要注意以下三点：

（1）榜样达成的时间不宜太长。找到榜样对象之后，还要确保员工们通过努力能够达到榜样的标准，而且达成的时间不宜过长，因为，过长时间的努力过程，会使当事人懈怠，进而失去信心。

（2）榜样可以是个人也可以是部门。公司内部的榜样不仅仅限于员工个体，也可以是公司内部的某个部门或小组。比如，公司一共有五条流水线，总会有一条流水线无论在质量、产量或工期方面都是第一，这条流水线就可以成为其他四条生产线的榜样；部门与部门之间也是一样的，比如某个部门的费用控制刚好是在企业标准费用95%之内，管理者就可以引导另外几个超标的部门以之为榜样。

（3）尽量让员工把身边的人和事作为榜样。让员工把自己身边的人和事作为榜样，往往激励效果更明显，因为员工与他们的心理差距小，较为了解其成功的过程，容易产生赶超的信心。这一点对规模比较大的企业尤为重要。

榜样人物选出来以后，还要对他们的事件进行宣传，那就需要开榜样人物报告会或表彰大会，或者给他们特殊待遇，让他们真正成为企业明星。

1. 定期选出榜样人物并举办榜样人物报告会

定期举办榜样人物报告会，可以以一个季度为周期，演讲者也不需太多，以三五个人为宜。演讲题目从具体之处入手，不要谈大而空的话题，可以让他们讲自身工作中特别优秀之处。一方面，对榜样人物本人来讲，是对他们工作成果的认可，可以对他们自身起到激励作用；另一方面，还可以激励企业的其他同事。

2. 请榜样人物为新员工作报告

管理者除了采用常见的报告会形式外,还可以让榜样人物为新员工作培训。

对新员工进行培训可以运用不同的方式，不光是需要培训专员来为公司的历史、现状、未来发展做介绍，还可以请来优秀的员工，就某一个方面、某一个项目向新员工介绍经验，也可以起到激励的作用。

有家港资企业从 1988 年在大陆投资时的十多个人，到现在已发展成六千七百多人的规模。这家公司的生产部部长，共管理着三四千人。他是从普通工人做起，一步一步跟随着企业发展的脚步走到今天的。但是现在，他已经感觉到很吃力了，如果按照他现有的能力发展下去，只会阻碍这个部门的发展。像他这样的人就适合去给新员工做培训，这将会非常有鼓动性。他可以发表如下的演讲：

各位，我们公司今天是六千七百人的规模，好像部长经理的职位都已经被占了；但是，在明年后年的这个时候，也许我们的员工就有可能发展到一万人，到时候会需要更多的经理，这些经理就来自在座的各位。

就像我一样，我也是从一名普通工人成长起来的……

3. 为榜样人物单独定做服装或其他标志

为榜样人物定做特别的服装或其他标志，也是一种常见的、有效的激励方式。被贴了标签之后，在他人的监督下，他们会更加严格地要求自己，起到榜样的带头作用。

有家公司员工的工作服是天蓝色的，当公司评出了十名优秀员工以后，就让优秀员工穿上红色的工作服。红色看起来比较刺眼，全公司六七千人穿的都是天蓝色的服装，只有十个人的工作服是红色的，远远地就能看到。人力资源总监开玩笑地说，穿红衣服的员工，因为被树为榜样，就连上厕所都会变得很小心，见到陌生人都很有礼貌。别人看着他们，无形之中也是对自身的一种激励，这就变成了一种双向激励。

有家公司给值班经理设计了特殊的标牌，上面写上他的名字和职位。实践证明，这样做是有效的，值班经理不会再出现六点钟打完卡就跑的现象，而且，当看见办公室有垃圾的时候，也不会叫清洁工，而是自己亲自动手，这就是榜样激励的作用。别人看到了，自然而然会跟着做、学着做。

高效工作的领导才可要求下属“高效”

工作中，管理者最讨厌的就是员工做事拖沓，经常会听到管理者催促员工要有工作效率，殊不知，他们自己就没有高效率。刚刚我们已经说过了，管理者是员工模仿的对象，而且当管理者自己没有做到的时候，就不要想要求员工去做到。只有管理者自己不“低效”，才可要求下属“高效”。

下面我们列举出几种提高工作效率的方法以供参考：

1. 把工作分成“事务型”和“思考型”两类来分别对待

工作是可以分为两种的，也就是“事务型”和“思考型”。事务型的工作，就比如说完成报表一类，它有很大的工作量，但是几乎不需要动脑。这种类型的工作最需要能有耐心持续地做；思考型的工作就需要人时时刻刻都在思考，很需要动脑，这种工作就非常需要人静下心来想，突然灵光一闪，思路如泉涌，再去着手。

一定要分清这两种工作，然后选择在自己精力最旺盛的时间段作“思考型”工作，在精力不旺盛的时间段作“事务型”工作。

2. 每天定时完成日常工作

定时完成日常工作是非常重要的，因为人是有天然惰性的，如果不能每天完成定时工作，这些工作就会每天都拖到后面一些，从而为日后工作造成很大麻烦。一旦你拖延了，过一段日子就会发现，自己面对的是一个非常大的工作量，这样就越来越不能正常完成它，直到这些滞后的工作让人崩溃。

3. 列出工作计划，用明显的方式提示完成的进度

工作计划的作用是极为显著的，因为有了计划，才能有条不紊地迈向工作目标，而不是毫无章法地工作。

4. 安排好随时可进行的备用任务

计划赶不上变化，当主要工作因为一些问题停滞了的时候，马上找出备用任务，继续完成它，这样就不会因为意外原因而浪费工作时间。

5. 分清事情的轻重缓急

做事总有重要和不重要之分，本末倒置，把不重要的先做了，只能让人贻误时机，丢失效率。

6. 做决定时干脆利索

在综合考虑认真分析利弊之后，管理者就要干脆利索地做出决定，绝对不可拖拖拉拉，错失良机，给属下留下一种优柔寡断的印象。

7. 把东西摆放得有条不紊

管理者每天收发的资料肯定不少，如果把它们摆放整齐，不同的类别放在不同的地方，这样找起来方便，也便于处理，也可以节省不少时间。

8. 不要等待，立即行动

明日复明日，明日何其多？兵贵神速，如果一拖再拖，不但工作更难完成，也会错失很多机会。作为管理者，一定要明白，你做事的效率将直接影响到员工的效率，因此，你自己必须提高效率。做事有计划，有条理，你才能要求员工做事高效。另外在下达任务时，要考虑好任务的困难程度，与下属商量好完成的期限，按进度监督下属高效完成任务，不要无限期拖延下去。

| 以身作则，勤奋工作 |

在任何时候，领导都是员工的榜样。身为管理者，不只需要满腹的学问、出众的才能，工作的热情也相当重要，如果自己没有高昂的工作热情，就很难培养出有敬业精神的员工。

在这点上，富有激情和创意还有干劲儿的世界首富比尔·盖茨给人们做出了榜样。

比尔·盖茨，这位受到所有微软员工喜爱的老板，能让员工们毫无怨言并且长时间工作。“工作即是欢乐”，这对于微软公司的员工来说，已经是一种被普遍认同的“价值观”。

在微软公司，正是盖茨这种近于疯狂的工作风格，影响了微软的所有员工，点燃了他们的激情，进而在微软公司的工作环境中培养出一种工作狂的气氛。

微软公司负责公关的经理曾这样说："盖茨先生不但是个工作狂，而且要求十分严格，部下认为办不到的事情，他不会斥责员工，而是自己把这份工作拿回家去做，最后的结果无不令人瞠目，那真的是完美的结果，这样的工作态度，让我们没有任何资格去说工作太难。"

在《盖茨先生：微软公司的领袖如何给计算机业带来巨大变革并使自己成为全美最富有的人》一书中，作者这样写道："盖茨先生工作异常热情，每周经常工作 72 小时，甚至达到 90 小时；不工作的时候，他就像一个黑洞吸收光线那样大量吸收信息。"

与比尔·盖茨先生一起工作的人都说，他是世界上最忙的企业主管之一。

当然，仅仅是很忙，并不能影响到员工，管理者要忙得有激情，要忙得让员工看得到，要忙得能影响到别人。比如说，早晨上班时间要比其他人早一点，看到别人来了之后主动地去打个招呼，作为老板的你来这么早，别人怎么好意思迟到？

一个公司，要有一份自己的精气神，而这种精气神，当然是从核心散发出来，然后由内至外地影响到员工，进而影响到企业。总之，要调动员工的干劲儿，加强动机诱导，建立充满活力的工作机制。如果想造成这种影响力，管理者就要成为员工中的核心，让周围的员工看到自己正在全速运转着。以身作则，用自己的干劲儿激起员工的干劲儿，员工才能被带动起来，公司才能活力四射。

走到员工中去，可以激励每一个员工

管理者乐于做些员工的工作，可以激励每一个员工。如果总是给员工一种高高在上的感觉，这样的老板是非常让员工讨厌的。之所以员工会这么认为，就是因为管理者做了他们的工作，这会有一种管理者尊重他们和他们的工作的感觉。实际上也确实如此，管理者去做员工的工作，就说明了对他们工作的认可和重视，自然就会受到员工的爱戴，员工看到管理者做他们的工作，他们也会更加热爱自己的工作。

Puccino是全球著名的连锁饭店，总裁布莱克先生在一年当中不断地巡视全球的连锁饭店，所到之处总是乐意干点杂活。

布莱克总裁干过以下杂活：帮助库房的小伙子推电车；在大堂拖地板；帮助员工装卸货物；参与制作三明治；打扫客户的厕所，并请客房服务员判定便盆是否擦洗得符合要求了；在前台协助接待旅客；往自助餐厅的货架上放置食品；捡起扔在地上的小东西；当经理部同时两部电话铃响起时，帮着接其中的一部电话，而且还接到一个旅客预订房间的电话，熟练地为预订房间的旅客办理了相关手续；单独承担接待入住旅客的业务工作；等等。其他还有很多，不胜枚举。

正是因为这些杂活，布莱克受到公司员工的一致好评，员工都说自己的总裁就是自己的同事，这让他们充满了喜悦，而这种喜悦，来自于老板对他们工作的尊重和重视。

从上面这个例子我们可以看到，管理者、决策层人员走到员工当中去是多么重要，这会给他们带去尊重，会给他们带去安慰，会给他们带去温暖，而这种温暖，让所有的员工都能积极向上，努力加以回报。所以，脱下你名贵的西服，走出你一尘不染的办公室，摘去那高高在上的面具，来吧，走到你的员工中来，尝试着去做他们的工作，成为他们的一员，只有这样，员工才能爱戴你，才能更加努力地工作。

困难时刻首当其冲，做好表率

越是在困难时刻，越能看出一个管理者的领导力。管理者关键时刻做出表率就是对员工最好的激励。因为企业是一个有机整体，管理者身先士卒，困难的时候冲出去为员工作出表率，能大大鼓舞员工的干劲。

那么，管理者怎样才能在关键时刻挺身而出呢？做任何事情，光有一颗勇敢的心还是远远不够的，尤其是在关键时刻，它还需要当事人具备解决事情的能力。这就要求管理者一定要随时提升自己的能力，让自己通过不断的学习、实践等方式来为自己充电，提升自己的业务水平和管理水平。这样管理者才会在关键时刻有信心，有把握解决问题，成为激励员工勇敢向前的榜样。这需要管理者平素不断锻炼自己的能力，尤其是做事雷厉风行，杜绝犹豫不决的能力。如果管理者关键时刻优柔寡断、犹豫不决，则表明这位管理者心中对这件事情也是恐惧和无助的。如果管理者平时派头十足，一到关键时刻却疲软不堪，会让员工对你很失望，影响员工的工作热情，失去面对困难的勇气。因此，管理者只有一个选择：坚决果断地做出决定。这是管理者必须不容置疑要做到的。所以，平时管理者就要练就一身本领，判断力精准和做事雷厉风行、不拖沓的作风。

东芝公司作为世界知名企业，它的董事长土光敏夫就是一位非常善于在关键时刻挺身而出，为员工树立标杆的领导者。

有一次，土光敏夫听业务员反映，公司有一单大生意怎么也做不成，主要是因为买方的经理经常外出，多次登门拜访都扑了空。就算见到了那位经理，对方也总是不同意签订购买合同，一连去了5个业务员都没有办成此事，大家觉得很沮丧，打算放弃这单生意。

土光敏夫听了后，沉思了一会儿，然后说："这样啊！请不要泄气，我上门去试试。"

业务员听到董事长要"御驾亲征"，不觉大吃一惊。一是担心董事长不相信自己反映的情况；二是担心董事长亲自上门推销，万一签不下这笔订单，岂不是丢尽东芝企业的脸了！那位业务员越想越怕，急忙劝说："董事长，您不必亲自为这些具体小事操心，我们再多跑几趟应该就可以拿下这单生意的。"土光敏夫听了后笑了笑，没有说话，其实他心中主意已定。

第二天，土光敏夫亲自来到那位经理的办公室，但仍然没有见到经理。事实上，这是土光敏夫预料之中的事。可他并没有因此而告辞，而是坐在那里等候。很长时间以后，那位经理回来了。当他看了土光敏夫的名片后，慌忙说道："对不起，对不起，让您久等了。"而土光敏夫毫无不悦之色，反而微笑着说：“贵公司生意兴隆，我应该等候。”

紧接着，土光敏夫运用自己出色的口才和过人的推销技巧，终于促成了这单生意。同时，那位经理觉得东芝企业的董事长如此敬业，在深受启发的同时还对土光敏夫充满了敬意。土光敏夫临走之前，这位经理亲切地握着土光敏夫的手说：“下次，本公司无论如何一定买东芝的产品，但唯一的条件是董事长不必再亲自来了。”随同土光敏夫前往洽谈的业务员目睹此情此景，心中也是充满了感慨。

土光敏夫此举不仅做成了生意，而且还以他坦诚的态度赢得了客户的好感。此外，他这种关键时刻挺身而出的领导风格，对企业的员工起到了很好的教育和激励作用。

总之，在面临困境或者紧要关头，聪明的管理者一定要挺身而出，勇敢地面对难关，这样才能把坚定沉着的精神传达给员工，让大家都能够勇敢地面对挑战。反之，员工若是看见管理者都不知所措，他们就会六神无主、惊慌失措，并且一定会对管理者非常失望。所以，管理者在关键时刻冲在前面也是激励员工的一种方式。

管理者错了要主动坦然承认

人无完人，孰能无错？管理者也不例外，但是，有的管理者在犯错后却强词夺理，拒不承认自己的错误，这让他在员工心目中的形象大打折扣。犯错误并不丢人，关键是要勇于承认错误并加以改正。一般来说，员工信服的管理者都是敢做敢当、决不推卸责任的管理者。所以，当作为公司领头羊的管理者犯了错误时，可以坦然勇敢地承认自己的错误，这不仅不会损害自己的形象，还会在员工中起到意想不到的激励效果。

纽约《太阳时报》主笔丹诺先生在审核稿件时有一个习惯，他总会把自己认为比较重要的文字用红笔勾出，以提醒排校人员在做设计时一定要多突出这些文字。

有一天，一位年轻的排版员偶然读到一段文字，也是被丹诺先生用红笔勾出的，大意是："本报读者雷维特先生送给我们一个很大的苹果，在那通红美丽的皮上有一排白色的字，仔细一看，原来是我们主笔的名字。这真是一个人工栽培的奇迹！试想，一个完整无缺的苹果上，怎样会有这样光泽整齐的字迹呢？我们在惊叹的同时也经过一番讨论，但始终没有弄清楚这个奇迹是怎样出现在苹果上的。"

这名排版员的父亲正好就是一个园艺师，他读了这段文字不禁感到好笑。因为他知道这些苹果皮上的字迹是经过简单的处理后就可以得到的：趁苹果还呈青色时，用纸剪成字形贴在上面，等苹果长成熟的时候，将纸揭去，字迹就会清晰地显示出来。

于是，这名排版员心想，这段文字如果登了出来，必将会遭到读者的嘲笑，认为他们的主笔竟会如此愚蠢，连这样一点小"魔术"也搞不懂是怎么回事，因此，他便大胆地将这段文字删掉了。

第二天一早，丹诺先生看了报纸后，发现那段用红笔勾出的关于"奇异苹果"的文字并没有被刊登出来，于是他立刻气呼呼地质问那位排版员："请你告诉我这是怎么回事，谁给你的这个权利？"

那位排版员诚恳地把他的理由说明后，丹诺先生立刻道歉说："原来如此！是我错了，你做得十分正确，我向你道歉。以后只要有确切的理由，即使我已用红笔勾出的文字，你仍然可以将它删除，这次真的非常感谢你。"

年轻的排版员听了丹诺先生的道歉语，心中充满了感动和震撼，他在以后的工作中也是更加努力了。

很多时候，管理者勇于承认错误不但不会损害自己的形象，反而能够获得员工的信任，更能在一定程度上激发员工的干劲儿和工作激情。这也是很多管理者勇于向员工承认错误的原因所在。但是承认错误也不是一种简单的行为，它也有自己的注意事项。只有正确地、恰当地承认错误，才能收到良好的效果。

所以，管理者在承认错误时一定要注意以下几个方面：

1. 承认应该承认的错误

要承认团队成员眼中的错，而不是自己脑中假想的错：前者是实践性的错误，是在目标实现过程中出现的，对目标有损害的错误；而后者就可能是战略层面，过于笼统，管理者用来警醒自己可以，但要说给团队成员，就不一定合适了。

2. 控制承认错误的接收对象

承认错误还要控制接收对象的范围，是单对单的问题就没有必要让第三个人知道；是小部分的问题，就不必让所有人都知道，除非这样做有助于提高团队的凝聚力，或者能够获得外部对团队的各种认可。

3. 承认错误是为了改正错误

承认错误并不是重点，而是起点，最后管理者还是要带领团队去实现目标，营造一种勇于承认错误、努力改正错误的气氛。这样，最后收获的，不仅仅是一种团队文化，更是一种榜样激励的法力。

信守承诺，说出的话就一定要做到

聪明的管理者都知道，管理者不能轻易承诺，承诺了就要兑现，因为“信守承诺”是任何人都应该具备的品质，只有信守承诺的人才能得到他人的尊重，对于企业管理者而言更是如此。既然作出了承诺，员工就对领导产生了期望。如果承诺不能兑现，无法做到言行一致，员工便会心生厌恶，领导也就失去了影响力。因此，管理者不能轻易许诺，兑现不了的事干脆不要说，说出了的话就一定要做到。因此作为管理者，一定要做到以下几点：

1. 言出必行

管理者一旦对员工作出了某些承诺，就一定要对自己的承诺负责。无论兑现承诺有多难，只要许下了承诺就必须践行。只有这样，管理者才能赢得员工的好感，才能在企业管理中获得威信，取得一定的成就。

2. 承诺时要留有余地

即使在公司、个人等方面都允许的条件下，管理者在对员工做承诺时也要留有余地，不能大放豪言，把话讲得太过圆满。因为在兑现承诺的过程中，都有可能出现各种各样意想不到的情况。说话留有余地是未雨绸缪，给自己留条后路。当然，这样也是为了更好地兑现承诺，提高员工的满意度，建立管理者的威信。

美国有一家生产服装的工厂，员工因为常常接到一些紧急的订单而不得不加班。为了能够更快地完成任务，厂长对员工们说，凡是能提前完成任务的，这一季度的奖金会给大家提高25%。厂长的承诺激起了员工们更大的工作热情，他们绝大多数都愿意在午休时抽出半个或1个小时来做些衣服，以便能多加工一些服装，提前完成任务。

但是，没过多久，员工们便发现，自己被厂长给骗了。因为他们虽然提前完成了任务，厂长却没有兑现自己的承诺，并没有给他们提高奖金。为此，员工们对厂长非常失望，久而久之，他们就再也不愿意付出额外的劳动了，有时被迫加班，也不会有很高的效率，产量与质量也一天天下降。最终，这家原本有很好业绩的企业倒闭了。

由此可见，一家企业的管理者，是否守信，是否说话算数，不仅关系到个人的品质和威望，也关系到企业的形象与兴衰。

| 让自己对工作的激情感染员工 |

一个人对工作表现出来的激情，是一个人能否取得一定成就的必要保障。作为一家企业的管理者，对自己的工作充满激情，这是非常必要的，因为只有这样，管理者才能做好自己的工作，才能用自己身上的这种激情去影响员工，让他们用同样的热情去对待事业和工作，从而使整个企业充满生机和活力。优秀的管理者总会运用自己的情绪调动员工的情绪，用自己的激情去激活员工的激情，进而激发强大的生产力。

比尔·伯德是美国著名的优秀企业家，他拥有一家巧克力厂，同时还经营着糖果店、冰激凌店和烹饪学校。他能够取得成功，就是因为他用无与伦比的激情吸引了大批的优秀人才。

比尔·伯德并非天生就有这种特质。他当年买下那家巧克力公司的时候，也同样对巧克力一无所知，且毫无激情。巧克力对他来说只是一种食品，他买下那家巧克力公司的原因很简单，因为这个行业可以赚钱。

后来，他就开始了与巧克力同呼吸、共命运的事业。由于工作需要，他开始转变自己，并尝试着去了解各种不同的巧克力，以及巧克力需要添加的成分，他也知道了普通巧克力与优质巧克力的差异。

慢慢地，他开始着迷了。他找来各种报刊和书籍进行研究，并且常常出席各种巧克力的研讨会，总之，他是尽一切可能地把与巧克力有关的知识往自己的头脑中填充。最后，他知道了如何制作巧克力以及各种有关巧克力的知识，包括从哥斯达黎加可可豆的生长，一直到它被摆放在中美洲各国商店的货架上这中间的任何一个环节。此时的他，已经不仅仅把巧克力当成一种食品，更将它看成是一件艺术品。他一张口说话，就必提到巧克力，他不断地把他所知道的知识告诉每一个员工。

他的桌上还放有一个艺术石头，上面刻着：假如你发现我无精打采，请马上给我一块巧克力。伯德还经常对他的员工说："我们能让美观又美妙的巧克力给人们带来无限快乐，还有比这更美好的事业吗？"

这种对巧克力及工作的激情，深深地感染了他手下的每一个员工，让每一位员工都干劲儿十足。他们更加关心如何制作优质的、富有艺术感的巧克力，而不是仅仅将产品生产出来，这已经成了他们企业中的一种信仰。

那么，管理者如何才能让自己像比尔·伯德一样对工作始终充满狂热，成为"台风眼"呢？

1. 工作后适当放松身心

有些管理者只知道拼命工作，当然有些时候也是被逼的，他们一开始在晚上加 1~2 小时班，不久便整星期地加班，最后连周末也成了办公时间，实际上工作霸占了他们的全部时间。这类管理者除了工作，几乎没有任何社交活动，这样时间一旦长了，难免会失去激情甚至对自己的工作产生反感。所以，管理者在工作后应当适度地娱乐一下，缓解一下自己的压力，以便更长久地对工作保持激情。

2. 寻找工作外的爱好

管理者应该把自己的爱好和业余活动当成本职工作一样认真对待，并同样引以为豪。如今，许多管理者只把来自企业的成绩看成真正的成功，结果这些人唯有事业上春风得意时才会感到高兴，而一旦工作遇到麻烦，就感到挫败不堪。如果能让自己的爱好及业余活动同时发展，那么工作受挫时，让其他方面的成功帮助调整职场中的状态,这样就容易保持一种对工作的激情。

3. 进行职业规划

管理者应该考虑清楚职业规划——从工作内容、工作形式到工作环境，然后确定自己所追求职业的标准或目的，并制订可行的行动计划。有了明确的目标后，你就会不断地完善自己，不断地克服妨碍你日后发展的不利因素。这样，你就可以在日益提升自己的过程中更加自信，对工作的狂热激情更加充盈。

所以，管理者一定要意识到这一点，从方方面面培养自己对工作的激情，以身作则地用自己对工作的狂热来带动和激励员工，让他们以更加积极快乐的激情投入到工作中去，为企业的发展贡献自己的力量。

第四章　感情激励

——情感激励的作用是无限的

情感联系是宝贵的精神财富，它虽然无形，却不受时空的限制，与有形的物质联系相比，能产生更为持久的效应，起到融洽关系、协调感情、维系人心和减少内耗的作用。领导者要舍得情感投资，重视人际沟通，建立情感联系，增强员工和领导在感情上的融合度。

情感激励的作用是物质无法代替的

情感需要是人的最基本的精神需要，大多数的管理者都非常了解金钱对于下属的激励作用，然而对于金钱之外的激励因素却不够重视。事实上，人们并不总是在为金钱而工作。许多管理者有过这样的经验，一句关心的问候，一份真诚的尊重，往往会使下属更愿意听从他们的指挥。尤其在面对那些衣食无忧、对金钱的需求并不非常迫切的下属时，管理者就更需要用情感来进行激励了。

按照心理学上的解释，人的情感可分为利他主义情感、好胜情感、享乐主义情感等类型，这些情感都直接或者间接影响着人们的行为。这就需要管理者既要不断地满足各类人才日益增长的物质需求，又要多多关心下属的生活，能真正做到说真话、动真情、办实事。

积极的情感可以增强人的活力，消极的情感可以消减人的活力。情感激励，就是通过强化感情交流，协调领导与员工的关系，让员工获得情感上的满足，激发员工工作积极性的一种激励方式。所以说，情感激励既不是以物质利益为诱导，也不是以精神理想为刺激，而是管理者与被管理者之间的以感情联系为手段的激励方式。每个人都需要关怀与体贴，一句亲切的问候，一番安慰的话语，都可成为激励人们行为的动力。用情感的方式激励员工，是对传统物质激励弊端的一种弥补，它能使激励的手段更完善，效果更明显。

情感激励主要是培养激励对象的积极情感。其方式有很多，如沟通思想、排忧解难、慰问家属、交往娱乐、批评帮助、共同劳动、民主协商等。只要管理者真正关心、体贴、尊重和爱护激励对象，通过感情交流充分体现出“人情味”，员工就会把领导者对他们的真挚情感化作自愿接受领导的自觉行动。

因此，管理者要舍得情感投资，重视人际沟通，建立情感联系，增强员工和领导在感情上的融合度。在满足人们物质需要的同时，要关心员工的精神生活和心理健康，提高一般员工和各类人才的情绪控制力与心理调节力。

管理者对于员工在事业上的挫折、感情上的波折、家庭上的裂痕等各种“疑难病症”，要给予及时“治疗”和疏导，要大力开展社会公德、职业道德和家庭美德教育，以建立起正常、良好和健康的人际关系、个人与群体的关系，营造出一种相互信任、相互关心、相互体谅、相互支持、互敬互爱、团结融洽的同事氛围、朋友氛围和家庭氛围，切实培养员工的生活能力和合作精神，增强对组织的归属感。

可以说，情感联系是宝贵的精神财富，它虽然无形，却不受时空的限制，与有形的物质联系相比，能产生更为持久的效应，起到融洽关系、协调感情、维系人心和减少内耗的作用。为强化情感激励，企业领导必须深入一线，与员工交流思想、沟通感情，增进彼此的理解和信任；要时刻关注员工的工作和生活，积极为他们办实事、做好事、解难事，大力支持、鼓励和帮助员工做好日常工作，充分调动员工工作的积极性、主动性，深入发掘员工的工作潜能，切实提高员工的工作绩效，不断促进企业健康与快速发展。

没有人不看重尊严，即使在金钱面前

对于企业来说，员工是其最大的力量源泉，是企业最重要的组成部分。尊重是一种化腐朽为神奇的力量。它能够改善人际关系、制造和谐的氛围，也能够让人精神振奋、充满活力。每一个人都有自尊心，都希望被人尊重。企业员工也是如此，每位员工都希望自己能被重视、被认同。如果员工受到应有的尊重，就会对自己充满信心，对工作充满热情；如果挫败员工的自尊心，就会使其产生自卑、消极的情绪，精神委靡不振也不会有多高的工作积极性。尊重，能够带给员工更多的自尊心和责任心，可以很大程度上激发他们的积极性和创造性，挖掘他们的潜力。让他们心甘情愿地为实现企业的目标而不懈努力，发挥自己的最大作用。因此，一个优秀的企业管理者应该懂得尊重员工。

威普罗公司的管理者普林吉就深谙此道，他有着非凡的管理者魅力。许多印度的优秀计算机人才宁愿舍弃在美国公司的高收入而投奔威普罗公司，很大的原因就是普林吉尊重员工。

普林吉深知员工对公司成功的重要性。在一般公司，人力资源部门只是一个很不起眼的附属部门，但是在威普罗公司里，据说普林吉花在员工发展事务上的时间，要比其花在财务上的时间多得多。

普林吉会亲自向新员工介绍公司的价值标准，并参与公司对员工的职业培训，更经常邀请公司里年轻有为的员工共进晚餐，公司的每位员工都能感受到老板对自己的重视。

普林吉身价亿万，仍然维持着跟员工共进午餐的习惯。在他看来，这是他倾听员工心声的最好时机。他跟员工一起吃饭，鼓励员工畅所欲言，与员工平等地交谈。在平等的氛围中，普林吉不仅获得了许多在办公室里无法得到的信息,而且增进了和员工之间的亲密关系,并营造出了良好的工作氛围。

员工是公司里最有创造力的人，也是最了解公司情况的人。普林吉鼓励每位员工为公司献计献策，让他们直接参与公司方针策略的制定，使他们同心协力地为公司的发展发挥最大的作用。

员工有继续受教育和获得进一步发展的权利，公司也为员工提供最先进的密集的职业培训。只要员工的能力得到肯定，就可以胜任更高的职位，公司也为员工提供晋升培训。种种做法使员工的发展与公司的发展紧密联系在一起，也使每位员工的积极性得到肯定。

在人员流动频繁的IT产业中，普林吉却能留住员工，尊重就是他最为有力的武器。他以自己的行动表明，对别人的尊重是企业管理者最大的魅力所在。

那么，怎样才能满足员工对尊重的心理需求呢?

第一，企业必须要有“尊重”的氛围。也就是要建立尊重每一个员工（包括接线生和总工程师）存在价值的企业文化，即需要企业管理者有较高的道德修养与管理素质，要把企业文化糅合到管理实践中去。

在企业发展中，人才是不可或缺的资源。东汉时期，刘邦被困巴蜀之时，筑台拜将，极大地满足了韩信的自尊心，终于在韩信的辅助下，杀出蜀中，取得天下。企业招贤纳士好比刘邦拜将，尊重人才是赢得圣贤归的良方。在企业的招聘行为中，一个好的招聘环境，认真而专业的考核程序，平等而友善的交流，没有歧视，没有质问，给慕名而来的求职者充分的礼遇和尊重，这一切都影响着人才对企业的认识，左右着他们的选择。或许企业不可能录用所有应聘者，但企业礼贤下士的美名却会随求职者流传业界，这不失为企业形象建立的重要举措。人本管理，就是要从招聘开始。

第二，管理者要能够根据员工的具体才能委以合适的职位。这是对员工能力和价值的承认，是对员工的莫大尊重。而员工的涌泉相报，不就是老板所期待的吗？管理者只有尊重员工的价值体现需求，才能使员工尊重企业使命，更加努力地工作。

第三，给下属充分的自由发挥空间。企业的管理者已经拥有了企业事实上的权力和地位，也将会获得企业的实际利益。所以，在人本管理思维中，很有必要视员工为合作伙伴而不是下属，给他们足够的空间自由发挥，直面挑战，实现员工的自我价值。尤其是对于知识型员工，要相信他们不光是被雇来从早上 9：00 干到下午 5：00 的，而是要干出成效。明白这个道理的老板，就能吸引、留住人才，并且激励他们成为最佳员工。为了达到这样的目的，企业应该扫清员工在前进道路上的障碍。相反，如果管理者缺乏应有的包容和道德修养，则难以获得员工的尊重，甚至会人心向背。在 IT 业界闹得沸沸扬扬的“邮件门”事件，正是由于某外企的华裔管理者因一些琐碎事情在电子邮件上严厉斥责了他的秘书，导致秘书的自尊心受到了极大的伤害，做出了过激的反应，致使企业的形象大受损害，而管理者本人也因此而丢掉了工作。因此，尊重真是激励员工的有力法宝。

时刻调查并提高员工满意度

所有的管理者无一例外地都关注用户满意度，而很少过问员工满意度。似乎在市场经济条件下，员工满意度无关紧要，只有用户满意度才关乎企业的生存与发展。就企业外部市场开发而言，争取客户、挽留客户对于企业发展很重要，但在企业内部激发和保持员工的工作热情，也会影响到外部市场的开拓。因为，员工满意度与用户满意度是直接相关的，员工满意度决定着用户满意度。员工满意度高，才有可能为用户提供满意服务。只有在管理者对员工满意度给予足够的重视，努力提高员工满意度的前提下，员工才会产生极大的满足感。员工以工作为乐趣，就会自觉或不自觉地设法让客户感到满意，以达到管理者、员工与客户三者满意的多赢结果。员工满意度包含：责任感和使命感、成本和效益关系、个人价值的提升、认同企业文化、提高顾客满意度等内容。员工满意是企业可持续发展的基石，所以说，管理者的客户就是员工，管理者应该全心全意地为员工提供服务，让员工满意。企业不仅仅是管理者的资产和家园，同样是员工的学校和舞台。

2001年，中远集团在8万名员工中进行了一次问卷调查，列举了与工作有关的因素和描述，让员工进行评价，从中找出员工满意什么，不满意什么。

调查结果表明，员工无论年龄大小，无论所从事的职业和岗位有什么不同，共同看重的因素有：成长的机会、专业技能的培训、员工在团队中的重要性、个人能力得到施展的程度、工作挑战性、工作的反馈程度、薪酬、福利等。

在这些共同因素中，白领员工更看重良好的人际关系、个人素质的培训和提升的机会、薪酬分配制度和权力需要满足程度。而蓝领员工更看重工作兴趣、工作的稳定性、工作的成就感、学习新的知识和自尊需要满足程度。

综合后可得出结论：与员工满意程度接近的因素有薪酬福利、保险、工作环境、企业文化等。那么，怎样提高员工的满意度呢？通过上述调查统计和分析，明晰了问题所在，中远集团进一步设计出员工的激励措施，具体如下：

（1）富有挑战性的工作。企业为员工提供富有挑战性的工作机会，一方面，可以保持本公司的技术在市场上的领先性；另一方面，员工得到了锻炼，公司的凝聚力也得到了增强。

（2）与业绩挂钩并随市场调整薪酬。“优才优薪”，人才市场化，薪酬也应市场化，让有最好业绩的员工得到最丰厚的报酬。如果企业不能提供有竞争力的薪酬，也可以选择其他的激励方式，如企业可以向员工提供更多的晋升机会或更多的培训机会。

（3）可信赖的领导。可信赖的领导应是具备技术背景又超脱于技术之外的管理者，他应当拥有敏锐的商业嗅觉，在企业内部倡导冒险和创新的氛围。

（4）灵活性和信任感。企业员工希望灵活地安排自己的工作时间和地点，只要他们能完成公司的任务即可。企业应充分信任员工能很好地平衡个人生活和工作的关系，授予员工自治权，尊重他们和认可他们的工作成绩等。

（5）培训和职业发展机会。培训能使企业在行业中获得竞争优势，并能促进企业在销售额和利润上的提高。企业还可为员工提供学习新知识、新技能的机会，诸如部门岗位轮换、灵活的工作任务等。

（6）沟通。管理者认为他们已经了解员工的需要，但员工往往不是这么想的。企业员工希望能不断地与经理交流沟通，也希望自己的贡献能被认可，更乐于与公司内的其他员工打交道。

（7）愉快的工作环境。企业员工希望有愉快的工作环境，如着便装、优良的办公设备、舒适的就餐条件和体育锻炼空间等。

（8）灵活的福利计划。自助餐形式的福利计划，使员工可以从一系列的福利中选择最佳方式。公司可以为每位员工提供同样的基本福利计划，如医疗保险和休假等，但也应允许专业技术人员从附加的福利中进行选择，如每年可自主选择参加一次专业会议，费用由公司承担，或者提供更多的休假时间及向他们发放周末旅游的优惠券等。

（9）实现开放式沟通。与表现优良的员工做正式的、一对一的沟通，这样的讨论方式会让公司员工有参与感，并受到激励。

中远集团在收到员工满意度反馈做出如上的激励措施之后，员工的工作积极性大增，企业效益大幅增加。因此，在当前企业竞争日益激烈的情况下，重视并科学有效地监测员工的工作满意度并努力采取相关措施进行有效激励，已经成为现代企业管理的重要内容和手段。只有员工满意，才能使他们服务的客户满意。吸引和激励员工，让他们始终保持高昂的士气，是提高企业竞争力的重要手段。

用心经营员工心

每个人都有精神需求，有相互交流感情的心理需要。对企业管理者来说，要充分激励员工，使其发挥能力和作用，不可忽视对员工心灵的“经营”。

东芝公司闻名世界，但在成立将近百年的时候，公司一度陷入困境。危难之际，土光敏夫出任董事长。

土光敏夫上任后，将经营员工心灵作为扭转公司困境的突破口，他经常一个人步行前往各工厂，跟工人聊天，听取工人的意见。

土光敏夫身为大公司的董事长，步行到工厂已非同寻常，更令人称奇的是，他还常常提着酒瓶去慰劳员工，与他们畅怀共饮。对此，员工们一开始都不知所措，后来发现董事长是真的和他们交朋友，也就适应了这种交往方式。

土光敏夫这种不摆架子、慈祥关怀的姿态，赢得了公司上上下下所有员工的好感。员工反映：“土光董事长和蔼可亲、有人情味、善待我们，我们更应该竭力效忠。”因此，土光敏夫上任后不久，东芝公司的收支情况大为改观，只用了两年时间，一个亏损严重、日暮途穷的公司便“咸鱼翻身”，重现辉煌，并成为日本最优秀的公司之一。

其实，土光敏夫让东芝公司东山再起的方法很简单，就是“经营”员工心灵，“套牢”员工热情：通过加强与员工的感情沟通，关心、爱护员工，让员工了解管理者对他们的重视与关怀，并通过一些具体事例表现出来，从而激发出员工的主人翁责任感和爱厂如家的热情。这个例子也说明了感情因素对员工工作积极性的巨大影响。

管理员工的有效途径不是用规则，而是用情感。一个企业管理者成功与否，不在于有没有人为你打拼，而在于有没有人心甘情愿地跟你打拼。一个关切的举动、几句动情的话语，比高官厚禄的作用要大上好多倍。

人都是有感情的，人也许会拒绝别人给的钱，不接受别人送的礼，但他却不能抗拒别人对他的好。那些有才能的员工往往比较自傲，通常对管理者给予的小恩小惠不屑一顾。然而，如果管理者能巧妙地利用感情作杠杆，让他觉得自己是真心对他好，必然能收获员工的真心回报。这就是“经营”员工心灵，“套牢”员工热情的意义所在。

1. 真心感激员工的付出

人都是有感情、意志、思想的，并有各自不同的欲望，企业管理者只有对员工付出爱和真情，才能使员工感到自身的幸福与公司的发展是紧密相连的，只有坚持为全体员工谋求物质和精神两方面的幸福，并以此为企业的奋斗动力，才能使员工与企业同心协力，共同前进。

日本著名的企业家松下幸之助，是一个能对员工付出爱和真情的人，他曾说过："最失败的领导，就是那种员工一看到你就没命地逃开的领导。"松下幸之助每次看到辛勤工作的员工，都要亲自上前为其沏上一杯茶，并充满感激地说："太感谢了，你辛苦了，请喝杯茶吧！"在这些小事上，松下幸之助都不忘对下级表达爱和关怀，所以他获得了员工们一致的拥戴，他们都心甘情愿地为他效力。

2. 建立有弹性的福利制度

企业管理者要与人才建立起"长远合作关系"，除使用薪资手段外，还得有效地运用福利措施，要善于利用福利"套住"人才。

一般来说，员工比较看重企业给予的福利。为什么这么说？工资一般被看成企业对人才劳动的补偿，而福利则表示企业对人才的重视。因此，如果管理者能够妥善地运用福利手段，就能长期"套住"人才，为己所用。

要实现福利的激励效果，首先，必须让福利政策充分满足人才的需求。美国某些福利政策领先的公司，让员工自己选择福利方案，这一方面可以有效减少企业为员工设计福利方案的繁杂任务，另一方面可以让员工自己选择更个性化的福利方案，进而更有效地提高员工的满意度，加强员工对企业的忠诚度。

其次，要实现福利的激励效果，福利要有弹性。人才市场及员工的需要在不断变化，公司的福利政策也应具备弹性，随时调整（当然是往更优厚的方向调整）。比如，美国贝尔公司实行薪资福利的方式不断创新，除了让员工享受自身的福利外，还会按照员工的福利需要推出"福利组合"，包括健康咨询、心理咨询、健身运动、各种保险、购物卡、出国旅游等，员工可以根据自己拥有的额度自由选择。

总之，人的全部心理活动，都离不开情感的伴随，情感犹如强大的驱动力，是人们行为的内部力量。管理者"经营"员工心灵，"套牢"员工热情，实际就是用感情的手段激励员工，也可以说是以感情的方式征服员工心灵。

善于运用感情激励的管理者，能轻松地让员工跟着自己走，心甘情愿地为自己效劳，在企业中创造出“人和”的氛围，赢得无往而不利的局面。

当员工情绪波动时，要迅速安抚

员工在企业工作，有自己的期望与企盼。一方面是自身生存和养家糊口的需要；另一面则希望能够得到企业更多的关注和培养，使自己获得能够充分体现自身价值的更大的发展空间，包括精神的鼓励和情感的满足。但在实际工作中，往往由于我们工作的粗糙、方法的简单、自身的情绪波动和越来越明显的“代沟”等原因而忽视了员工的要求，以致员工只能带着压抑的情绪工作。这就必然会伤害员工的情感，甚至使少数员工产生消极或抵触情绪，进而带来潜在的危机。

一般来说，处于情绪低潮的员工的工作效率将会大大下降，暴躁的情绪还会造成企业员工的内耗。在企业中，能够导致员工情绪波动的因素有很多，如企业的发展前景，领导的信息暗示，同事之间的人际关系，工作进行得顺利与否，同一阶层员工的升迁状况、安定程度、薪金差别、工作受挫、面临改革、人员调动、劳资冲突、岗位危机，甚至个人家庭生活的和谐与否、父母身体状况等，都会造成企业员工的情绪波动，从而给企业带来潜在的危害。情绪问题严重的话，很有可能会带来人才流失严重的问题。

为了工作的顺利开展、企业的正常运转，作为管理者，一定要用心体会员工的这种心理波动，对员工讲明利害，帮助他们调整好心态，以迎接新的上级和新的工作。管理者要始终能够站在维护员工利益的高度，不断强化“情绪管理”，使全体员工做到以企业为家，爱企业如家，并为“家”的兴旺爱岗敬业，尽心尽力地工作。这样，企业就一定能够经受任何风浪的考验，战胜一切艰难困苦，拓展广阔的发展前景，共创更加灿烂美好的明天。

但是往往有一些管理者很容易忽略这一点，他们总是抱着员工来工作就应该好好工作的信条，不关心或者很少关心员工情绪的波动，甚至压制员工情绪的外漏。这样其实是适得其反，对员工情绪采取压制的手段不是明智之举。让人感到遗憾的是，员工情绪管理是现代新兴企业人事管理的一个盲点。国内很多不同规模、不同资产构成形式的企业的人事经理们从来没有注意到把员工情绪纳入到企业人力资源管理的范畴之内。

通常，我们的一些激烈的讨论总是围绕企业人才的筛选机制、人才的激励机制、人才的福利留任机制等进行，习惯着手考虑如何得到优秀的人才，怎样让优秀的人才在利益的驱使下高效工作，如何在企业福利及文化上让人才沉迷并在企业中留任下来……

我们把人才假设为一种没有情感的资源来考虑利用，却常常缺乏最起码的人文关怀。这确实是企业人力资源管理上的一个盲区。由此，现代管理人性化的新要求向我们提出了“情绪管理”的新课题。我们的企业能有今天的兴旺，靠的是全体员工多年来共同的艰苦奋斗。企业要做强做大，实现新一轮的发展目标，更要坚持以人为本，真心实意地依靠全体员工埋头苦干。所以，我们在任何时候、任何情况下，都必须善待长期以来与企业同甘共苦、唇齿相依的每位员工。

因此，公司的管理者面对情绪不稳定的员工，首先应该做的是用心来安抚他们，从他们的立场出发，从他们的心理状态入手，有针对性地做好安抚工作。作为企业管理者，要与员工建立更加亲密融洽的关系，把尊重员工、理解员工、关心员工的各项举措一一落到实处，既注重解决员工的思想问题，又积极帮助员工解决实际问题，让员工共享企业改革和发展的成果。同时，要引导员工正确处理个人利益和集体利益、局部利益和整体利益、眼前利益和长远利益的关系，不断地为企业快速、持续、健康、和谐的发展增创后劲儿。

总之，员工作为公司最有活力和创造力的一部分，应该得到更多的关注和爱护。作为管理者，不是简单、技巧地去管员工，而是应该深入他们的内心，寻找获得心理共通的因素，这样才能取得更好的管理效果。

利用特殊时期与场合给予员工点滴的关心

人是有丰富情感的动物，作为管理者，关心和体贴下属是对下属最好的激励方式之一。管理者对下属的长处和优点表示欣赏和肯定，仅凭口头上的几句激励之词是不够的，还要有实际行动。也就是要关心和体贴下属，让下属觉得他受到了尊重和爱护，觉得他在你心目中一直都是一个重要角色。这样才能激励他对工作更加努力，对你更加尊重，真心实意地与你共处。

感情激励的最大特点就是关注细节。善于激励员工的管理者，总是从点滴做起，付出一点感情，注意一些小事，点点滴滴见真情——让下属在不经意间感到关怀，受到激励。

一点一滴关心和体贴的实际行动是最朴实、最真诚、最珍贵的激励和肯定，管理者的一次例行激励可能几天就被自己忘了，但对于下属来说，却长久铭记于心，甚至终生难忘。

现代社会，以人为中心，单纯的上下级关系正在逐渐被摈弃。在高效率、快节奏的生活中，人道主义更受人们的青睐，关心、爱护、珍惜和尊重人才逐渐成为社会的主流风尚。在领导与下属之间掺入个人友谊和感情的因素，对开展领导工作很有益处，这种方法会使领导成为一个轻松的权威。

给员工特别的关心是对下属的最好激励方式之一，在下列场合中，效果显著。

1. 亲自去医院探望住院的员工

一位普通的下属住院了，管理者亲自去探望，说出了一句心里话："平时你在的时候没感觉你做了多大贡献，而今你病了，就感觉工作毫无头绪，手忙脚乱的，你赶快把病养好了，否则我这个头儿不好当！"一些管理者不注意这个环节，其实下属在医院里翘首以盼管理者的探望，如果管理者不去，他心里可能就会这样嘀咕："平时有事没事他只会假装表扬一番，现在病倒了，他就把我给忘了，过河拆桥，卸磨杀驴，没良心的东西！"

管理者的探望很重要，这样做使你在下属心中的权威地位更稳固，甚至有所提高，从而有利于今后的工作。下属对你平时的行为是有目共睹的，当其他人看到你给别人的温暖时，心中自然会对你更加敬畏。

2. 欢迎和送别下属时考虑周到

调换下属是管理者常常碰到的事情，有的管理者认为不就是换个人吗，来去自由，愿去就去，愿来就来，不必搞那些形同虚设的仪式。其时，这种想法是错误的。

善于体贴关心下属的管理者和那些语言“巨人”型的管理者也不同，当一个新的下属来到时，语言“巨人”型的管理者会这样说：“小刘，你是北大的高才生，我们这儿亏待不了你的，赶快收拾一下办公桌，准备上马！”而有心计的管理者则会预先让人把一切收拾好，而后才说：“小刘啊，大家都很欢迎你来与我们同甘共苦，东西都给你准备好了，看还有什么不够的，尽管提出来。”一样的欢迎，前者华而不实，空泛无物，没有一点体贴的味道；后者没有一句恭维之词，但管理者的激励早已落在无声的行动上。只需一语，就分出了高下。

3. 下属过个难忘的生日

现代人都习惯过生日，在生日这一天，一般都是和知心朋友一块儿祝贺。聪明细心的管理者会抓住机会，见缝插针，加入庆祝的行列。也许下属当时并不太在意，但是当他换了工作环境或管理者的时候，他就会回忆起你的祝贺和赞美。

要给下属庆祝生日，可以发点奖金、买个蛋糕、请吃顿饭、送一束花等，效果都很好。如果趁机再加上几句美言对下属的业绩表示激励，则会锦上添花。

4. 重视员工的工作餐

对于员工来说，午餐是一日三餐中最重要的。很多员工早上吃早餐匆匆忙忙，晚上可能还要加班，将晚餐时间拖后，所以午餐的营养如何，对员工的身体健康来说至关重要。

因此，管理者要重视员工的工作餐。现在很多公司都为员工提供免费的工作午餐，有的公司则将午餐业务外包，有的公司设有专门的配餐部门，但无论是哪些形式，管理者对员工午餐的营养搭配、品种选择都要予以关注。

总之，点点滴滴见真情。小事足可以折射出管理者品质的整体风貌，员工会通过一些小事，对管理者加以衡量、评判。管理者要从小事上做足文章，激励员工。

不要吝啬，给予员工生活上最需要的帮助

法国企业界有句名言："爱你的员工吧，他会百倍地爱你的企业。"目前社会的工作压力大，员工流动频繁，安稳的生活环境和安定的家庭，成了员工安心工作的保障。关爱员工，为员工解决后顾之忧，在生活上给予员工最需要的帮助，会使受帮助的员工心存感激，还会感动其他的员工。因此，管理活动必须顺应员工的这一心理，要让下属感到安稳，帮助下属解决后顾之忧，给员工一个安心温暖的工作环境。

美国钢铁大王安德鲁·卡内基在管理上的突出特点之一，就是他很善于做下属的思想工作。在他的回忆录中记载着他出道不久的一件事：

有一天，一个急得满头是汗的年青下属找到卡内基，说他的妻子、女儿因家乡房屋拆迁而失去住所，他想请假回家安排一下。因为当时工厂人手较少，卡内基不想马上准假，就以"个人的事再大也是小事，集体的事再小也是大事"这类的大道理来进行开导，鼓励他安心工作。

不想，卡内基的做法一下子气哭了这位下属，该下属愤愤地顶撞说："这在你们眼里是小事，可在我眼里是天大的事。我老婆、孩子连个住所都没有，我能安心工作吗？"卡内基在日记中写道："一番大实话深深震动了我。"他对"大事"和"小事"进行了很多辩证的思考后，立即去找那位年青下属，向他道歉，又准了他的假，而且后来还为此事专程到他家里去慰问了一番。

这位后来的钢铁大王当时才23岁，他只是在替他父亲管理一些事务。他在回忆录中写道："这是别人给我在通向老板的道路上上的第一课，也是刻骨铭心的一课。"

关爱员工，为员工解决后顾之忧要从以下三个方面做起：

1. 解决员工实际生活问题

管理者要时常与下属谈心，关心他们的生活状况，对生活较为困难的下属的个人和家庭情况要心中有数，随时了解下属的情况，把握下属后顾之忧的核心所在，以便对症下药。

下属幸福和睦的家庭和充实富足的生活是其干好工作的基本保证。假如一个下属夫妻分居两地、闹离婚，或者生活紧张拮据，管理者却视而不见，那么对下属再好的激励之语也无异于老虎挂念珠儿——假慈悲。

某公司的职工和管理者大部分都是单身汉或家住外地，就是这些人把公司的业务搞得红红火火、蒸蒸日上。该公司的管理者没有只限于嘴上夸夸其谈，唾沫横飞地空头赞美，而是注意到职工吃饭不方便，整天泡方便面或买快餐，就办了一个自助餐厅，解决了这个问题。

从这个小事例中我们可窥一斑，作为管理者，在激励的同时，应该急下属之所急，解决一些实际生活问题，这就是对他们最大的激励。当下属在餐厅里安心地吃饭时，心中肯定感激管理者的一番良苦用心。

2. 当下属遇到困难时，要伸出援助之手

管理者必须从实际出发，诚心诚意、设身处地地为下属着想，要体贴下属，真正地为他们排忧解难，特别是在一些关键时刻，比如：当重要下属出差公干时，要帮助其安排好家属的生活，不让下属牵挂；当下属生病时，管理者要及时前往探望，让下属及时得到治疗；当下属的家庭遭遇不幸时，管理者要代表团队予以救助，及时伸出援助之手，缓解不幸对其造成的痛苦和损失。

3. 借助社会力量解决员工难题

管理者分担下属的困难要本着实事求是的原则，在力所能及的范围内进行。帮助要在公司团队财力所能承担的范围内进行，对于困难比较大的下属，要尽量发动大家集体帮助，如充分利用“员工互助基金委员会”等，必要时还可以联系社会力量伸出援助之手。同时，管理者还要处理好轻重缓急，要依据困难的程度给予相应的帮助。

爱员工，也要爱员工的家人

人生最重要的就是事业与家庭，工作可以给人提供物质保证，给人成就感。但是家庭给人幸福感，家庭在人们心目中的地位很重要，一个人家庭出了问题，其工作心态必然大受影响。所以，管理者既要爱员工，也要爱员工的家人，适当关心员工的家庭。

董超是刚调入某研究所的助理研究员，以前在××中学工作。年初，他母亲做胆结石手术住进了医院。一次聊天时，董超偶然和所长谈起此事，所长马上表示，要到医院探视其母，董超顿时激动得眼睛湿润。事后董超对一个朋友说：“我在××中学工作了8年，校领导没去过我家一次；我到这个研究所不到半年，所长劳动节去了我家一次，这回听说我妈病了又去探望；人心都是肉长的，所长这么关心我，我以后能不认真工作吗？”

可见，将关爱之情延伸到员工家中，能让员工充满激情地工作。

在感情激励方面，日本麦当劳的董事长藤田田，也善于关心员工家庭。

在日本麦当劳，每当有员工太太过生日，藤田田都会让礼仪小姐从花店送去鲜花。一束鲜花价钱并不昂贵，但员工太太们心里却很高兴：“连我先生都忘了我的生日，想不到董事长却惦记着送鲜花给我。”

为了将关爱之情延伸到员工家中，日本麦当劳每年都在大饭店举行一次联欢会，所有已婚员工必须带着太太出席。席间，除了表彰优秀的员工外，董事长藤田田还郑重其事地对太太们说：“各位太太，你们的先生为公司作了很大的贡献，我已经给予了奖励。但有一件事我还要各位太太们帮忙，那就是好好照顾你们先生的身体。我希望把你们的先生培养成为一流的人才，帮助他们实现人生的梦想，从而促进你们家庭的和睦，可是我无法更多地、更细致地兼顾他们的健康，因此，我把照顾先生们身体的重任交给你们了。”

听了这番话，哪一位太太内心不存感激之情呢？这种感激自然会变成支持与鼓励，让员工能更好地为公司服务。

因此，管理者要关注员工在家庭方面遇到的问题，积极帮他们解决困难。一般情况下，员工会遇到以下来自家庭的问题：

1. 夫妻之间的问题

夫妻是家庭的主体，夫妻的兴趣、爱好有差异，甚至完全不同，处事观念也不可能总一致，比较容易出现矛盾。比如，夫妻都属事业型人，都有远大的抱负，家务方面的事一塌糊涂；对家庭的诸多开支，亲友间的礼尚往来等方面的问题，夫妻间常有意见不一，甚至会有一方产生不快。

2. 子女方面的问题

未成年子女常常有这样那样的问题：有的社区入托难，入幼儿园难，甚至入小学也难；子女淘气、逃学、成绩差，升不了初中、高中；子女“苦读寒窗”十几载之后，高考落榜，没工作、没出路等。

3. 长辈方面的问题

因为工作忙，对夫妻双方的父母亲照顾不周，或因为夫妻某一方“存有私心”，不能平等对待双方父母，让被慢待的一方父母产生不满，导致家庭不和睦；老人生病，家中无人照顾等。

4. 家庭其他成员相互关系方面的问题

家庭除了夫妻之间的矛盾以外，其他成员之间也常发生矛盾，其中婆媳之间的矛盾最为普遍和复杂。

5. 经济方面的问题

家庭经济本来紧张，或收入突然减少，或一下子要支付一笔很大的开支，使家庭经济陷入困境。

以上这些问题常常会给员工带来困扰，如果处理得不好，就会直接影响到员工的工作情绪。

勿以善小而不为，如果管理者能多与员工沟通，发现问题，及时帮助解决问题，适时地对员工家庭、家人表示关心，及时伸出援助之手，解除员工的后顾之忧，员工能不感激吗？他们一定会珍惜自己的工作大家庭，把自己完全融到这个大家庭中去，以大家庭的利益为最高利益，自觉地努力工作。

把公司营造成温暖的大家庭

当企业家们越来越执迷于追求充足的资金、先进的设备时，一个成功的管理者，千万不要忘记，你最大的财富不是资金，也不是厂房设备，而是拥有忠心耿耿、精诚团结、自动自发工作的员工。所有的财富都是由人创造出来的，机器设备只有在人的运用之下才可能创造出“奇迹”。所以，你最需要做的就是用真诚的情感打动员工，营造出一个温馨舒适的大家庭氛围，把每个下属都当作家庭一员对待，只有这样才能形成亲和力和向心力，让员工心悦诚服地为你工作。此时，你就真正拥有了宝贵的财富，成功也就离你不远了。反之，只顾自己多获利，让下属拼命多干活，却不让下属分享利益，那么企业肯定无法发展壮大。

被关怀是每个人内在的特殊动机和需求。所以管理者要真心地关心下属，建立一个和谐与关爱的家庭氛围，这种气氛不仅有利于提高全体职员的工作积极性和创造性，还能为公司带来很多利益。所以，让公司成为家，应该成为每一个管理者的目标。管理者只有掌握这一激励“人”的要素，才能调动下属的主动性、积极性和创造性，让下属发挥最大的能力，为实现共同的目标而努力工作。

前微软（中国）有限公司总裁唐骏认为，“以人为本”是企业文化中非常重要的部分。也正是这种“以人为本”的思想，在管理过程中，唐骏总是会出台很多关心员工的举措。很多企业中秋节都要发月饼，但成为一种形式后，大家就习以为常，也就不当回事了，但不发员工又有意见，发月饼成了个麻烦事。可唐骏发月饼就不这么随便，他帮员工给他人送月饼。员工只要把要送的人的地址写明，企业就会把月饼快递过去，而且还附上有唐骏亲自设计的中秋祝福贺卡，再写明企业一年来的业绩和成就。如此一来，员工不仅感到企业的人文关怀，而且觉得在微软公司工作很有面子，工作积极性和满意度也就提高了不少。

众所周知，交纳水电费是生活中不可省略的工作，要跑到银行排队，有时可能会花费一两个小时。为了让员工少操点心，唐骏请人帮员工做这些事。员工只要把所要交纳的费用清单和钱放到写着自己名字的信封里交给前台，就会有专人帮他把这些事情给办好。这样做极大地方便了员工，员工都会觉得企业为自己想得很周到，更会以感恩的态度努力工作来回报公司。

管理者不能简单地把上下级关系理解为雇佣关系，如果管理者仅仅把下属看成是一个工具，对其缺少人文关怀，二者就是“油水”关系，彼此貌合神离，下属也完全是拿薪水做事，缺少积极主动的工作热情；如果管理者把下属当成剥削的对象，盘剥甚至压榨下属的既得利益，那二者就会是水火关系，彼此形成对立。美国著名的管理学家托马斯·彼得斯曾大声疾呼：“你怎么能一边歧视和贬低下属，一边又期待他们去关心质量和不断提高产品品质！”无疑，这样的管理者是不合格的，这样的公司终究不会长久发展。

一个组织中，管理者与下属之间的关系如何，完全取决于管理者怎样对待下属。高明的管理者会努力把公司营造成温暖的大家庭，让下属在公司里也能感受到家的温暖和关爱。这时二者就是鱼水关系，下属这条鱼就不会离开企业这池水。

所以，关心下属，发自内心地关爱员工吧。只有这样员工才会把企业的事情当成自己的事来做，企业的经营目标才能得以实现。

第五章　授权激励

——给合适的人合适的权力

授权激励是指，授予当事人更高或更重要的权力，来激发当事人的潜力，以取得更优异的成绩。一般来说，人人都有进取心、成就感。对某方面做得比较好的人，可以适当给予其较多的权力。这样，可以让员工获得成就感，投入更大的热情。

事必躬亲不是勤奋，是低效

从马斯洛关于人的需求理论金字塔来看，人的心理需求的最高层次就是获得尊重和成就感。在内心深处，每个人或多或少地都希望获得一些权力，因为对个人而言，拥有权力，就会有较高的薪资，就会拥有一定的社会地位，甚至家庭地位，更容易获得别人的尊重和社会的认可，内心就会获得成就感和满足感。因此，给下属权力就是对他最好的激励，哪怕是一个最不上进的员工，对权力多多少少都会有一定的渴望。

因此，管理者要会利用员工对权力的渴望心理，要恰当地分配自己的权力，将权力适当地分给那些值得信任和尊重的员工，让大家都积极参与到管理中来，用团队的智慧解决一切难题。

卡西是泰国最富有的人之一，他拥有泰国最大的控股公司。公司总部在曼谷，经营能源和消费品，在过去的几年里，由于卡西秉承这样的观念：信任属下，充分授权。所以公司的规模不断扩大。

卡西的用人观念：给下属一些权力，他们会发挥超常能量，成为英雄。以前，这是一个大的跨国公司，在亚洲各地分公司的管理人员，主要任务是执行总公司的决定。但是大家对于具体的执行过程和执行结果都不是太重视。为改变这种状况，卡西把90%的革新、创业和成功的责任都交给了分公司的上司，总公司只承担10%的责任。

在分权的同时，卡西表现出了对员工的充分信任。在他看来，员工中有非常精明强干且有强烈进取心的人，不需要对他们指手画脚，就放手让他们独当一面地去干。他们需要自己去摸索，而不需要别人去为他们安排。”

结果，每个分公司都激发出了数倍于以前的积极性，每个管理者都把如何让本公司有最大发展看成自己的而不是他人的责任。每个独当一面的人都能充分发挥自己的才能和创造力，其他人也因向往这种独当一面的机会而努力工作，争取引得注意、获得机会。

因此，面对一个庞大的集团，管理者即使再能干，也是分身乏术的。事事躬亲的结局只能是低效，只有授权他人，才能更高效地管理好员工，才能激励下属为公司创造更高的业绩。

撒乌丁·德威治是英国著名的德威治公司的第三代董事长。在正式掌管德威治公司之后，撒乌丁一直坚持实行一种“恺撒式”的面面俱到的经验管理模式，对公司行政、财务各方面的大权采取绝对控制。公司的所有主要决策和多数细微决策都由他独自制定：所有支票都得由他亲自开；所有契约也都得由他签订；他亲自拆信复函；一个人决定利润分配；他甚至亲自周游欧洲各国，监督公司的好几百家经销商。

撒乌丁为了把公司发扬光大，可谓尽心尽责，但这样的管理方式却使德威治公司的组织结构完全失去了弹性，根本无力适应随时可能发生的变化，在强大的竞争面前，公司连遭致命打击，几乎濒临倒闭边缘，而且也使他本人深深地陷入公司错综复杂的矛盾之中。撒乌丁年仅55岁就因长时间的体力严重透支突发心脏病，不得不遗憾地离开了他心爱的事业。

由此可见，把权力授予敢负责任的下属，对人是人尽其才，对管理是提高效能，这才是有效的管理者。管理界有句行话：“有责无权活地狱。”与其劳心费力地“事无巨细皆决之”，不如把庞大的业务分给不同的人和部门去管理。当然，这种分权激励措施也不能是简单粗暴地把权力分下去就完了，“分权”激励有两个前提条件：“第一，把权力分给值得信赖的人；第二，把信任和权力给与部下之后，也要做好部下没有执行好，自己替他承担责任的心理准备。”当管理者有了信任和为部下承担责任的准备，部下就能充分发挥自己的能动性，这种能动性在关键时刻会起重要作用。

西方管理学者卡尼奇曾说：“当一个人体会到他请别人帮他一起做一件工作，其效果要比他单独去干好得多时，他便在生活中迈进了一大步。”古罗马法典上曾规定：“行政长官不宜过问琐事。”可见，合理授权是古今通识，中西都认可的管理智慧。合理授权可以激发下级的工作积极性、主动性和创造性。而这些是决定企业成败的关键要素。

针对员工特长授权

管理者要善于发现员工的特长，不能随意授权，要把权力赋予那些适合的人。当管理者针对员工的特长授权，员工就会有实现自我价值的满足心理，觉得自己得到了管理者的重视，工作起来会特别积极，对管理者也充满了感激，感谢管理者的知遇之恩。反之，如果管理者不能让员工实现自我价值，员工就会觉得自己没有价值，就会在情绪上变得消极，在行动上表现出懒惰，久而久之就会充满怨气，甚至产生离开的念头。但是，如果管理者瞎授权，授权不当，会给企业带来巨大的损失，所以为了避免这种事情的发生，管理者必须有敏锐的观察能力，让员工充分发挥自己的特长与才能。这样才能激发出员工的潜力，发挥出他应有的作用。

杰克·韦尔奇刚进入通用电气（GE）不久，就成为GE公司塑胶部门一颗脱颖而出的新星。因为他工作认真，而且很有创新能力，所以很快就成了PPO材料研究领域的专家，在他推出PPO材料时，一度成为众多化工公司关注的焦点，很多公司都想挖他过去。

他也的确动摇过，因为当时的GE公司官僚主义十分严重，薪酬管理上也存在着严重的问题。为此他感到十分压抑，甚至打算跳槽。当时担任GE公司副总裁的鲁本·加托夫听说了这一消息，对杰克·韦尔奇作出许诺，答应以高薪聘请他，并委以重任，让他充分发挥自己的才能。

就这样，杰克·韦尔奇成了PPO工艺开发项目的负责人，他的任务是负责将PPO转变成具有商业价值的产品。当然，这并不是一个简单的事情，甚至可以说十分艰难。但是，杰克·韦尔奇不畏艰辛，经过不懈的努力和反复实验，他终于成功了，并将该产品命名为“诺瑞尔”。

不久后，韦尔奇向公司提出建议，他希望公司建造一座价值1000万美元的工厂生产诺瑞尔。公司同意了他的建议，但是，到了指定一名经理的时候，却没有人愿意肩负这个重任，因为没有人愿意为一种未被证明商业价值的产品去冒险，无奈之下，这个重担就落在了韦尔奇肩上。

结果证明，他的确具有一般搞技术的人员所缺乏的销售能力。杰克·韦尔奇不负众望，8 年后，他成了公司历史上最年轻的一位管理者，负责整个塑胶事业部门。

1981 年，韦尔奇一跃成为公司的总裁，在他的带领下，GE 公司雄踞全球企业 500 强中的第一位。

本田汽车公司的第三任社长久米也是一个对员工充分授权的管理者，在“城市”车开发中也让员工充分发挥自己的才能。“城市”开发小组的成员大多是 20 多岁的年轻人，有些董事担心地说 :“年轻人没经验，会不会弄出稀奇古怪的车来呢？都交给这些年轻人，能不能行啊？可别捅出什么娄子啊 !”但久米就像没有听到一样，对此根本不予理睬。

年轻的技术人员则平静地对那些不放心的董事们说 :“开这车的是我们这一代年轻人，而不是你们。相比之下，我们更了解这一代人的需求。”久米说 :“年轻人懂创新，也敢于创新，既然他们说可以那么做，那就放手让他们去做好了。”

在久米的支持下，这些年轻技术员开发出了属于年轻人自己的新车“城市”，它打破了汽车必须呈流线型的“常规”，车型高挑，款式新颖。“城市”一上市，很快就在年轻人中引起了轰动效果。

可见，大胆授权，让员工做他愿意做的和做得好的工作，才能充分发挥员工的作用，才有了后来的辉煌业绩。

根据员工的优势进行授权，还有三项要注意的地方 :

（1）对授权候选人的筛选要做到公平竞争。对于候选人的提拔要经过公平竞聘，要有表现他们特长的竞聘结果，再授权给他们。因为这样，他们的才华才能得到其他员工的认可，日后工作才能获得大家的支持，以便他们更好地开展工作。

（2）授权是要明确他们的任务。管理者授权给下属时，必须明确他们的任务，即授权给他们的目的，即是要解决什么具体问题，想达到一个怎样的结果，这些需要管理者与被授权者充分沟通，以了解被授权者是否有信心、有办法达到这个效果。

（3）规定时间完成任务。授权时，必须规定明确的时间期限，即达到目标要有一定的时间范围，不能超过时间限制，如果遇到特殊情况，需要延期，被授权者要与管理者协商解决。

管理者授权时要注意到这三点，此后，管理者就应该给他们充分的权力，放手让他们在职权范围内独立处理问题，创造性地做好工作，毫无保留地发挥自己的才能。

每个人都是不可替代的，都有自己擅长的领域，当然，也有不熟悉的方面，管理者在授权的时候要能做到人尽其才，启用一些精通某一行业的专业人士，并授予其充分的权力，让他们充分发挥自己的才能。

无信任，不授权

授权的关键点在于是否是真正的授权，是否是真正的信任，管理者在授权的时候如果缺乏信任，就会事事监控，不肯放手，被授权者也会遭受授权者的掣肘，根本不能很好地运用自己手中的权力。所以，没有信任，就谈不上授权。这样的授权仅仅是一种表象，没有实质的意义。

经营之神松下幸之助说："用他，就要信任他；不信任他，就不要用他。"所以，当企业管理者给下级授权时，应当充分信任下级员工能担当此任。

郑强学初到一家中型计算机公司就职，一天，他将自己拟好的销售计划在下班时塞在了主管办公室的门把手上，第二天，郑强学便被邀去说明情况。

在他进门后，主管开门见山地说："计划写得不错，就是字体太潦草了。"郑强学紧张的心放松了下来，随即问道："这项计划是不是预算开支较大啊？要不我再与其他两个同事一起修改修改，然后再向您汇报一下？"

主管不等他说完便打断了他："费用问题对于我们公司来说是不大的，主意也确实不错，你要有信心干好，那就去干吧，别耽误了好时机！"

郑强学先是吃了一惊，然后信心十足地拿起计划离开了。大约两个月以后，在郑强学的努力下，计划取得了很大的成功，主管专门在会议上表扬了他，公司也给了他一定的奖励。郑强学干劲十足，不久之后，郑强学又将销售业绩摆在了主管桌上，又说起了扩大营销的策略，也取得了成功。

这位主管事后说道："如果当时我们再去审核、考证，那不但贻误时机，而且肯定对员工产生心理上的负担，要知道，牵扯这么大数目的费用，他再有胆量，也还是要犹豫的，看看，现在不是干成了吗？相信他们，给他们留出充分的发挥空间，对我与公司都没坏处！"

施振荣一手缔造了宏碁帝国，他的管理心得很重要的一点就是信任员工、充分授权。他常说："企业要想做到代代相传，必定要建立在授权的基础上。再强势的管理者，总有照顾不到的角落，也会有离开的一天，但是在一个授权的企业，各主管已经充分了解公司文化，能够随时随地自主诠释企业文化，这样的企业才有生命力。"

对于公司员工，他的原则是给予信任、充分授权，允许他们犯错误。即使他们工作做得慢、与自己方式不同，也绝不插手。施振荣说："要忍受过错，把它看作成长必须要付出的代价。只要他犯的是无心之过，只要最终他赚的钱多于学费，你就没有理由吝于为他缴学费，你一插手，他失去了机会和舞台，怎么成长呢？"在这样的激励氛围中，宏碁涌现了不少独当一面的人才，形成强大的接班人队伍。

由此可见，授权与信任密切相关。一个企业经理如果不相信员工，那么就很难授权于员工，即使下放权力也是形同虚设。有的管理者一方面授权于员工，另一方面又不放心。一怕他不能胜任，二怕他以后犯错误。对于有才干的人，他还害怕以后会不好管理，不服从管理，于是越俎代庖，包办了员工的工作。不懂某方面的专业知识，却干涉员工的具体业务，甚至听信谗言，公开怀疑员工；越权指挥，给中层管理者造成被动，等等，凡此种种，都会挫伤员工的积极性，不利于员工进行创造性的工作。

管理者想充分发挥员工的积极性和创造性，一方面要放权给你的员工，让他们能有自己的决策权；另一方面要设身处地为员工着想，勇于承担员工工作中的失误，不要有了成绩就是管理者英明，而出了差错就是员工无能；要言而有信，决不能出尔反尔，交给他权力，过了一段时间又把权力收回来，那么员工会非常沮丧，管理者也会因此而丧失威信。

信任基础上的授权可以激发最强烈的动机，使人全力以赴。有人觉得这样的信任会不会太草率，员工在操作过程中出现失误，造成损失怎么办？当然，我们这里说的信任的一个前提就是对他的能力进行深入地考察。人非圣贤，孰能无过？既然你决定授权给他，就要充分信任他，允许他犯错误，有失误才会有进步，这样的激励才会产生巨大的力量。因为在信任中授权对员工来说，是一件非常兴奋的事，它极大地满足了员工内心的成功欲望，员工会因此灵感迸发，脑洞大开，工作积极性骤增。这是最最宝贵的。

因此，管理者授权给员工，一定要注意，既然他有能力，就要让他大胆使用手中的权力，努力工作，而不要把这些权力抓得太紧，让那些有能力的员工抓大头，让他们去决策，相信他们会给你一份满意的答卷。

授权是一种放权和分权

管理者每天都需要对许多事情做出决策，但对于员工来说，即使是一些无关紧要的决策，都会感觉异常重要。每一个人都喜欢自己做决定，而不愿听命于人。管理者应该适当放权，一方面让员工感到自己是企业的重要组成部分；另一方面培养员工处理问题的能力，在问题刚出现时能够立即给出恰当决策，避免给企业造成损失。况且，给员工权力，也就是给员工空间、给员工机会，员工会认为，你确实对他的职业生涯负责，而不是让他机器一般去做机械的工作。这就足以激起他的斗志，使其全身心投入到工作中去，格外地珍惜管理者授权给他的部分，以报答对他的器重。所以，管理者一旦授权，他不仅仅体现的是给予员工充分的信任，更是给予员工工作上最大的自由度，包括给他做具体事情的决策的权力。

电气公司的主管詹·卡尔佐统计发现，在公司第一线的员工每年需做出大约 20 万个大大小小的决策。当他升任最高业务主管时，整个企业一年的客流量已经达到 1 000 万，员工与顾客有 5 000 万次的接触机会。“所以很多决策是管理层无法决定的，我们只能将决策权下放给员工，这样，才能让员工更高效地工作。”

一些管理者担心，授权给员工，让员工做决策将使企业变得混乱不堪，自己可能就无法管理，而下放的权力越多，给他们“乱搞”的机会越多，越不好控制局面，反而不好管理了。其实，这样的担心是多余的。第一，任何企业不可能百分百地控制员工的工作，从一定程度上讲，员工不得不使用自己的判断力；第二，全部控制员工的决策权只会产生最低效果，起不到很好的激励作用。美国的商业战略专家詹奎兹认为：每个员工任何时候都会做出决策，而这些决策与他们拥有的决策权和判断力有关。一个优秀的管理者应该适当放权，使员工的才能充分发挥出来，因为，有些员工特别是那些老员工，他们对企业了解的程度绝对不比一些管理者差。

合唱团指挥的控制权看起来很大，演唱者绝不可能按自己的兴趣随便演唱，指挥实际上控制着整个表演过程的各个方面。因此，可以说，指挥具有100%的控制权，每个演唱者必须听从指挥棒。然而，一个著名合唱团的成员却说，一个伟大的指挥家最具魅力的地方就是用最微妙的手势产生巨大效果，他让你了解他的意图和期望获得的效果，他通过指挥棒了解每个演唱者的能力，他需要和谐和力度，他给每个人充分的决定权。但是，如果你越想控制，获得的效果就越糟，到头来就更糟糕了。

因此，分权后害怕失去控制是多余的，这是分权后必然要出现的现象，要想完全控制是不可能的，只能利用分权的技巧，减少失控。但要是因为怕失去控制而不去分权激励，那么，其带来的负面效应会更大。所以，敢于把管理和决策权分给员工，不仅起到激励员工的作用，还能让管理者从繁杂的事务中解放出来。历史长河中，古代文明绵延了几千年，但人们的科技水平仍然停留在刀耕火种的水平上；而近现代文明不过区区300余年时间，科技却已经发生了翻天覆地的变化。究其原因，正如马克思所说，上层建筑影响着经济发展。古代社会的专制制度正是人们创造性最大的桎梏，而现代的民主制度则让人们的智慧迸发出来。同样道理，管理者若想让企业不断地发展、前进，就不能把企业变成“一言堂”，自己成为那个高高在上的专制君主。在企业内发挥民主作风，把管理和决策权分给员工一些，则是一种双赢的激励手段。

放些权力下去，才能收得人心上来，其实这是一个很简单的道理，也是一种等价交换。一点权力的施予，不但是管理者的自我松绑，更是一种赢得人心的需要。

授权不是完全失去控制

授权是要给被授权者一定范围内的自主权，但是授权不是弃权。授权一定要把握可控的原则，真正做到权力能放、能控、能收。有的管理者误认为，自己既然已经授权，就能够不管不问了，其实这是一种错误的想法，授权之后虽然具体负责的事务减少了，但是要把握整体方向，要做的事情更多集中在指导、监督、检查上。企业的权力要下放，但是如何下放，怎么下放却是一个难题。抓大放小是授权时需要遵循的原则。这里的“抓大放小”，并不是说让管理者抓着大权力，放弃小权力，而是要去注意那些使用权力的人，把真正的权力放在那些有能力的人身上；而那些没有能力的人，顶多给他们一些小权力。

那么，授权之后管理者怎样进行监督和控制呢？

1. 授权前进行风险评价

任何一项授权的潜在收益都和潜在风险并存，且成正比例，风险越大，收益也越大。因此，管理者在每次授权之前，都要对其风险进行评价。假如可能产生的弊害远远超过可能带来的收益，那就不予授权。反之，在执行过程中要检讨管理者本身的问题，主动校正自己的行为。

2. 落实指令执行情况

管理者进行执行情况检查是非常有必要的，其目的在于：

①检查指令是否按原定的计划执行。

②观察有无妨碍指令执行的情况出现。

③考核下属执行指令的效率。

④思考检讨管理者下达指令的方式有何不妥，以便下次改进指令下达的方式。

指令追踪的方式有两种：一种是管理者在发布授权指令后的一定时期，亲自检查指令执行的状况；另一种是管理者在发布授权指令的同时与下属商定，下属应当定期呈报指令执行状况的说明。对于已发出的指令进行追踪是确保指令顺利执行的最有效方法之一，否则，发现问题再调整会增加成本。

3. 精心选择控制技术

授权中的控制技术包含：

①监督工作进展，尽量避免干涉下属的具体工作。

②以适当的方式提出意见或提醒。

③确认绩效，兑现奖惩。对于出色的工作要给予充分的鼓励，对于不足的工作提出意见。精神推动如果结合物质奖惩，效果会更好。

因为授权，管理者得以从具体烦琐的事务性工作中腾出时间来，但是因为时间更多用于指令追踪和监督委派出去的工作，因而控制力更强了，使得控制在授权中的地位更加得以凸显。一个优秀的管理者会根据授权，对自己的控制技术做细致的挑选和改造，以适应授权这种特殊的管理形式。照搬一般性的而非授权中的控制技术，往往适得其反。

4. 不断改进授权的技巧

虽然很多企业的管理者也实行了授权，但是，由于他们没有正确掌握授权方法，没有按照授权的基本程序去授权（或是未能选准授权对象；或是授意不明；或是忽视必要的追踪检查等），因此，效果并不见佳。可见，实行有效的授权，掌握正确的方法也是十分必要的。不掌握正确的方法，而要想取得好的效果，是绝对不可能的。因此，管理者需要不断学习授权技巧，并在授权的过程中注意审查和改进自己的授权技巧,不断提高自己的授权能力。

5. 减少反向授权

下属将自己应该完成的工作交给管理者去做，叫作反向授权，或者叫倒授权。发生反向授权的原因一般是下属不愿冒风险，怕挨批评，缺乏信心。除去特殊情况，管理者不能允许反向授权。解决反向授权的最好办法是在同下属谈工作时，把困难想得多一些、细一些，必要时管理者可以为下属提出解决问题的办法。

鲍勃是某公司的管理者，他深谙授权的艺术。他不仅懂得授权的重要性，而且知道怎样有效地运用它。他把大部分的工作都授权给他人做，自己很少加班加点，更不会把工作带回家。

鲍勃从来没有被工厂的问题所困扰。当被问及他成功的秘诀时，他说："我没有秘诀，通常说来，我安排任务以后，我会进行跟踪、监控和检查。"

及时有效的监控手段是推动项目沿着既定的轨道按部就班运行的保证。如果缺乏行之有效的监控手段，就容易造成放任自流，最终导致授权流于形式、达不到预期效果或彻底宣告失败。

｜授权时要分清职权与责任｜

有效的授权，必定是在授予权力的同时，也赋予其相应的责任。作为管理者，一定要教会你的员工切实负起责任。

个别管理者总是插手干预，告诉员工在工作中应该怎么做，这恰恰扼杀了员工的责任感，导致他们在以后的工作中不愿负责任。让人们负责任是要清晰地理解应该达成什么目标，然后放手让他们去做，去达到目标，并且要为结果负责。

总之，充分的授权使每一个成员都感觉到自己能够独立判断，对自己的工作负责，而绝不是任人指使。但在下放权力的同时，管理者也要注意在扩大自主权与加强控制之间取得平衡，既使员工打破陈规陋习，把自己的才能最大限度地发挥出来，又使员工感激于企业的大胆任用，自觉为公司效忠。

在甲骨文公司，所有层次的员工都会享有必要的自主权，让他们对自己的岗位承担责任。公司的一位产品整合部经理说，刚进甲骨文公司的前半年，简直好像“处在毫无头绪的一团乱麻里”，所有的事情都需要自己去做，没有人来指挥自己，但若出了问题，也只有自己负责，也必须负责。但是等她适应了环境之后，就能够控制整个局面了，她需要建立起和她有关的各种事物的流程。公司希望她做的不只是生产出一些产品，而是能够形成一整套快速有效的运营制度。

她在不到一年的时间里物色了一位贴心的助手，并在新产品团队建立的过程中扮演起领导者的角色。甲骨文公司不会偏袒保护任何人，公司只为她准备了一个可以施展才干的空间，要设计、建立良好的运行机制的方法，要在一无所有中建立起有序的工作规范。除此之外，一切都需要员工自己去创造，需要他们为自己负责任。

对于甲骨文公司的新员工来说，他们从当基层员工的第一天起，就不用总是看管理者的眼色行事，相反，他们都拥有很高的自主性，同时他们必须对自己的工作负责。对公司来说，尽管基层员工有很高的自主权，但他的经理的权力还是比他高，这样在必要的时候，他们可以通过各种流程来改变工作进程，从而保证整个工作过程的一体化。

另外，在庞大的公司组织中，各人有各人的工作职责及工作职权，管理者要在扩大自主权和加强控制之间取得平衡，有权无责或者是有责无权，都是授权的误区。

对人员进行整体化运营和决策

企业的管理者不可能做到面面俱到，并干涉各个阶层的具体工作。因此，明智的做法是管理者负责整体化营运和决策，而不是关注细枝末节。如果一个企业，实行的是中央集权制管理模式，即管理层做出指令，普通员工仅仅只是执行，大家自然不会有前进的动力。因此，管理者只需把自己的决定告诉下属，至于具体怎么做，应放心地让下属去思考，各负其责，发挥各自的才能。

思科公司的总裁约翰·钱伯斯就是这样的管理者，在所有大企业中，恐怕他是最善于在授权时对员工进行整体化安排的总裁了。在钱伯斯看来，最擅长激励的管理者，绝不是那种事必躬亲的人，而是懂得如何合理统筹员工的人。他说："很久以前我就学会了如何放手管理。我不能让自己成为障碍，而管理一个公司的唯一办法，就是聘请在各自的专业领域里比你更好、更聪明的人，使他们熟悉要做的事情，并随时接近他们，让他们不断了解你为他们设定的方向，然后，你就可以走开了。"思科公司在钱伯斯当上总裁之前推行的是"指令性管理法"，在总裁钱伯斯掌权之后采用了"目标管理法”。即管理者制定总体的方向和目标，具体操作让员工自由发挥。这种管理模式能够激励员工，让他们灵活地采取具体方法实现既定目标，因为员工自己的方式也许会将目标完成得更好、更快。这就相当于将处理具体事务的权力交到了员工手里，让他们觉得自己并不只是一个工具，而是思科公司的一部分，应当为思科负责。钱伯斯的观点是：“你不能告诉下面的人应该怎么做，而应该告诉他们目标，让他们筹划怎么实现这个目标。”在钱伯斯的“统筹”理论指导下，思科公司的管理方式发生了巨大的变化。每个员工的工作积极性和工作热情都大幅增加。

那么，管理者在授权时如何进行统筹安排呢？关键在于掌握以下几点：

1. 助理制度

有的员工很能干，但是年轻资历浅，无法得到立即提拔，难免会感到前途无望。这时可以用助理这个职位进行弥补，比如厂长助理、经理助理、主任助理等等。这样，这些人虽然还没有太大的权力，但是这种激励方式却意味着他随时有可能有机会升上去。这样他们通常不会离开公司，因为他知道自己已经得到了管理者的初步认可，可能被提升为一个合格的管理者，只是暂时没有空缺，一旦有空缺他就能获得提升，大展宏图。而且这种制度还提醒现在在职的，如厂长、经理、主任等人注意，如果他不尽职尽责地完成工作，这个助理随时可能替代他。

2. 暂时性授权

企业可以设置两次授权，第一次授权时，在他的具体职务前加一个“暂”字，表示这一权力的授予只是暂时的。经过一段时间的实际考验，如果该名员工表现尚佳，能够承担这种权力，便在他职务前去掉这个“暂”字，进行第二次授权。如果发现第一次授权并不合适，那就不进行二次授权。暂时性授权的优点就是可以为管理者留下一条后路，尽量避免授权时因失察而犯下致命错误。

3. 检查进度

授权并不意味着管理者可以放任自流，不再管了。给员工自主权的同时，管理者必须对授权有一定的控制，必须建立一套检查进度及目标完成情况的制度，对其进行定期检查，并针对存在的问题采取相应的对策，这可在一定的程度上减少企业组织面临的风险。

4. **授权也可以收回**

权力授予后，不是不能收回的。如果发现被授权人无法让人信任，或者难以完成目标，管理者还可以收回授权，或者重新将授权分给其他人。

如果不能给下属实权，就给下属荣誉和地位

人都是有社会属性的，只要参加社会劳动，都希望能拥有一定的社会地位。社会地位代表的是一个身份，一种认可。从某种意义来说，社会地位的提高直接影响一个人在社会中被尊重的程度，而马斯洛的人的心理需求理论告诉我们，每个人内心深处都是追求被尊重的。因此，即使地位的提高并没有换来更高的薪水和一张更宽阔的办公桌，仍然会有很多人会为了荣誉而拼命工作。

拿破仑非常了解人类对于荣誉的渴望是多么迫切，并将之运用到管理军队中，赢得了军队上上下下所有官兵的忠心。他创制了一种勋章授予他的臣民；他重新起用了法兰西陆军上将的官衔，将这一高位封赠给了 18 位将官；他给优异的士兵授予“大军”的光荣头衔。这些头衔大多是荣誉称号，也就是没有多少实权和封赏的称号，但是这些称号代表的地位却是显著不同的。拿破仑手下的官兵们，正是因为非常向往这些军衔而努力作战。

由此看来，荣誉对于一个人来说是多么重要，它能鼓励人、激励人、刺激人，使人不断奋进。30 个不同行业工会的倡导者、美国劳工协会的缔造者塞缪尔·冈珀斯，在刚刚开展工作时，感到十分艰难，没有钱，又没有任何外来补助，他当时没法雇人参与到工作中来，因此工作就很难开展。一天，他灵机一动想出了一个计划，他决定授予那些愿意参与工会组织建设的积极分子一个民间委任证书。神奇的事情发生了，一年中，以这种方式被委任的人就有 80 人之多，美国劳工协会会员的数目从此开始激增，许多人也正是因为这个委任而自愿前来。在很多人心里，得到这个委任，就和别人的地位不同了。由此来看，管理者给员工一个头衔或位置，给的是一种平地而起和别人不一样的特殊感觉。有了这种感觉，员工就会非常努力。因此，除

了有实际内容的地位，有时管理者还要给下属一些虚位，比如管理者可让一些员工当指导者，指导后进人员。比如对来到公司已经有几年，但是没有升迁位置的员工，可以让他们指导新员工的工作，当新员工的师傅。这样会让他们感觉有人在依赖他，需要他，他很重要，自己自然就会变得很努力，会更加严格地要求自己，来迎接这种期望和期待。

总之，除了给员工实际的权力之外，还可以通过给员工地位和荣誉的方式，表达自己对员工的器重。这不是给员工开“空头支票”，而是在切实执行授权激励方法，员工的积极热烈反应，证明了这一方法的有效性。

| 管理者需要培养一个能干的副手替自己分担重任 |

管理者不是机器，每天要处理的事情很多。既要维持公司的正常运转，又要监督员工是否有效执行了自己制定的决策，还必须站在更高的层次上思考公司前进的方向。所以就需要为自己培养一个副手，一个能成为自己左膀右臂的人。副手不是助手，而是一个对你有所帮助，能帮助你做决定，甚至在你不在的时候可以替代你解决问题的人。比如说，员工遇到麻烦，公司出现纠纷，或者新进员工的培训等。所以，为自己培养一个好的副手，是很有必要的，至少在自己有事外出的时候，他可以处理一切问题。

提拔副手时，不能只考虑才华的大小和资历的深浅，重点是要选择受员工爱戴的人，要选择敢于对管理者说“你错了”的人。副手的工作就是在管理者和一线员工之间起着缓冲作用。除了替管理者分担一些压力外，还要处理好下属的请求和投诉。

管理者的副手具体要求如下：

1. 勇于为管理者分担责任

做管理，就不可避免地会得罪一些人，副手的主要作用就是替总经理承担部分责任，让管理者腾出精力专心思考大问题。如果把矛盾都上交给管理者，管理者必然会分身乏术，这样的人切不可委以重任，更不能做管理者副手。

2. 从大局着眼解决问题

要想成为管理者的副手，就必须站在管理者的角度思考问题，管理者可以对其进行潜移默化的教育，使之能充分发挥副手的作用。如果还是不能掌控全局，其实质与下级干部无异。

3. 与管理者性格互补

选择副手，应尽量选择与管理者互补的员工，以弥补管理者的短处，如果副手一味朝管理者长处的方向发展，那只可能形成一种“竞争”关系。而选择与管理者互补的员工才会形成水乳交融的上下级关系。

4. 敢于对管理者的决策提意见

人非圣贤，孰能无过，管理者也是人，也会有犯错的时候。副手应多替管理者思考问题，及时提出自己的不同意见。在大多数企业中，对管理者点头称是的人太多，如果副手不能及时说“不”，那么错误的决策定会给企业造成不利的影响。

总之，管理者要想把工作做好，就一定要对有才华的人委以重任，不遗余力地培养一个和自己同样优秀的副手。这样，被培养的副手才会全力以赴，不辜负管理者的栽培，自己也能在他的帮助下，最大限度地实现企业的经济效益和社会效益。

对任何领导者来说，培养副手都不是一件容易的事情，而委以重任是促进有才华的员工成长的最有效手段，因为这样能够拓宽被培养者处理工作的范围。如果他们有能力完成某项任务，管理者就应该授予他们一定的权力，充分发挥下属的积极性和创造性，只有这样，下属才能大展身手，为你排忧解难。

身为企业的管理者，千万不能让员工总是原地踏步，特别是对那些能够委以重任的员工，要适时适当地放手，给他们更加光明的未来。

第六章　晋升激励

——给员工一个上升的梯子

年轻人就是要一路前行，而管理者要做的就是为他们准备好道路，给他们持续上升的机会。如果管理者做好这一点，年轻人就会受到晋升激励，他会更加卖力地工作，企业也将获得更好的发展。

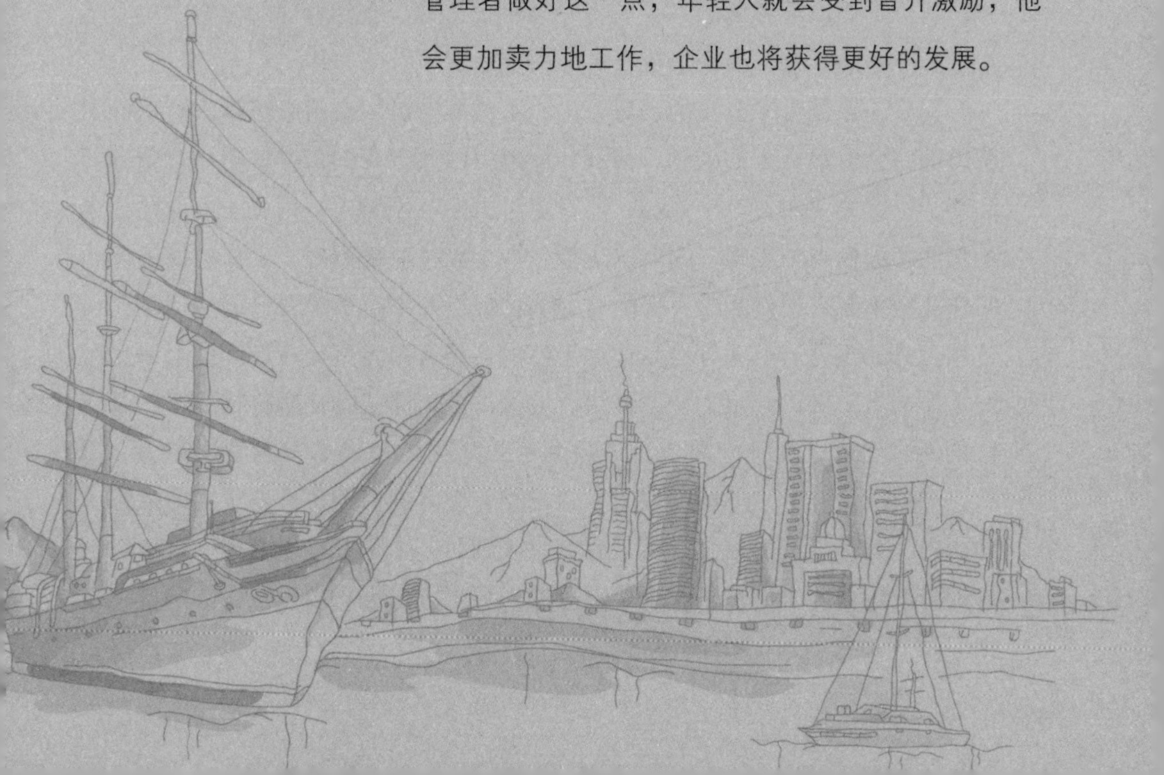

晋升是给员工最大的奖赏

晋升，就是管理者将员工从低一级的职位提升到更高的职位，同时，赋予员工新的责、权、利的过程。这是对员工工作能力的肯定，是对员工最大的褒奖。职位的晋升比薪金的增加更容易满足员工心理的需要，更能使员工得到鼓励。尤其当有能力的员工自己因为各种原因不能创业时，如果在公司内部给他更加广泛的施展空间，他会感激管理者的知遇之恩，拼命地工作以给管理者一个满意的交待。所以，合理晋升是有效激励员工最重要的表现形式之一。它的激励力量不可低估，它可以使人才看到自己的工作能力与业绩得到肯定与认可，工作积极性更强，不会轻易被其他公司挖走，从而增加了组织的稳定性。同时也给其他同类人才一个同样的期望，感到自己有奔头，有希望，从而工作起来干劲更大。

但应该给予高度重视的是，晋升之后员工要管理的事情和人多了，更容易施展理想和抱负，但是同时也意味着要承担更多的职责。因此，晋升什么样的员工是要慎重考虑的，否则将一个不合适的人放到管理的位置，将给公司带来不好的影响，甚至于很长时间都难以挽回。

晋升应该是公平公正的，晋升一个不称职的员工会给组织带来直接的不利影响，会引起员工的抵触、猜疑和反感。因此晋升的依据就是一个重要的问题了。首先在做晋升决策时，要考虑过去的工作绩效，用过去的业绩作为衡量能力的标准也是很多企业的选择，一个以往业绩不好，工作态度不好，工作业绩不好，工作能力不强的人一般情况下是不被考虑晋升的。但是仅仅依赖过去的业绩进行考核也是远远不够的，还需要对员工在新岗位上成功做好工作的潜力做出评价。一般来讲，应该按照新岗位的任职资格要求、新岗位的能力要求、新绩效要求这三项来考核新岗位备选员工的工作潜力。通常，在候选晋升员工的新岗位工作潜力相差无几的情况下，要优先考虑资历的因素。只有当资历较浅的员工有突出表现时，才会被优先考虑。这样做一方面是鼓励资历老的员工对企业的忠诚，另一方面也是因为资历浅的员工恐怕难以服众，工作起来有难度。当然，资历浅的员工有特殊能力和贡献的还是要给他们一个施展的舞台。

事实上，很多公司在晋升人员时都犯过一个同样错误，那就是仅仅根据以往的业绩提拔管理人员，以至最后公司少了一个一流的技术人员，多了一个三流的管理人员。这就是对新岗位的任职潜力没有进行有效评估的结果。但是，对过去的绩效进行总结比较容易，而对未来工作绩效的预测则没有那么简单，这是晋升决策失误的重要原因。因此，要做好晋升激励，不是那么简单的，需要掌握一些实用有效的方法。

精心策划可造之材的升迁之路

其实，不管是什么工作，只要让员工有头衔，只要确立了他的地位，哪怕只是当个小领导，他们就会觉得自己受到了重视，就会觉得重任在肩，进而产生积极向上的动力。

但是，要经常用升迁的办法奖励员工是不现实的，因为领导的位置是有限的，管理者可以用“增加他的工作责任”或“使他更醒目”这两种比较容易办到的方法来奖励他。

例如，对于那些有很强工作能力的人，可以抓住每一个机会，表扬他们的杰出表现，给他特殊的责任，或者让他担任一个充满荣誉的职务，可以让他们做导师，负责训练别人，也可以让他扮演他的部门与人事部门之间的联络人。这样他就能扮演一个较活跃的角色，在群体之中鹤立鸡群。无形中，管理者已经告诉大家，公司对这个人非常器重，而别的员工当然也希望赢得管理者这种器重，所以就会加倍努力地上进。这样一来，晋升激励的目的就达到了。

为了避免表现优秀的员工被埋没，管理者应该尽量找机会，让表现优异的员工承担更大的责任，以便为今后升迁打下基础。比如，可以让有进取心的员工进行一项很有挑战性的计划；如果有多项工作等待别人来执行的话，让员工有机会选择他想做的那一项；给员工跟领导层一起出差工作的机会；等等。

每个人都希望自己的地位能够有所提升。身为企业管理者，你必须让员工不断成长，不断赋予他们职责和头衔，然后在日常工作中加以训练和指导，使他们切实感受到地位高升的实在感，只有那样，才会激起他们对工作的热情，使他们更有干劲儿。企业中总是有这样一些员工，他们很优秀，只是没有大局观念，从不考虑工作的整体，觉得累了，想休息了就索性不去上班，他们喜欢与上司呈敌对状态。但是，一旦赋予他某种责任，他反而会改变态度，会把工作看得非常重，甚至还会热心督促员工工作。

很久以前，当盖茨还是 CEO 的时候，一次偶然的机会，他意识到自己的预见力非常惊人，经过一番思考，他将公司所有员工以及自己的 CEO 一职全权交给了鲍尔默。他担任了微软首席软件设计师，可以将更多的时间投入到自己最挚爱的事业上。

鲍尔默在担任微软的 CEO 之前，任何事都喜欢一手抓，像一个果断的老板。但是，自从担任了 CEO 后，他把权力交给公司各个部门的负责人，让他们在重权在手的情况下大施拳脚，而他去做一个幕后的教练，支持各个部门负责人的成长。他认为，只有这样，才能使员工在履行工作职责的同时实现自我意识，充分发挥其主观能动性和创造性，进而在工作中大施拳脚。

企业的管理者不要太吝啬一些头衔、名号，相比物质激励而言，头衔对于员工来说才是无法抗拒的诱惑，这些头衔不但可以激起他们的干劲儿，还能换来他们的认可。

总之，人的精力是有限的，管理者不可能一个人完成所有的事。管理者对于人才的使用要非常地精心，如果是可造之材，就要给他们晋升的机会，如果管理者用升迁来奖励最优秀的员工，别的员工也会被打动，争抢着做一名有用之才，这样晋升激励效果就达到了。

给员工搭建一部向上攀爬的梯子

很多企业存在的问题就是没有晋升途径，一个员工在一个岗位上干了十几年，除了工资稍有上升外，其他的都没有变。所以应用晋升激励的第一步，是规范晋升的途径，也就是将所有的岗位分为几个岗位群，每一个岗位都能在该岗位所在的岗位群中从下到上、一步一步地上升。比如，你现在是文员，这个岗位的下一步晋升方向是高级文员；你是一般工程师，这个岗位的晋升方向是主任工程师。这样，为每一个员工指明他所在的岗位应该朝哪个方面晋升。这个晋升不是指个人的晋升,而是指所在岗位未来的晋升方向。

国内首家上市软件企业东软集团，在成立之初仅有 3 个人、3 台电脑、3 万元科研经费，经过 10 多年的发展，其成就斐然。东软靠什么力量在短时间内一跃成为国内软件业的新秀呢？其董事长刘积仁认为，根本原因是实施了人才战略。他们开发人才的方法之一，就是提供一个人人都可以发展的职业生涯发展体系。体系的发展性主要体现为：一名软件开发人员进入公司后，可以从程序员做到资深程序员，再发展成设计师、架构师，甚至成为咨询顾问和资深项目经理。不断晋升的空间给了员工施展才华的天地，它激励着员工充分发挥潜力，实现企业和员工的共同成长。

一般说来，企业里面的岗位可以分为以下几大类，如管理类、行政事务类、工程技术类、营销类、制造类、制造辅助类。要指明这条路径上有多少岗位，分布如何。比如，管理人员走行政管理类、营销人员走销售类、工程师走技术类、文员走行政事务类。以销售类为例，首先规定出销售人员的岗位分为客户主任、高级客户主任、客户经理和高级客户经理四个级别，然后对每个岗位进行分级，比如客户主任分为一级、二级、三级；高级客户主任分为一级、二级、三级；客户经理分为一级、二级；高级客户经理分为一级、二级；这样就给销售人员建立了晋升的阶梯。作为销售人员，就可以在这个途径上，一级一级地，一个岗位一个岗位地，通过考核不断地得到晋升。再比如，行政管理类岗位从低到高可以分为班长、主管、经理、总监四个级别，每个级别还可以再分级。如此行政管理人员可以在这个途径上，一级一级，一个岗位一个岗位地不断得到晋升。

规范了类别途径，建立了晋升的阶梯，就为员工的职业生涯发展打通了道路，员工就可以目标明确地通过努力不断地得到晋升。通过绩效考核、能力考核和持续晋升，员工的潜能就可以被激活，企业也因此而得到持续的发展机会。

“给所有人机会！”这是上海复星高科技（集团）有限公司董事长郭广

昌在企业内部的一句名言。他常说，“企业的发展像一条河，一条不断流淌的河。我们每一个人正像河中的一滴水，无论是在上游、中游还是下游，都能找到自己汇入的位置。”正是在这种理念下，复星集团把人才作为资产来管理，让每一位员工都可以有机会扩大自身的价值贡献度。复星集团近年来实施“人才培养计划”，该计划中的“职业发展计划”的主要内容就是员工职务的晋升，也就是帮助每位员工确立自身在专业目标、岗位目标和职级目标三个方面 3~5 年的发展规划，使员工明确自己在复星集团不同阶段的个人定位与相应任务。

这种晋升制度给了员工最大的发挥空间。比如，吴平是 11 年前通过公开招聘进入复星集团的，当时只是一名最基层的员工，目前，他已经成为复星集团控股的一家上市公司的董事长。1964 年出生的吴平原为上海某国有企业的职工，1996 年来应聘复星集团人力资源部经理一职。应聘通过之后，吴平当时得到的答复是可以成为复星集团员工，但不是人力资源部经理；进入复星集团必须从基层的业务部门做起，试用期为 3 个月。于是，吴平便走上了在复星集团的职业发展之路。

吴平从复星集团生物医药事业部的普通业务员干起，月薪 800 元。一开始，学习电子机械专业的吴平对医药工作可以说“一窍不通”，对于怎样建设全国营销网点，怎样进行业务员培训，吴平都是从头学起。很快，他的工作能力得到了认可。半年后，吴平升为主任助理，月薪为 1 000 多元；1 年后，吴平从主任助理职务变成了主任，月薪为 4 000 多元；一直到复星实业在上海证券交易所上市，吴平正式成为复星实业的监事长，年薪变为 10 万元左右。2002 年，吴平担任上海复星高科技（集团）有限公司行政人事总经理，是 9 名董事之一，同时，他还担任复星控股的一家上市公司——豫园商城的董事长。

从一名打工仔到成为上市公司董事长仅仅用了 6 年时间，这个发生在民营企业里的真实故事会让人觉得有些不可思议。这就是因为企业给他了最大的发展空间。

海尔晋升员工的三种方法

让我们来看看著名的海尔集团是如何应用晋升激励的吧。

1. 届满轮流

海尔集团独具特色性的人力开发思路就是届满轮流。集团的经营在逐步跨领域发展，从白色家电涉足黑色家电，产品系列越来越大，但是海尔集团内部的发展并不平衡，企业与企业之间不仅有差距，有的差距还很大，而且集团整体高速的发展并不等于每个局部都是健康的发展。那些不发展的企业没有目标，看不到自己的现状与竞争对手之间的差距，头脑跟不上市场的变化，于是只能原地踏步。市场原则是不进则退。随着集团的逐步壮大，越来越需要一批具有长远眼光，能把握全局，对多个领域了如指掌的优秀人才。针对这种情况，海尔集团提出“届满要轮流”的人员管理思路，即在一定的岗位上任期满后，由集团根据总体目标并结合个人发展需要，调到其他岗位上任职。

2. 三工转换

海尔集团实行“三工并存、动态转换”制度。三工，即在全员合同制基础上把员工的身份分为优秀员工、合格员工、试用员工（临时工）三种，根据工作态度和效果，三种身份之间可以进行动态转化。今天工作不努力，明天努力找工作。三工动态转换与物质待遇挂钩，在这种用工制度下，工作努力的员工，可及时地被转换为合格员工或优秀员工，同时也意味着有的员工只要一天工作不努力，就可能需要用十天、百天甚至更长时间来弥补过失，就会由优秀员工被转换为合格员工或试用员工，甚至丢掉工作。

3. 在位监控

在位监控，海尔集团提出两个内容：一是干部主观上要能够自我控制，自我约束，有自律意识；二是作为集团要建立控制体系，控制工作方向、工作目标，避免犯方向性错误，控制财务，避免违法违纪。

海尔集团建立了较为严格的监督控制机制，任何在职人员都要接受三种监督，即自检（自我约束和监督）、互检（所在团队或班组内互相约束和监督）、专检（业绩考核部门的监督）。干部的考核指标分为 5 项，一是自清管理；二是创新意识及发现、解决问题的能力；三是市场的美誉度；四是个人的财务控制能力；五是所负责企业的经营状况。这五项指标赋予不同的权重，最后得出评价分数，分为三个等级。每月考评，工作没有失误但也没有起色的干部也归入批评之列，这使在职的干部随时都有压力。

在这种严格的监控机制下，海尔的员工无时不感受到一种巨大的压力，在这种压力下，淘汰的只是那些没有才能的人，而有才能的人则真正地走上了正当的、合适的岗位。这就让海尔公司能够人尽其才，真正地激励员工上位。

为资历浅的年轻人提供持续的晋升机会

对管理者来说，年轻人富于朝气并喜欢新鲜事物，年轻的员工充满激情与活力，希望能在工作中满足自己的好奇心和成就感，他们喜欢更多的更富有难度和创造性的工作，不喜欢一成不变的工作。管理者要使用能力突出的年轻人，并以持续晋升的途径来激励年轻的员工，这样对于员工来说可以实现其个人价值，对于企业来说能提升企业的利益，为企业带来朝气和活力。

麦当劳最吸引人的地方是为勤奋上进的年轻员工提供持续晋升的机会。在麦当劳公司创始人克罗克看来，一个人如果缺乏在各阶段进行尝试的经历，缺乏在各个岗位上进行实践的经验，那么他就不会明白各个环节的链接和基本操作，那么他的管理就是空中楼阁，不具有任何可实施性。所以，麦当劳的高管们全都是从底层做起的。这种持续上升的机会是从基层开始的，新来的员工都需要做清洁工，做基本工作。当他有能力做好这些的时候，他才能做别的，甚至部门主管、区域经理，也是从清洁工开始做起的。这就有了持续上升的空间。麦当劳公司的经理无一例外地都是从最基本的琐碎工作开始的，这个过程一般持续 4 ~ 6 个月。此后有能力的年轻人会被晋升为经理助理，他们除了抽出一定的时间负责餐馆工作外，还要承担起如进货、排班、计划、统计等的管理工作。这样，他们可以在小范围内实现自己的管理才能，并在日常实践中摸索并丰富经验，进一步协调好职责内的工作。已被提升为餐馆经理的年轻人只要业绩优秀，就有机会成为一级助理，而一级助理代表的职权是可以同时负责三四家餐馆的监管工作。三年后，监督管理员将晋升为地区顾问。到那个时候，他将担任总公司的“外交官”，派驻其下属的企业，而作为公司这一地区的全权代表，他的责任重大，他将是企业的经营者和传承者，更是麦当劳企业地位的捍卫者。

当然，成绩优秀的地区代表仍然可以晋升，成为更大区域的地区代表，地位可高达麦当劳公司某一国家或行政区的副总经理、总经理……甚至董事长。

麦当劳公司有别于其他公司的重要特点就是无论管理人员多么有才华、工作多么出色，如果他没有考虑自己的接班人，那么公司绝不会考虑予以升迁的机会。这是麦当劳公司的一项重要规则，它保证了麦当劳的管理人才不会出现断层。

提拔下属应遵循以下两个基本原则：

（1）称职。一个年轻下属能否得到提升，关键看他是否适合其将要从事的新职务。能够证明这一点的，只有他在岗位上获得的实际成绩；而只有胜任现有职务，并确实获得成绩者，方可予以提升。这一原则是“德才兼备”标准和“量才任职”原则的引申和具体化。

（2）适时。对于有较高才能的年轻下属，应该提拔到更为重要的岗位，让他们尽早走上自己的岗位，这样他们才能更早走上自己的发展道路，帮助企业蓬勃发展。这样才能早出人才，快出人才。有了优秀人才而迟迟不重用，不仅仅对企业是一个人才的损失，还容易让别的员工怀疑上司的态度，从而不愿意努力。

总之，年轻人就是要一路前行，而管理者要做的就是为他们准备好道路，给他们持续上升的机会。如果管理者做好这一点，年轻人就受到了晋升激励，他会更加卖力地工作，企业也将获得更好的发展。

用有效的晋升制度给员工晋升提供保障

管理者总是在想，如何让员工扎根企业，其实方法很简单，只需要让员工得到及时的晋升，就可以在很大程度上留住他们。

“不想当将军的士兵不是好士兵”，而不想当领导的员工也不是好员工，或者换句话来说，每个员工都希望自己爬得更高，管理者要满足员工的这种欲望，让他们得到及时的晋升。

如果管理者可以让员工得到及时的晋升，员工就会满足于心中的上任欲望，从而继续努力，有能力的员工上任，就会变得越发有能力。

可是晋升不是对方想升多高就可以升多高的，管理者手中一定要有一个有效的晋升制度，这样才能保证有能力的人及时地上任，而没有能力的人不会得到多余的晋级。

有效的晋升制度概括起来，大概有四种方法：

1. 职位阶梯

职位阶梯是指一个职位序列列出了职位渐进的顺序，序列包括每个职位的头衔、薪水、所需能力，经验、培训等能够区分各个职位不同的方面。管理人员依靠这些标准来衡量一个员工的能力，将这些不同方面的能力作为评判依据，对员工予以晋升。这种晋升的好处就在于它更注重综合能力并且更有秩序。

2. 职位竞聘

职位竞聘是指允许当前所有的员工来申请晋升的机会。这样的竞聘无疑增加了员工的动力和竞争力，另外，也排除了某些管理人员因为个人好恶而不去给员工晋升机会的可能性。

然而，职位竞聘意味着管理者们必须做出正确的判断，排除不合格的员工，他们必须对所有应征者做出评估判断，并对被淘汰的应征者做出合理的解释。

3. 职位调整

职位调整的目的在于，晋升那些职位发展空间非常有局限的一小部分员工。管理者会从他们中挑选晋升候选人，把他们调到其他岗位，以给他们获得晋升的机会。

4. 职业通道

职业通道是指一个员工的职业发展计划。对企业来说，可以让企业更加了解员工的潜能；对员工来说，可以让员工更加专注于自身未来的发展方向并为之努力。这一职业发展计划要求员工、主管以及人力资源部门共同参与制订。员工提出自身的兴趣与倾向，主管对员工的工作表现进行评估，人力资源部门则负责评估其未来的发展可能。

以上的员工晋升制度并不能代表员工晋升的所有制度，其中管理者还要考虑员工晋升的及时、公平，管理人员的细心观察以及员工的性格问题，这些都是很重要的晋升标准。但是如果管理者可以遵循以上晋升制度，并注意以上提及的问题，有效地让员工晋升，就一定能让员工扎根企业。

| 运用晋升体系把优秀的技术人员转化为管理人员 |

大多数高科技公司在不断发展的过程中都会遇到这样一个典型的问题：怎样让技术人才在岗位上充满激情，以便充分利用他们积累的专业知识使公司的人才投资尽快产生效益？同样，在微软不断发展壮大，不断聘用新雇员并将之培育成优秀的技术人员之后，也遇到了同样的问题。微软公司解决这一问题的一个独到之处，就是把技术过硬的技术人员推到管理者的岗位。

盖茨与公司其他的早期领导一直都很注意提升技术过硬的员工担任经理职务，这一政策使微软具有独特的优越性——微软的管理者既是本行业技术的佼佼者，能够时刻把握本产业技术发展的脉搏，同时又能把技术和如何用技术为公司获取最大利润相结合，形成了一个既懂技术又善经营的管理阶层。例如，集团副总裁内森·梅尔沃德是普林斯顿大学物理学博士，师从诺贝尔物理奖获得者斯蒂芬·霍金，他负责公司网络、多媒体技术、无线电通信以及联机服务等工作。但是，这一方法对于那些只想待在本专业部门里，并且只想升到本专业最高位置而又不必担负管理责任的开发员、测试员和程序员来说，是没有多大吸引力的，这样，职业管理的问题就产生了。微软解决这一问题的主要办法就是在技术部门建立正规的技术升迁阶梯。建立技术升迁阶梯的办法，对于留住熟练技术人员，承认他们并给予他们相当于一般管理者可以得到的报酬是很重要的。

在职能部门里，典型的晋职阶梯是从新雇员变成指导教师、组长，再成为整个产品单位里某个功能领域的经理（比如 Excel 的程序经理、开发经理或测试经理）；在这些经理之上就是跨产品单位的高级职位。

微软既想让人们在部门内部升迁以产生激励作用，还想在不同的职能部门之间建立起某种可比性，它通过在每个专业里设立“技术级别”来达到这个目的。这种级别用数字表示（按照不同职能部门，起始点是大学毕业生的 9 或 10 级，一直到 13、14、15 级），既体现了员工在公司的表现和基本技能，也体现了员工的经验和阅历。升迁要经过高级管理层的审批，并与报酬直接挂钩，这种制度能够帮助经理招收到开发人员并建立与之相匹配的工资方案。

级别对微软雇员最直接的影响是他们的报酬。通常，微软的政策是低工资，包括行政人员在内，但以奖金和个人股权形式给予较高的激励性收入补偿。刚从大学毕业的新雇员（10 级）的年工资为 3 万 ~5 万美元，拥有硕士学位的新雇员的年工资约为 4 万 ~5 万美元；对于资深或非常出众的开发员或研究员，微软将给予两倍于这个数目或更多的工资，这还不包括奖金；测试员的工资要少一些，刚开始年工资为 3 万美元左右，但对于高级人员，其年工资为 8 万美元左右。由于拥有股票，微软的 17 800 名雇员中有大约 3 000 人是百万富翁，这个比例是相似规模的公司中最高的。

在微软这一技术晋级制度中，确定开发人员的级别（指 SDE，即软件开发工程师的级别）是最为重要的，这不仅是因为在微软以至整个行业中留住优秀的开发人员是决定一个公司生存的关键，还因为确定开发人员的级别能为其他专业提供晋级准则和相应的报酬标准。在开发部门，开发经理每年对全体人员进行一次考查并确定其级别，开发主管也进行考查以确保全公司升迁的标准统一。一个从大学里招来的新雇员一般是 10 级，新开发人员通常需要 6~18 个月才升一级，有硕士学位的员工要升得快一些，或一进公司就是 11 级。一般的升迁标准和要求是当你显示出你是一位有实力的开发人员，编写代码准确无误，而且在某个项目上，你基本可以应付一切事情时，你会升到 12 级，12 级人员通常已对项目有重大影响；当你开始从事的工作有跨越商业单元性质时，你就可以升到 13 级；当你的影响跨越部门时，你可以升到 14 级；当你的影响是整个公司范围的时候，你可以升到 15 级。在开发部门中，有 50% ~60% 的开发人员是 10 级和 11 级人员，大约 20% 属于 12 级，大约 15% 属于 13 级，而剩下的 5% ~8% 属于 14 级和 15 级。由于级别是与报酬和待遇直接挂钩的，这样，微软就能确保及时合理地奖励优秀员工并能成功地留住优秀的人才。

但是，即使是技术级别或管理职务上升得很快，有才华的人还是容易对特定的工作感到厌倦。为了能长期、有效地激发起员工的工作积极性并挖掘这些天才们的潜在创造力，微软允许合格人员到其他专业部门里寻求新的挑战，并且规定，员工只有在某一特定领域积累了几年经验之后才能换工作。例如，在项目的两个版本之间给相当数量的人员一次换工作的机会。在公司范围内，还有一定比例的人员在项目之间流动。但是，微软并不鼓励所有的人不停地流动，因为微软的大型产品，像 Office、Word、Excel、Windows 和 NT 等需要花几年时间来积累经验，频繁地变换工作是不足取的。通过合理的人员流动，使优秀的员工不至于在同一项工作中精疲力竭，失去热情，同时,也使产品组和专业部门从不同背景和视角的人员的加入中获得新的发展。

总之，微软公司的人员管理是成功的，特别是对于这样一个快速发展的公司而言更难能可贵。

| 制定内部招聘制度，完善晋升体系 |

所谓内部招聘，就是当组织内部某个或某些职位出现空缺时，人力资源部通过组织内部刊物发布信息或张贴公告的形式向全体员工公布内聘信息，由员工自愿报名，通过一系列招聘考核流程，择优录用。内部招聘需要制定一系列制度来保障，这就形成了内部招聘制度。

企业制定内部招聘制度，进一步完善员工晋升体系，有利于安定人心，激励员工努力工作，积极进取。

一般情况下，内部招聘制度包括以下几个程序：

①发布工作公告。通过一定的方式将空缺职位信息传达给本组织内所有部门的所有人员，包括职位名称、所属部门、薪资等级、该职位上司姓名、工作场所、工作内容的简单描述、资格要求以及对候选人选拔的方法、技能评定的方法。组织内的人才还可向人力资源管理部门咨询，询问该职位以后的发展机会。

②建立人事记录。可以审阅以往的人事记录，或利用申请表建立新的人事记录。通过审查这些人事记录，可以发现哪些候选人现在所从事的工作是低于他们所具有的知识水平和能力水平的，哪些人具有发展潜力，人才需要哪些方面的培训，哪些人已经具备了从事空缺职位的能力与背景等。

③建立人才技能库。例如，在医院“药剂分析师”库中，医院将所有接受过这种培训或者具备这种能力的人名都列出来，如果门诊部门急需一名药剂师，而技能库显示具备这种技能的赵小姐在住院部做护士，就可以由人事部门直接去找赵小姐，征求她对到门诊部做药剂师的意见。

企业制定内部招聘制度，进一步完善了员工晋升体系，有利于安定人心，激励员工努力工作，积极进取。

索尼董事长盛田昭夫多年来一直保持着一个习惯：与职工一起就餐、聊天，与他们保持良好的关系。

有一天晚上，盛田昭夫按照惯例又走进职工餐厅，忽然发现一位年轻职工满脸苦闷地低头吃饭，谁也不理。于是，盛田昭夫就主动走过去与他攀谈。经过盛田昭夫的一番耐心询问，这位员工终于说出了苦闷的原因：他毕业于东京大学，进入索尼之前，有一份收入颇丰的工作，因为非常崇拜索尼公司，所以才毅然辞职来到索尼应聘。当时，他认为进入索尼，是他一生的最佳选择。

然而，在索尼工作了一段时间他才发现，事实并不像他想象的那样。他的直接上级——科长的技术和管理能力都很低，但自己的行动与建议都得要通过科长的批准才行。比如，他自己的一些小发明与工作的改进，科长不仅不支持，还常常嘲笑他自不量力、爱出风头、有野心。所以，他认为现在对他来说，这名科长就是索尼。这使他十分泄气，对当初自己辞掉工作来索尼的做法感到非常后悔。这位员工的叙述让盛田昭夫十分震惊，他马上联想到，类似的问题在公司内部员工中恐怕不少，管理者应该关心他们的苦恼，了解他们的处境，不能堵塞他们的晋升之路。于是，他决定改革人事管理制度。之后，索尼公司开始每周出版一次内部小报，刊登公司各部门的招聘广告，员工可以自由而秘密地前去应聘，他们的上司无权阻止。另外，索尼规定，每隔两年就让员工调换一次工作，特别是对于那些精力旺盛、干劲儿十足的人才，不让他们被动地等待工作，而是主动地给他们更好的施展才能的机会。

在索尼公司实行内部招聘制度以后，有能力的人才大多能使自己晋升到比较满意的岗位，同时，人力资源部门也可以发现那些“流出”人才的上司所存在的问题。

第七章　竞争激励
——让员工你追我赶不懈怠

竞争是鼓舞士气的最有效工具。对员工来说：没有竞争，就会缺乏紧迫感、危机感和责任感。因此，要想增加企业的活力，就必须形成一种竞争机制，让员工能够充分发挥、施展自己的才华，形成优胜劣汰的企业法则。

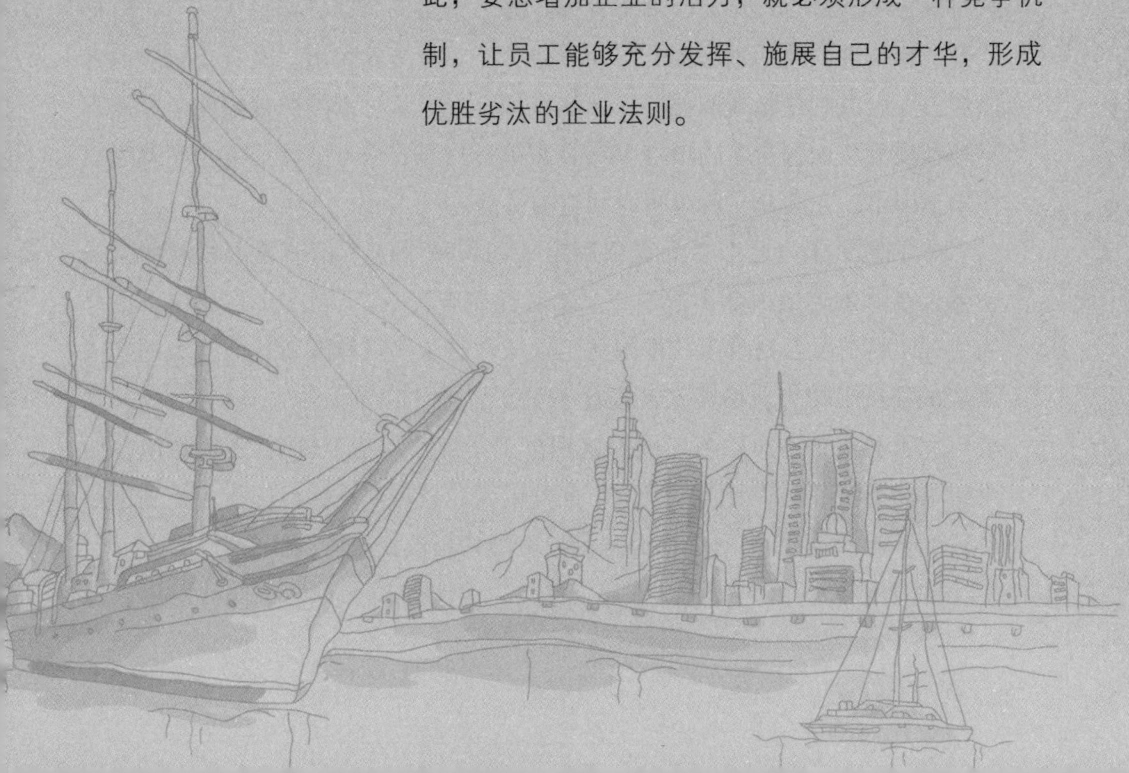

竞争可以让员工成就最好的自己

有竞争才有压力，有压力才会有动力，有动力才会有活力。竞争能有效地激励员工的工作动力，激发他们的潜能，从而使员工兴奋起来，活跃起来，公司上下一片生机勃勃，而不是死气沉沉。这是管理者对企业的重要贡献，也是企业取得成功的关键。

让员工永远处于竞争状态是海尔集团成功的一个重要法宝。海尔提出“变相马为赛马”的理念，即在海尔集团，所有的岗位都是赛场，所有的员工都可以参赛，人人都可能因为竞争胜出而获得升职，不分年龄大小、身份贵贱、资历长短，只要有技能、有热情，在海尔都能找到属于自己的赛场。海尔集团经常会根据员工的“赛马”业绩，选拔、吸收和提拔干部。在人才的任免考核方面，公司注重公平、公正、公开，不搞“暗箱操作”，这极大地激发了员工的参与热情。

海尔集团的竞赛规则包括：一是公平竞争，任人唯贤；二是职适其能，人尽其才；三是合理流动，动态管理。海尔集团按照“破格提拔”与“阶梯晋升”相结合的原则进行提升。即只要员工工作绩效突出，又具备相应的素质能力，可以胜任较高职位要求，那么员工个人就可以按照规定的步骤得到升迁和提升。而且员工的申报手续很简单，只需要进入公司的人才库就可以竞争上岗了，在聘任之后也享有相应的待遇。

海尔集团还为这个赛马规则制定了细致科学的工作绩效考核制度，最初体现在海尔集团内部实行的“三工转换制度”。这个制度是将企业员工分为：试用员工、合格员工、优秀员工，三种员工实行相互转化。努力的，可以从试用员工转为合格员工甚至优秀员工，即“三工上转”；不努力的，则会由优秀员工转为合格员工或者试用员工，即“三工下转”。也就是说，如果在考核期间不能按要求完成生产任务或者有较为严重的违纪行为，则进行“三工下转”；情节严重者将退到劳务市场甚至被企业所淘汰。

这样所有员工在升职、降级、获胜、淘汰的动态竞争中良性发展，每次考评之后都会按一定比例重新确定试用员工。每个员工都会有危机感，他们都明白自己面前是一个赛场，优胜劣汰是铁一般的规律。“谁砸企业的牌子，企业就砸谁的饭碗。”“今天如果工作不努力，明天就要努力找工作。”这些理念深植在海尔人的心中。

同时，海尔集团在其“赛马”机制的基础上又提出了“斜坡球体人力发展论”。海尔集团认为，每个人都好似在斜坡上上移的球体，市场竞争越是激烈，企业规模做得越大，这个斜坡的角度也就越大。员工的惰性是人才发展的强大阻力，只有提高自身素质，克服惰性不断地向目标前进才能发展自己，否则，就只有滑落或者被淘汰。这样，所有的员工都一直处于竞争状态。

因此，海尔人只有创业，而没有守业；谁守业不思进取，谁就会被严酷的竞争淘汰出去。海尔集团的赛马机制实际上是一个发现人才和培养人才的动态循环过程，即一个实践、认识、再实践、再认识的过程。

竞争意识是产生高效率的根源。一潭死水不可能激起浪花。心理学家曾经做过一个实验，证明竞争可以让一个人增加 50% 以上的创造力。试想，如果员工没有竞争的意识，大家都数十年如一日地坐在那里安于现状，怎么能有所进步呢？要想提高工作效率，一定要唤醒员工的竞争意识，并使他们永远处于竞争状态，使他们在“比、学、赶、超”的过程中自愿为目标奔跑。这样，你只需要做些辅助性的工作，就可以更好地激励员工，让他们为你们共同的事业一路狂奔。

作为管理者，要善于利用竞争对员工的激励作用，比如给他们设立一个竞争对象，让员工能够清楚地知道竞争对象的存在。这样的话，员工们就会在工作中你追我赶，不断取得进步。

| 利用员工不服输的心理，让员工之间主动展开竞争 |

人人都有争强好胜的心理。如果管理者在企业内部建立一种良性的竞争机制，不仅能充分调动员工的积极性、主动性和创造性。而且，还能全面提高企业内部的活力。简单来说，如果员工处于强烈的竞争状态中，他们就会干劲儿十足。无论是自然界还是职场，都有“物竞天择，适者生存”的自然法则。如果员工之间没有竞争，他们可能只会安于现状、按部就班地工作，更不会没事找事做。因此，管理者需要给员工人为设置一些竞争对手，这样员工之间就会主动展开竞争，不断地挑战自己。例如，倡导“劳动竞赛”，让员工之间主动展开竞争，就是提升运作效率，加强竞争激励的好方法。这种竞争可以让员工更加上进，主动展开竞争，企业效益自然而然就会增加。企业管理者要充分利用员工的这种竞争意识，有目的地为他们主动设立一个竞争目标，让他们不断激发潜能，以便为企业作出更大的贡献。在具体实施时，可以参考以下做法：

1. 向特殊员工暗示竞争对手的存在

如果某位员工身份特殊，工作不积极，却又不好直接给其设立竞争对手，管理者不妨用言语暗示员工，给他制定出一个竞争目标，从而激发该员工努力工作。例如，只要告诉他“你和某某两个人，晋升是指日可待的”，就等于暗示了他竞争对手的存在：如果他不努力，他有可能获得的位置，就会被别人占据。

2. 做好岗位“备份”，让员工时刻感到竞争的压力

给每个员工以公平竞争的机会，每个岗位都要有一个或多个备份，不能一个岗位只有一个人能做。让员工时刻感受到竞争的压力，要想比竞争对手做得好，就要更加努力工作。

3. 引入外来竞争对手

如果员工不思进取，而该部门又效益不错，就果断地招聘新员工，为其设立竞争对手。如果员工在有新的竞争对手后依然不思进取，留之无益，不如辞退。

4. 为需要激励的员工设立一个竞争对手

当员工不能找到竞争对手的时候，管理者就像树立榜样一样树立出一个更明确的竞争对手，这样员工会因为目标的突然出现而更具竞争力。

5. 慎用裁员策略让员工主动展开竞争

对于经营状况不理想而员工相对过剩的部门，不妨向他们挑明公司裁员的打算，让他们主动展开竞争。在使用这一策略时，管理者需要根据公司实际情况谨慎为之，不可草率行事。

竞争意识其实是人们渴望认同、追求卓越的心理体现。古语云“生于忧患死于安乐”，管理者要想让员工保持积极的工作状态，可以从倡导“劳动竞赛”，让员工之间主动展开竞争。物竞天择，提倡竞争不但可以使员工努力向上，也可以从中发现很多优秀员工，这样两全其美的事情，何乐而不为呢？

| 在一定条件下，用“末位淘汰制”促进竞争 |

伴随着市场机制的日益完善，一些企事业单位机构臃肿、冗员问题日益突出。在此情形下，迫切需要寻求尽快解决问题的良方，“末位淘汰制”就被推广开来。“末位淘汰”是对某一范围内的工作实行位次管理。规定在一定期限内，按一定的标准对该范围内的全部工作人员进行考核并据此排出位次，将位次列在前面的大多数予以肯定和留任，而将位次居于末位的一个或是几个予以否定和降免职。简单地说，“末位淘汰”是将居于末位的工作人员予以“淘汰”。

“末位淘汰制”是被企业采用最多的优化人员结构的方式。越来越多的企业随着规模的扩大，管理层次的增多，普遍存在员工人浮于事的现象。

福建大福加工是为耐克等名牌运动鞋提供外包服务的企业，主要为这些企业提供鞋底半产品加工。但是，压制鞋底是一项技术活，稍有不慎，就会出现不合格产品，这样，不仅浪费原材料，更影响生产效率。在初期，公司规定，次品不能超过1%，但是很少有员工做得到。后来，生产部做了一个规定：一个月累计次品最多的工人停工学习，这样的工人没有绩效工资。在规定出台后的第一个月，次品率一下子就下来了，半年后，大部分人都有百分百的合格率。

由此可见，通过末位淘汰制这种强势管理，能够给员工以压力，建立严格的员工竞争机制，有利于调动员工的工作积极性，使企业更富有朝气和活力。“末位淘汰制”作为一种竞争激励的手段，在适当的条件和环境下有其积极作用。

①可以促使人们竞争、向上。实行“末位淘汰”，凡末位者就要遭淘

汰。在这种压力下，人们为了免遭淘汰，继续得到原有的工作岗位，从事原有的工作，得到原有的待遇，就会加倍努力。

②人人都加倍努力，就会多做工作，做好工作，多创业绩，创造佳绩。通过有力的竞争使整个单位处于一种积极向上的状态，进而提高了工作效率和部门效益。

③可以直接地、单纯地优化工作人员队伍。淘汰末位者不是孤立的，而是同时保留比被淘汰者合适的、努力的人员，又让出位置给新的比被淘汰者合适的、努力的人员。因此，“末位淘汰制”可以使企业精简机构、有效分流，避免产生人浮于事的现象。

但是，如果我们简单地认为“末位淘汰”的标准是“末位”，那么这一标准与上岗人员的岗位标准有着很大的不同。所以，如果“末位淘汰”只是机械地淘汰最后一个或者几个员工，就会出现以下后果：末位者有胜任、合格者被淘汰。这使得员工没有安全感，引发一系列负面效应，甚至导致企业和社会不稳定。

事实上，虽然“末位淘汰”使得企业充满活力，保证企业可持续发展，但是“末位淘汰制”是一把“双刃剑”，我们需要冷静地看待这一管理方法，“末位淘汰制”并不适用于所有企业，它有一定的适用范围。在管理实践中要灵活运用，才能取得预期的效果。因此在考虑该制度时，要深入考虑如下几个因素：

①在原则上，“末位淘汰制”对参与排序的员工规模是有要求的。在一个组织中实施“末位淘汰制”是假设企业员工的素质和表现符合统计学中的所谓正态分布：大多数人表现中等，表现很好和表现不好的人都是少数。这种分布在统计对象数量巨大的时候是成立的，但对有些部门来说，员工的数量不会很多，员工的表现不太可能符合正态分布，可能大多数表现很好，或者相反。

②“末位淘汰制”对岗位特点是有要求的，不同的岗位要求是不同的。在人员配备、岗位配置、机构设置已经非常合理的企业，当我们淘汰一批人以后，还要从外部人才市场或者企业内部人才市场招聘到同等数量的员工。通常，我们很难保证新招进来的人更合适，再加上招聘成本，这种“换血”大多数是得不偿失的。比如，研发部门的员工都要经过公司较长时间培养才能开始为公司作贡献。在公司外这种人才很少，不太可能像一些低技能要求

的岗位，如生产线上的操作工那样很容易找到，因此，“末位淘汰制”更适合一些低技能要求的岗位。

③“末位淘汰制”仅适用于一定阶段的人力资源现状，也就是说，这种方法适应于某个特殊的员工群体，比如企业创业之初，管理上比较混乱的时期。那些对员工素质要求不高的企业实行“末位淘汰制”未尝不可，这种办法可以激励员工，从而提高工作效率。

“末位淘汰制”不适合以下的情况：

①没有设定一套非常科学而合理的考核评价体系。如果问任何一个管理者：企业采取“末位淘汰制”到底要淘汰谁？可能大多数管理者都会给出这样一个答案：要淘汰那些不符合公司要求的人。但是，如果再继续追问：公司对员工的要求标准到底是什么呢？很多管理者不一定能够回答得出来。如果管理者不能够对员工的工作提出明确的标准和要求，那么“末位淘汰制”则必然失败，即使勉强执行下去，也会出现该淘汰的没有淘汰掉，不该淘汰的却被清理出了企业的情况。

②本企业在同行业中所处的地位和水平较高。如果本企业人浮于事、人员过剩，管理没有形成健康有序的机制，那么实施“末位淘汰制”是适合的；而一个实施现代企业管理制度的企业，人员精干、素质较高、机构简单、具有活力和创造力，硬性地推行“末位淘汰制”，被淘汰的员工有可能比同类其他企业优秀的员工相比还具有一定的竞争性，因此造成的职位空缺无法迅速地从人才市场得到补充，从而造成企业的损失，这种企业就不适合使用“末位淘汰制”。

③目标定得太高。首先，目标要明确，且这个目标应该是员工通过努力可以达到的。如果定的目标过高，当员工感到没有实现的可能时，自然会产生消极情绪，甚至可能做出对企业不利的事情。其次，目标应该是可行的和可衡量的。在目标已定的情况下，企业管理者一定要经常帮助员工实现目标，如提供相应的资源、条件、机会和培训等。否则，最后如果由于员工自身原因无法完成工作，员工就会萌生退意。

适当加入"鲇鱼式"人物，以制造危机感

从心理学上讲，我们都希望自己能够出人头地，这是一种潜在的心理状态，只是强弱因人而异。即便是某个人的竞争心很弱，但其内心深处仍然会潜藏着一份竞争意识。当出现一些特定的竞争对象时，内心深处的超越意识就会变得更加鲜明。因此，管理者需要利用员工的这种心理状态，给他们人为设立一些竞争的对象，这样，当员工知道存在竞争对象时，就会激发出他们的工作热情，大大提高工作效率。

管理学中有一个重要的理论，就是鲶鱼效应。什么是鲶鱼效应呢，我们来看看下面的故事。沙丁鱼是一种人们非常喜欢食用的鱼类，价格也很昂贵。因此，很多渔民经常在深海区捕捉大量的沙丁鱼。但运输却是一个难题，因为沙丁鱼很容易因缺氧而死亡，死沙丁鱼价格要便宜很多。为此，渔民们想尽了各种办法，但依旧无法解决这个问题。一次偶然的机会，有人无意在沙丁鱼的水槽中放入了几条沙丁鱼的天敌——鲇鱼。结果却出乎意料，除了被鲇鱼吃掉的几条沙丁鱼之外，其余的全都活了下来。这是因为在鲇鱼的不断威胁下，沙丁鱼会拼命游动，这样水中的氧气就增加了，沙丁鱼最终也就活了下来。这就是著名的"鲇鱼效应"。

从这个故事可以得知，有威胁者的加入，生命才会充满活跃与生机。这与用人是一样的道理，如果员工在一个相对稳定的环境生存久了，其主观能动性就会缺乏活力，这样极易产生厌倦感或者惰性。让员工保持一定的危机感，能够激发他们原有的潜力。优秀的员工通常能够在某些压力下工作得很好。如果公司尚不存在这种压力，就应该从外界把"鲶鱼"引进来，制造一种积极的紧张气氛，使其更具活力。这样公司就会随着"竞争"的加入而变得生机勃勃。

本田公司曾陷入发展困境，公司的总裁本田宗一郎经过充分调研后发现，公司的员工大致可以分为三种：不可缺少的干才；以公司为家的勤劳人才；终日东游西荡、拖企业后腿的蠢才。本田公司最缺乏前两种人才，最多

的是最后一种人。那么，该如何对待最后一种人呢？本田也知道，若将终日东游西荡的人员完全辞退是不可能的，一方面，工会不会同意；另一方面，企业因为生产力下降而蒙受损失。因为这些人虽然对工作不是十分用心，但也能完成工作，只是与公司的要求有些差距，全部淘汰，显然是不可能的。在深思熟虑之后，本田找来了自己的得力助手、副总裁宫泽，向他道出了自己的想法，并让宫泽帮助他拿个主意。

宫泽给本田举了一个挪威人捕捞沙丁鱼的例子，其中“鲇鱼效应”的道理立刻让本田茅塞顿开。本田连声称赞这是个好办法。宫泽最后对他说：“其实我们的员工也一样，如果我们的员工处于长期固定不变的工作模式和激励机制中，就会缺乏新鲜感和活力，惰性自然就会形成，竞争力就没有了。这时，我们就要让他们有压力，在公司里注入竞争气氛，员工才会有紧迫感，才能激发进取心，企业才有活力。”

本田立即决定去找一些外来的“鲇鱼”加入公司的员工队伍，制造紧张气氛，发挥“鲇鱼效应”。他看到销售部经理的观念与公司的精神相距太远，而且他的陈旧思想已经严重影响了销售部的员工。经过周密的计划和努力，本田把松和公司销售部副经理，年仅35岁的武太郎挖了过来。这条“鲇鱼”的到来，打破了销售部的沉闷气氛，也给全公司注入了几分活力。

武太郎来到本田任职之后，对原有市场进行分类研究，制定了本田公司的营销法则，向员工发放了开拓新市场的详细计划和明确的奖惩办法，并把销售部的组织结构进行了调整，使其符合现代市场的要求。上任一段时间后，武太郎凭着自己丰富的市场营销经验和过人的学识，以及惊人的毅力和工作热情，得到了销售部全体员工的好评。员工的工作热情被极大地调动起来，活力大为增强，公司的销售出现了转机，月销售额直线上升，公司在欧美及亚洲市场的知名度不断提高。

本田对武太郎上任以来的工作非常满意，这不仅在于他的工作表现，而且销售部作为企业的龙头部门带动了其他部门经理人员的工作热情和活力。本田深为自己有效地利用“鲇鱼效应”的作用而得意。

从此，本田公司每年重点从外部“中途聘用”一些精干利落、思维敏捷的30岁左右的主力军，有时甚至聘请常务董事一级的“大鲇鱼”，这样一来，公司上下的“沙丁鱼”都有了触电似的感觉。可见，“鲇鱼式”人物的加盟，会使团队内部形成竞争向上的气氛，原来平静、沉闷的组织，充满了生机和活力。

这种“鲇鱼效应”对团队其他成员的刺激可以说是非常奏效的，如果你也想通过这种办法激活自己的团队，就先要认识一下“鲇鱼”的特点，然后才能选对人，并取得预想的效果。

当然，“鲇鱼效应”的应用并不是无条件的，引进的“鲇鱼”也不是越多越好。

如果不能将“鲇鱼效应”放在整个人力资源开发之中全盘考虑，就会适得其反，酿成“鲇鱼负效应”。举例来说，当公司团队的整体状态非常好，战斗力也很强大时，管理者却引入了“鲇鱼”，就会大大挫伤老员工的积极性，并弱化他们的集体感。此时，老员工会认为管理者是存心与他们过不去，或者是根本不信任他们。因此，老员工就会出现消极的工作态度，甚至会与管理者对着干。因此，发挥“鲇鱼效应”的关键是准确地判断是否内部部门员工安分守己，不思进取。如果恰恰相反，你所在部门的员工中有一个或几个生龙活虎、锐意进取，本身就有一个良好的“鲇鱼效应”，这时你仍然我行我素地坚持引进“鲇鱼”，就可能发生“能人扎堆”，内部起哄，人力资源管理效率低下的情形。

当一个公司出现职位空缺时，企业可以优先考虑公司内部的“鲇鱼”式员工。公司应为每个员工建立一个发展计划，在适当的时机给优秀员工提供发展空间和机会；同时可树立榜样作用，让员工知道公司关心他们个人的成长和发展，有利于营造良好的企业文化；再者可以节省公司的人力资源成本，避免出现比拼高价收购人才的现象。

日本的管理学大师松下幸之助认为，激励员工的最好机制是在企业中形成一个追求高绩效的环境，大力发扬员工的敬业精神，让那些不劳而获者根本没有容身之地。因此，在企业内部崇尚高绩效的环境中，来自同级员工之间的竞争压力，要比来自上级下达的命令更能促进他们工作的积极性与主动性。所以说，管理者可在团队内部引入分组竞争的机制。比如，可以把公司的业务部门分成几个小组，分阶段公布他们的业绩并进行排名，然后定期总结，表彰一些先进的员工，鼓励那些落后的员工。在日本松下公司，管理者要求每个季度都必须召开一次由各个部门经理参加的研讨会，以便于了解在这个季度彼此之间的经营成果。但在开会之前，管理者会按照所有部门完成任务的情况，从高至低分别划分为 A、B、C、D 四个级别。而且在研讨会上，管理者要求本季度业绩最好的部门，也就是A级部门首先为大家发言，然后再按照B、C、D的级别顺序来依次发言。松下公司的这种做法，是充分利用人们普遍存在的争强好胜的心理，来积极提升自己的业绩，因为谁都不想排在最后。松下公司的这种做法正是良性竞争的体现，管理者应该多加学习和运用，但要注意的是，管理者在给员工分组时需要讲究一定的技巧，绝对不应把所有优秀的员工放到一起，组成“强强联合”，也不应把所有差的员工放在一起，这样会产生管理者故意排挤员工的嫌疑。

另外，如果引入过度的竞争，还可能造成团队员工的集团恐慌，导致员工的心理压力增大，反而更不利于员工工作效率的提高。同时，过度竞争还会让员工彼此之间的感情恶化，从而导致更难以共事。因此，在员工之间展开竞争时，管理者一定要在公平、公正的情况下，对他们进行适当的引导，并尽力维护员工之间的关系。

让更具可比性和说服力的数据自己说话

数据是最具有可比性和说服力的。也就是说，员工工作中的数据可以激发其争强好胜的竞争心理，是一种非常好的零成本激励方式。因此，管理者可以采用数据的方式来显示员工的成绩和贡献，以便既激励上进者，又鞭策后进者。美国最大的航空公司，也就是美国西南航空公司，在其内部杂志经常刊登《我们的排名如何》等文章，这让西南航空的员工能够清楚地了解他们的表现如何。员工可以看到公司每个月的例行报告和统计数字等相关信息，如准时率、行李处置、旅客投诉案等具体指标。还会把本月与前一个月的评估结果进行比较，并得出西南航空公司的整体表现，以及在业界的排名情况。美国西南航空的员工对这些数据信心十足，因为他们非常清楚公司的排名与他们的工作表现是密切相关的。所以，当同行排名一旦高于西南航空公司时，西南航空公司的员工就会立刻得到这个信息，于是他们就会加倍努力工作，以期迅速赶上对方。由此可见，数据能够很好地激励员工积极性，那么使用数据来激励员工，有哪些具体的实施方法呢？

1. 量化考核指标

所谓量化考核指标是指管理者把对员工各种考核的指标进行数字量化，并将指标以文件或制度的形式明确，以形成具体的考核标准，更形象地对员工各项工作进行描述。

2. 用数据来考核员工

在对员工进行考核或评比时，要尽量使用数据化的方式来衡量员工的工作成绩或取得进步的情况，千万不能只凭借管理者的主观感觉或印象。

3. 对能够定量考核的各种指标，定期公布其考核结果

管理者可以专门开辟出一处空间或场地，来张贴员工的数据榜单。以销售部门为例，可以用数字的形式来张贴公布每一位员工在某一阶段内的业绩完成状况。这样就可以让他们明确自己的差距，以迎头赶上。简单地说，数据激励就是管理者采用“数字上墙”的方式，把员工的工作行为以及业绩以数字对比的方式体现出来，以激发员工积极进取的斗志。

所谓“业绩论英雄”，就是用“数字上墙”的方式，把员工的行为结果用数字对比的形式反映出来，以激励上进，鞭策后进。

其实这种方法在很多领域都有应用。比如说，以前上学的时候，老师总是会把同学的成绩写出来或者贴出来放在班里；还有学生在住宿舍的时候，宿管人员总是会将每个宿舍的卫生打分，然后贴出来。这就是所谓的“业绩论英雄”“数字上墙”，其中都有激励的成分。

查理·齐瓦勃是美国著名的伯利恒钢铁公司的董事长。公司旗下有一个工厂，工厂的工人总是完不成定额，为此齐瓦勃来到该厂的厂长办公室，问厂长：“事情怎么会这样呢？那个目标并非不可完成啊？”

“我也不知道这是怎么回事啊，”厂长为难地说，“我向那些人说尽好话，又发誓、又赌咒的，但就是不管用。我甚至用裁员威胁我的员工，可是依然不起效果。”

“请你领我到厂里去看看吧。”齐瓦勃说。当他们来到工人作业的地方时，正是替班的时候，也就是白班和夜班工人换岗。齐瓦勃就问一个白班工人：“你们今天一共炼了几炉钢？”

“一共6炉。”工人回答。齐瓦勃默默拿起一支粉笔，在一块黑板上写了一个大大的“6”，然后就走了。夜班工人上班了，当他们看到黑板上出现了一个“6”字时，都十分好奇，忙问白班工人那是什么意思。那位白班工人说：“董事长今天来了，他问我们今天一共炼了几炉钢，我们说6炉，他就在黑板上把这个数字记下来了。”

第二天一大早，齐瓦勃又来到工厂。他看了看黑板，见夜班工人把“6”换成了“7”，就微笑着离开了。白班工人来上班时，都看到了那个“7”。一位白班工人激动地大叫道：“这简直就是说我们干得不如夜班的那些人好！我们一起来做，看看谁做得更强！”白班工人都大声附和。

就这样，白班工人为了向夜班工人显示自己的能力，都加紧工作；当他们晚上交班时，黑板上出现了一个巨大的“10”字。于是，两班工人互相挑战，展开了激烈的竞争，很快这家产量落后的工厂，变成了效益最好的工厂。

齐瓦勃仅仅用了一个小小的“6”字，就改变了工厂的面貌，解决了打骂甚至开除威胁都解决不了的问题。齐瓦勃的高明之处，就在于他唤醒了工人们的竞争意识，这样的竞争意识让两班工人互相竞争，从而提高了他们的士气，也提高了公司效益。

业绩论英雄，数据更具可比性和说服力。数据能够激发员工争强好胜的竞争心理，是一种很好的零成本激励方式。企业在实施数据激励时，可遵循这个方法。

总之，业绩论英雄，数据是竞争激励的最直接方法之一。员工激励工作就是这样，一个员工的能力是一方面，但是用这种能力发挥又是一方面，而数据就是直接告诉了他们，谁的业绩更好，谁能发挥才能，这样一来，业绩不好的人就会产生竞争意识，追赶业绩好的员工，激励效果也就产生了。

对企业管理人员，要动态流动

管理人员对于一个企业来说是非常重要的，因此，要对其实行任期考评制，然后让能者上，庸者下，这样才能让人才流动起来，这一理念不应只停留在文件中、口号里，而应落实到竞争激励的实践中。实行动态流动的好处有三点：

①体现动态管理理念，有利于提高管理者的上进心和责任心。

②使没有发挥出应有水平的管理者得到自然淘汰，以避免企业人员冗杂。

③有利于有能力的管理者脱颖而出。

另外，这样的制度还会让管理体系时常换血，以免管理成员慢慢陈旧和腐朽，并最大限度地避免了管理权长期落在无能者手中。

国内某大型集团对竞聘上岗的中层经营管理者，实行三年任期制。三年任期届满后，他们就会对每一层的管理者进行一次考评，在对各公司特别是对子公司经营管理者的考评中，坚持以市场为导向，考评的内容有：

①以科研投入占销售收入的比例、每年新产品销售收入占销售总额的比例等，来评判其成长性。

②以市场占有率、利润率、资产增值率等来评判其经营效果，断定其任期贡献。

③以优质品率来评判其产品及工作质量。

④以人员淘汰率等来评判企业内部的管理活力。

⑤以员工结构比例来评判其员工队伍素质。

⑥以员工收入拉开档次的比率等来评判员工是否充分发挥了工作积极性。

当这些管理者任期届满后，现任经营管理者的职务即自行解聘，进入下一轮任期时按招标竞聘制重新招标。张榜公布集团所有单位和部门的标的，所有员工均于同等条件下竞标。原任经营管理者如果不重新参加竞聘，就视为自动下岗。考虑到工作的连续性和经营管理的成熟有一定过程等因素，对任期届满的经营管理者竞聘原岗位，在学历和年龄上不作限制。被聘用的经营管理者在任期内享受相应职务的待遇，而一旦遭到解聘，就不再保留原有级别和待遇。

年度考评制和任期制都是竞争激励的具体形式，企业可以根据自身实际情况进行设计。

（1）年度考评制

企业对中层管理人员实行一年一次年度考评时，考评内容可根据企业自身情况设定各种项目，按百分制考核，各项给出具体分值。考评时由综合管理部门、质量部门、监督部门、上级领导和本部门员工分别给每一个受考评对象打分，其分值要合理，比如，上级领导和本部门员工考评的平均分占总分的60%，综合管理部门、质量部门各占15%，监督部门占10%。

（2）任期制

任期制的制度就是对岗位实行按期轮换制度，到时自动解聘，该解聘人员可以同等条件继续参加竞聘，否则视为自动弃权下岗，岗位变动后相应待遇随之变化。

这个制度的好处就是避免掌权者长期掌权，而一旦有了问题又无法将其撤下的局面。

总之，企业一定要让管理者流动起来，有能力就上台，没能力就下来，只有这样，竞争激励才能发挥应有的效果，人才也才能更好地发挥他们的作用，最终让公司内部产生良性竞争、人人争先的喜人局面。

聘用高效新员工，增加企业活力

任何一家企业，如果长期固定使用一批员工，就缺乏新鲜感和活力，容易产生惰性、厌倦的情绪，因此有必要让一些新员工加入，替换掉那些迟迟不能走上正轨的员工。适时招募新员工，能给企业引入外来竞争激励，这样，员工就不会变得没有追求、得过且过，企业自然就会充满勃勃生机。人才的引进，一方面可以带来先进的管理经验和新奇的管理技巧；另一方面也威胁到原有员工的利益和地位，调动了原有员工的工作积极性。

日本三泽公司从20世纪80年代中期开始便从松下、丰田等著名公司引进多名有力的员工，他们在松下、丰田的时候就有一定的能力，转到三泽，环境更宽松了，自然能力就更突出，别的员工自然而然地就感觉到了危机感，从而努力向上、力争上游。

在谈到公司的引入人才策略时，三泽公司的总经理说："一个公司刚开始时，新进的创业人才会使公司呈现出一种蓬勃的朝气，但时间一长，就会产生惰性，这是很自然的现象。如果能够在这个时候，适时地引进一些富有朝气和才气的新面孔，就能使原有的员工感受到一种挑战和压力，自然也会振奋精神，使一潭静水沸腾起来。”三泽公司把这种引入策略称为“中途聘用策略”。实际上，很多公司都是这样做的，他们每过一段时间，就会引进一些员工，他们的年龄一般为 25 ~ 35 岁。这些生力军的到来，使公司老员工们的工作积极性被大大激发了。

可见，企业要保持旺盛的斗志，就要及时增加生力军，不断更新人员。在引进外来竞争时，管理者需要注意以下几点：

（1）引进高级人才。有些管理人员总喜欢保持现状，殊不知，保持现状其实就是“止步不前”的代名词，这样的工作态度和工作风格，会让企业变得越来越陈旧腐朽，所以应该多多引进一些人才，让他们为公司增添活力。

（2）淘汰落后员工。企业不是福利院，对于那些该退休的老员工，企业留下他们，并且不能辞退他们，因为他们为企业付出了太多，管理者要做的是让他们退休，拿退休金；可是那些无用的员工，我们却没有任何义务和责任将他们留下来，他们是应该被辞退的那一部分人：滞后的员工只能给我们带来麻烦，辞退是必要的举措。

（3）将“铁饭碗”变成“泥饭碗”。企业中没有铁饭碗，你不努力，被人超越了，你就理所应当下台，这是管理者必须告知员工的。让员工的“铁饭碗”变成“泥饭碗”，他们才不会过于安逸、不思进取。

总之，适当的压力可以激发员工的活力。当新人进入之后，员工就会有一种紧张气氛，“这个人今天替掉了他，说不定明天就会替掉我”，在这样的心理驱使下，新员工就给每个员工都带来一定的竞争和压力，促使他们积极发挥自身潜能，增强他们的进取心。让新员工的到来激发老员工的工作积极性，这样公司才会有持续的活力，积极向上。

给员工“良性压力”，逼其进步

我们总是说“良性循环”“良性施压”“良性局面”，那么到底如何给员工施压，才能真正地造就一个良性局面？这是每个企业老板都想知道的，都想做到的。

在现代企业中，我们时常听到一些管理者对员工说："这件事我也不太清楚，但这是上面交代下来的，所以你就照做吧。"有更多的管理者虽然认为"这样的要求当然有点儿不合理"，但还是强迫员工要"努力地去完成今年的目标"，而且"就算是加班也要如期交货"。虽然自己认为不合理，可是依然要别人去做，这种压力当然是压力，可是管理者觉得强权压力别人会接受吗？即使当时接受了，但会长期接受吗？很多企业大部分的销售量，就是在这种上对下施压的情形下完成的，但这种做法却绝对无法提高员工士气。

如何解决这个问题？答案是管理者要合理地要求自己的员工，对他们施加适度的压力。给员工"良性压力"，逼其进步。

要了解所属员工的能力。以目前公司所属员工的素质、态度，还有他们的个性来评判其生产、处理其他业务的能力，这叫作"标准能力"，如果管理者稍微施加压力，他们能够达到什么标准，这叫作"加速能力"。管理人员必须了解"标准能力"，在此基础上，施压一定的压力，从而实现"加速能力"。

管理者应该经常向上级管理层报告所属员工的工作能力以及工作现状，这样一来，上级管理层才会知道自己的要求是否"无理"，才能够施加适度的压力。

对于不同的员工，应该使用不同的施压方法，但较为常见而有效的施压方法有以下两种：

（1）时间设限法。所谓时间设限法，就是为员工设置一个最后期限，很多人都有故意拖延的坏习惯，而如果设置一个底线，他们就会有更强的紧迫感。如果有一个人拖延时间，就会影响整个系统的工作。所以，管理人员在给员工布置工作的时候，最好能规定出完成期限，并且能提出如果超时完成将会承担的后果是什么，这样，员工就会在有限的时间内抓紧工作，把任务完成好。

（2）良性竞争法。竞争有不良竞争和良性竞争之说。不良竞争则会导致企业混乱，会有过多超出企业范畴的个人因素掺杂其中，这样企业就会分崩离析。所以，管理者一定要注意从行为方式上和制度上有效地遏制企业员工之间的不良竞争，促进企业员工之间的良性竞争。

在引导良性竞争时要防止恶性竞争，需要注意以下八个方面：

①要有一套合理的业绩评估机制。要多从实际业绩着眼评价员工的能

力，而不能根据其他员工的意见或者是管理者自己的好恶来评价员工的业绩。总之，评判的标准要尽量客观，少用主观标准。

②规则设定要注重凝聚团队精神，让大家明白竞争的目标是团队的发展，是团队一起进步，"内耗"不是竞争的目标。

③创造一个附有奖励的共同目标，让员工意识到，只有团结合作才能达到这个目标。

④对竞争的内容、形式进行改革，剔除能产生彼此对抗、直接影响对方利益的竞争项目。

⑤在组织内部创造出一套公开的沟通体系。要让大家多接触，多交流，有话摆在明处讲，有意见要当面提。

⑥在企业外部创造一个共同的威胁或"敌人"，如另一家同行业的公司，以此淡化、转移员工间的内部对抗情绪。

⑦不能鼓励员工搞告密、揭发等小动作。不能让员工相互之间进行监督，不能听信个别员工的一面之词。

⑧批评彼此暗算、不合作的行为，指出从现在开始，只有合作才能受到奖励；或者批评不正当竞争者，表扬正当竞争者；坚决惩罚那些为谋私利而不惜攻击同事、破坏组织正常工作的员工，清除那些"害群之马"。

总之，管理者是一个组织的核心和典范，他的所作所为对于组织内的风气形成起着至关重要的作用。没有压力就没有动力，而良性压力则是员工的最大动力，给员工"良性压力"，逼其进步，是激励中手段较为猛烈的方法，也是见效较快的方法，如果想快速鞭策员工，不妨在平时给他们多多制造"良性压力"，以激发员工的进取心。

第八章　荣誉激励

——自我实现的需要是人类最高层次的需要

荣辱之心，人皆有之，趋荣避辱，世之常情。纵观古今中外历史，人类都是十分重视荣誉的，以至把荣誉当成第二生命。激励作为评价行为、肯定成绩、给人荣辱的重要手段，对于人们荣辱观念的形成起着重要作用。正如荀况所讲：“荣辱者，赏罚之精华也。”

荣誉激励能满足人的终极心理需求

荣誉激励是通过满足人们的自尊需要而达到激励的目的。马斯洛认为人的自我实现的需要是人类最高层次的需要，所以，追求好的声誉就是一种终极的激励手段。经济学家从追求利益最大化的理性假设出发，认为经营者追求良好声誉是为了获得长期利益。美国著名教育家卡耐基享誉全球的名著《人性的弱点》，成为继《圣经》之后人类出版史上的第二大畅销书。他指出，为人处世基本技巧的第一条就是“不要过分批评、指责和抱怨”，第二条是“表现真诚的赞扬和欣赏”，就如赫本曾经讲过的一段话：“美丽的双眼是善于看到人的优点，魅力的双唇是说出亲切友善的语言。”

所以说，每个人都需要肯定，员工更是需要管理者的肯定，这种肯定也是一种对员工付出劳动的尊重。如果管理者能当着别人的面对其贡献公开表示肯定，这无疑是一种放大了很多倍的鼓励，这种鼓励让他们更开心、更自信。美国 IBM 公司设有“100% 俱乐部”，每当有员工超额完成销售任务时，就会被批准成为该俱乐部的成员，他们以及他们的家人将被邀请出席隆重的集会。参加商业巨擘的聚会，毫无疑问是一种身份和荣誉的象征，而 IBM 公司的员工努力工作，就是希望有一天能够获此殊荣。

有的时候，领导在其他员工面前对优秀员工的一句赞扬对员工来说都很重要，虽然无须成本，但是激励效果却相当显著。每个人的贡献都需要别人的肯定，每个人的贡献都需要别人的重视。

满足员工自尊需要，对其贡献公开表示肯定，这是荣誉激励的首要原则。但需要注意的是，除了当着大家的面鼓励员工之外，管理者还要对整个团队予以肯定，以培养大家的集体荣誉感和团队精神。荣誉，是众人或组织对个体或群体的崇高评价，是满足人们自尊需要，激发人们奋力进取的重要手段。荣辱之心，人皆有之，趋荣避辱，世之常情。纵观古今中外历史，人类都是十分重视荣誉的，以至把荣誉当成第二生命。荣誉是贡献的象征，当员工获得某种荣誉时，就能明显增强他们的自信心，使他们对企业更加充满热情，同时体会到自我的价值所在。因此，满足员工的荣誉感，可以使他们迸发出强大的能量。

| 给员工至高无上的荣誉是对员工最大的赞美 |

每个管理者都知道员工需要激励，但是怎样激励员工却是有艺术性的。聪明的管理者都知道，要用意想不到的荣誉、至高无上的荣耀来打动他们的心。这种精神奖励能最大限度唤醒员工内部的自豪感，激励他们再接再厉，奋勇拼搏。

曾国藩是晚清重臣，在他初练湘军的时候，一举从太平天国手中夺回了武昌、岳州和汉阳，这是他建军以来取得的第一次大胜利。

为了激励士兵，曾国藩决定为自己的属下邀功请赏，于是上书朝廷，朝廷明白曾国藩的用意，答应犒赏士兵。但是，曾国藩觉得这样还远远不够，再三考虑之后，他决定给那些最勇敢的士兵配备一样值得炫耀的东西，这些士兵有了值得炫耀的东西，会在作战时更加勇敢。而其他的士兵肯定也希望得到这样的奖赏，这样一来，将士们就会奋勇杀敌，同仇敌忾。

到底给士兵们配备什么样的东西，才会让他们引以为豪呢？曾国藩思来想去，最终决定以个人名义赠送有功的将士一把腰刀，这不仅鼓励了湘军的尚武精神，还充分表达了自己与对方的特殊感情。于是他派人日夜赶工，锻造了 50 把非常精美的腰刀。

腰刀铸好之后，曾国藩召集湘军中哨长以上的将士在湖北巡抚衙门内的空地上听令。这些将士都穿着刚刚被赐予的盔甲等候在那里，不知道曾国藩要发布什么命令。

等了许久，曾国藩终于迈着稳健的步伐从厅堂里走出来。他头戴装饰有花珊瑚的红顶帽，脚登粉底黑缎朝靴，身穿石青四爪九蟒袍，腰间还束一根金方玉版中嵌红宝石腰带，看起来显得格外庄重。

众将士见曾国藩穿得如此高贵，更是摸不着头脑。这时，曾国藩开口说话了，他说："诸位将士辛苦了，近日，大家屡战屡胜，你们的英勇奋战我都看在眼里了，皇帝也封赏了大家。今天召集这次大会，没什么重要的事情，众将士不要担心，本将军是要以我个人名义来为有功的将士颁发一件礼物。"

这时候，湘军将士才知道自己的最高统帅要为他们颁发礼物，那么到底是什么礼物呢？大家都在暗自思忖，但是谁也不敢表现得太过于明显。

就在这时，只听曾国藩大喊一声："抬上来。"两个士兵抬着一个木箱上来，几百双眼睛同时盯住了那个木箱，士兵把木箱打开后，就走到了一边，将士们这才看清楚箱子里装着的是精致美观的腰刀。

曾国藩拿起其中的一把，抽出后，只见刀面正中端正地刻着"殄灭丑类，尽忠王事"八个字，旁边写着"涤生（曾国藩的字）曾国藩赠"。曾国藩说："这就是我为大家准备的礼物，今天我要为有功的将士赠送腰刀。"接着亲自将腰刀一一送给功勋卓著的将士。

众将士的心中顿时涌动起不同的感慨，有的为得到腰刀而欣喜，有的在嫉妒那些得到腰刀的人，有的为腰刀的精致而赞叹，然而更多的士兵则在告诉自己，在以后的战斗中一定要奋勇杀敌，争取也得到这样一把腰刀。

在古代，这样的案例还有很多，比如萧何是刘邦的重臣，刘邦即位后，给萧何一种史无前例的厚待，他可以剑履上殿，入朝不趋。当然，现代社会中也有许多这样的事。很多管理者都会给自己的下属配车，配手机。毫无悬念，这都是为了给下属足够的面子，让他们有炫耀的资本，从而达到激励员工努力工作的目的。

一天，某公司举办了一个别出心裁的员工表彰大会，获奖者并不是本企业的员工，而是企业的优秀员工家属，奖品是一次幸福家庭港澳豪华游外带奖金，总价值超过2万元。这些家属都是为了支持丈夫的工作，承担照顾整个家庭重任的人，她们中有的为了照顾老人和孩子辞去了自己的工作，有的跟丈夫长期分居从无怨言，有的为了支持丈夫的工作离开大城市把家搬到了公司所在地。这次表彰大会，让这些家属们很意外也很感动，觉得这是对自己付出的最大认可和回报，她们比以前更加支持丈夫的工作了。

给能干的员工以必要的精神奖励，会使他们感到极大的荣誉感和自豪感，管理者只有深谙此道，才能带领出一支高效的团队。

| 如果不能持续为员工提升地位，就不要吝啬头衔和名号 |

有很多员工，担任着非常重要的工作，比别人付出得多，比别人休息得少，比别人承担的责任重，企业对他们的鼓励往往是金钱，是物质，但是这些却不够，管理者还要给他们一些头衔，比如说“主管”“经理”这种头衔：一来有的员工身上的担子也确实有这么重；二来这对员工的荣誉感是极大的满足。工作中经常会发生互换名片的情况，如果对方给我们的名片上写着××总经理、××长、××经理、××主管，我们就会对他们高看一眼，这就是我们对头衔和名号的重视在起作用，这种头衔和名号也是一种荣誉的体现。

西汉时期，韩信攻下齐地，给刘邦写了一封信，要求立自己为齐王。当时的刘邦正遭到楚军的猛攻，被困城中，看完信后，当着使者的面大骂道：“我时刻盼他赶紧发兵救援，他倒不顾我的危急，竟还想在齐地称王！”

张良在旁边听了刘邦的话后，偷偷地踢了一下他的脚跟，悄声说：“如今汉军正处困境不利，怎么能禁止韩信称王？不如就做个顺水人情，让他立地为王，也好让他为我们固守一方土地。这样我们至少还能保有齐地，不然他难道不会自己割据齐国，叛变称王？”

经他一点拨，刘邦立刻醒悟过来，但自己怒骂韩信的话已被使者听去，无法再改口了，于是便顺着刚才的口吻，继续骂道：“大丈夫取功名于天下，显威望于诸侯，要做就做真王，哪需要做一个假王啊！”当下就传旨封了韩信做齐王，还特地写了书信。

韩信要求封王，无非是想得到个头衔而已，而这种心理员工何尝没有。公司的员工兢兢业业，每天勤勤恳恳，但是那些所谓的“经理”和“主管”往往都不是自己的，似乎所有的权力都集中在那些人身上，所有的头衔都是他们的，其他人永远是员工，员工当然不会开心。

不管员工的头衔是否货真价实，这不重要，重要的是头衔所产生的激励效果。我们都是当过少先队员的吧，不知道你还记不记得那些少先队小队长、中队长、大队长，至少在我的记忆中，这些人是没有什么实际权力的，但是同学们在看着一个一个“长”们走向领操台的时候满眼都是羡慕。为什么？因为头衔唤起了人们无上光荣的荣誉感。

在企业管理中，也是这个道理。善用头衔和名号，让员工顶着“光环”往前走，与其说某人是办公室的勤杂人员，不如给予“助理总务员”的称号；与其说某人是打字员，不如赋予“秘书”的头衔；对一个焊接工可以冠以“焊接技师”；与其把员工称为办事员，不如称他为“行政助理”；一个检验员不妨叫“负责检验的经理”等。想想看，一个响亮的头衔能给予员工人性和精神上的满足，而且不用多花一分钱，何乐而不为呢？

荣誉激励的具体措施可参考以下几点：

1. 评比的流程与标准要公开透明并有针对性

评比不要只是泛泛评出内容笼统、针对性不强、个性化较弱的称号，那样激励的效果甚微。奖项不怕多，但一定要实在，要有针对性。所以，在设奖项时，最好不要用“优秀员工”“优秀党员”“优秀干部”等词语，应该针对性强些，实在些，比如“最佳质量奖”“销售业绩第一名奖”“成本降低最佳奖”“最佳焊接手”，等等。这些奖项的设立要具有唯一性，不可滥用。

2. 要给予员工非业绩性竞争荣誉

社会心理学认为，“经常提起别人的长处，可以让他更优秀”。赞许是被实践证明了的、行之有效的激励方式。所以，多开展一些非业绩性奖励活动，丰富员工的生活，使他们获取多种非业绩性荣誉，可以使员工增加自我荣誉感，也是提升员工业绩的好方法。如果把活动跟公司的主营业务经营活动相结合就更好了，比如可以组织“顾客第一”主题征文大奖赛，“质量是制造出来的”辩论赛，“爱厂爱家”歌唱大赛等。

王先生在松下公司工作时，有一个人让他记忆深刻。那是一个做塑料模具的工人，由于是当地人，所以工作很不认真，下班早早地就溜走，上班的时候却找不到人，如果不是松下公司有不炒员工鱿鱼的规定，他可能早就被炒掉了。令人不可思议的是，一次元旦唱歌比赛彻底改变了这位工人。他非常善于唱歌，元旦比赛他得了一个“松下歌王”的称号，从此以后，他好像换了一个人，工作起来比原来认真了许多倍。这件事说明，称号是一种荣誉，人们往往为了维护荣誉而改变自己，努力工作。

3. 颁发内部证书或聘书

证书代表着一种认可，是一种荣誉。员工都比较注重荣誉，这是他们的需要之一，所以颁发证书或者聘书，也成为激励员工的一种有效方法。证书的种类和名称一般不受限制，关键是要让员工感受到一种认可和尊敬。比如可以在公司内部颁发职务聘任书、劳动竞技证书、×× 资格证书、×× 荣誉证书、文体优胜证书等。

4. 借助荣誉墙和企业年鉴来激励员工

辉煌的历史值得永久记忆，如果自己的辉煌历史受到了认可、宣传和被珍藏，那么他将受到很大的激励。借助公共场所里的荣誉墙和精美的企业年鉴等载体记载、宣传和珍藏员工的优秀事迹，将对员工产生很大的激励作用。例如，在大厅里建造荣誉墙，将优秀员工的照片与事迹贴在墙上；连续四个季度“墙上有名”者将永久张贴，直到离职；编写一本《企业年鉴》放在走廊里或会客厅陈列，让人可以阅读；年鉴列出优秀员工的工作和生活照片以及事迹介绍；将年鉴做成精装本发给其中被介绍的优秀员工珍藏。

总之，如果管理者不能持续为员工提升地位，不妨去给他们一个头衔，让员工顶着这些头衔，满足他们对荣誉的需求，员工就会更加喜欢为企业工作。

让员工感觉自己很重要

让员工感觉自己很重要，这是企业管理者在对员工实施荣誉激励时必须注意到的。普通员工也有自尊，也需要得到应有的尊重，我们说一个企业的成功，是全体员工的努力才能获得的。而要让每个员工都充分发挥自己的才能，就需要让公司所有的员工都重视自己，都把自己当作是公司中很重要的一员，从而让自己拥有激情和力量。

研究激励理论的学者认为，最有效的激励手段，就是让被激励者感觉到，自己做的工作非常有意义。对企业管理者来说，这种认同感是必须要给予员工的。当一个员工觉得自己在企业中很重要时，就会产生一种强烈的使命感。这种使命感来自于管理者对他们的重视。管理者要认同每一个员工，强调他们每一个人都是必不可少的，对于公司都是非常重要的。公司需要他们团结成一个人，他们的合力对公司起决定性作用。这样员工就会心往一处想，劲往一处使，让企业发展壮大。重视员工，给予他们"被认同感"，让他们感觉自己很重要，员工就会认为自己的努力是值得的。一旦员工接受了管理者的认同，并且为此而努力，他们就会义无反顾、勇往直前地应对企业面对的所有挑战。

员工有了"被认同感"，眼睛就不会仅仅盯着自身利益，这是因为员工不只是为了薪水而工作。管理者总是认为，员工就是唯利是图，多发薪水他们就会努力工作，而一旦管理者有了这样的思想，就会变得不尊重自己的员工。这就是一些管理者只对盈利感兴趣，而对其他事情漠不关心的原因。然而这些管理者终会发现，在没有被认同的环境下，员工也仅仅是盯着他发下的工资，而并没有任何更积极的想法。很难想象，一个只关注企业利润的经理，能真正尊重员工，能向员工灌输催人奋进的使命感；即使能，也注定这种使命感是短暂的。原因其实很简单，唯利是图的企业精神下，员工可不知道管理者什么时候就会拿他的利益开刀。

总之，企业里的每位员工都需要激励，哪怕是最普通的员工，也需要管理者发掘出他们的最大潜能。让每个员工都感觉自己很重要，有利于形成全体员工共同努力的局面，使企业不断发展壮大。让员工感觉自己很重要，是管理者赢得所有员工忠心的必要做法。员工需要认同感，而管理者也必须要付出认同。企业是一条大船，同舟共济才能乘风破浪，赋予员工认同感，让员工感觉到自己的重要性，他们才会更加努力，否则企业就是只有船长没有水手的船，只能顺流而下，漂到哪里是哪里。

以员工的名字命名企业成果

以某个人的名字来命名某项成果，在科学界已经成为惯例，这是公认的对科学家的最好的纪念，比如诺贝尔奖等。在社会历史事件中，这种做法也很多，我们经常看到用人名命名的地方或者道路，比如张自忠路、左权县等，就是以此纪念这些社会活动家、革命家为社会作出的贡献。

这种做法在企业界正在被推广开来，企业管理者为了纪念员工在某个方面作出的贡献，经常用员工的名字来命名某项事物。事实证明，这种方式的激励效果是不错的。

奥康公司为了进一步加强企业文化建设，激励员工献计献策、锐意创新，于 2001 年成立了“专利基金委员会”。基金由公司提供，每年拨专款 20 万元。《专利基金会章程》规定，员工在生产开发、市场营销、行政管理等方面提出良好建议或发明创新，一经采纳，此项建议或成果以该员工姓名进行命名，实行特殊的奥康专利管理。陈启焕是一名普通员工，他通过业余时间的钻研，自己买工具研发出了能固定后包的后跟包带，经实验后证明，的确能大大地改进工艺，为公司节约了不少成本。经专利委员会审核后，特召开公司员工干部大会给予表彰，由王振滔总裁亲自颁发“奥康专利奖证书”和 5000 元奖金。这种荣誉激励，大大地激发了员工的创造热情，使员工的革新和创造成果层出不穷。

在山东青岛，海尔公司的荣誉激励也很有特色。海尔公司在一开始宣传“人人是人才”的时候，员工反应不是很强烈，他们想：“我又没受过高等教育，当个小工人算什么人才？”后来，海尔公司采取了这样的措施：把一个普通工人发明的一项技术革新成果以这位工人的名字命名，并且由企业文化中心把这件事作为一个故事登在《海尔人》报上。消息在所有员工中传开之后，工人中很快就兴起了技术革新之风。对员工创造价值的认可，是对他们最好的激励，及时的激励能让员工觉得工作起来有盼头、有奔头，进而能让员工更加努力地工作，为公司创造更大的效益。

在海尔的奖励制度中有一项叫“命名工具”，即用工人的名字来命名他所改革的工具。这些被改良的新工具的发明者都是一线的普通工人，如工人李启明发明的焊枪被命名为“启明焊枪”，杨晓玲发明的扳手被命名为“晓玲扳手”。这一措施大大激发了普通员工在本岗位创新的激情，后来不断有新的命名工具出现，员工也都以此为豪！

这种荣誉激励是对员工符合组织目标期望的行为进行的奖励，目的是使这种积极向上的行为更多地出现，即更好地调动员工的积极性。

对优秀员工进行旅游奖励

旅游奖励，并非一般的员工旅游，而是由企业业主提供一定的经费，并委托专业旅游机构精心设计的“非比寻常”的旅游活动。奖励旅游的目的，是对完成企业目标的员工给予一个尽情享受、难以忘怀的旅游假期。用旅游这一形式作为对员工的荣誉激励，会进一步调动员工的积极性，增强企业的凝聚力。

奖励旅游的历史可以追溯到20世纪二三十年代的美国，如今，已有百分之五十的美国公司采用该方法来奖励员工。在英国商业组织给员工的资金中，有五分之二是以奖励旅游的方式支付给员工的。在法国和德国，一半以下的资金都是通过奖励旅游支付给员工。奖励旅游的种类包括商务会议旅游、海外教育训练等。对于中国企业来说，目前的奖励形式仍然以现金奖励为主。

20世纪七八十年代，中国略有实力的企业或者机关，都会在风景秀丽、山清水秀的地方寻觅一块合适的地皮，然后盖起楼房，成为自己员工的疗养院。与奖励旅游不同，疗养制度人人有份，是一种福利制度，并没有把企业文化融入其中，起不到激励作用。

与其他物质激励措施（如发奖金）相比，奖励旅游能够让员工的荣誉曝光。而如果是发奖金，可能直接打到员工的银行卡上就完了，员工也就不声不响地把钱给花了。对于个人来说，这种奖励形式所带来的荣誉感并不强烈；对于企业来说，这种奖励也无法发挥示范的作用。

而奖励旅游，能给员工带来更多精神层面上的东西，比如荣誉感、归宿感等。一些有实力的企业或者与国外交流多的企业已经在运用这一方式，一改往日死气沉沉的状态，让员工感到充满生机。

| 对后进员工也同样要进行荣誉激励 |

在企业中，经常会发生对不听教育的违纪员工进行惩罚的情况，这些员工受到处分后，有的感到在单位前途无望，从此一蹶不振、破罐破摔，这时不要放弃他们。管理行为学认为，对员工进行处罚的目的是促使员工改变其不符合组织规范和其他行为规范的行为，自觉地按组织规范或其他行为规范进行活动。而当这些员工已经认识到错误，并在实践中作了改正后，目的就已经达到，应该找准机会给予适时的荣誉激励，满足其自尊的需要，这样更能激发其上进的信心，收到良好的效果。因为加在他们身上的处分会转化为人际交往中的阻力，对行为改造起到负强化刺激，很可能出现“处分—改正—人际关系偏见—失望加绝望—破罐破摔—再处分”的恶性循环。要改变这种恶性循环，就要探讨建立一个“教育—处分—改正—激励加自尊—再教育”的良性循环，以此来调动后进员工的积极性。

某公司有员工 800 多名，年青员工就有 600 多名，受过行政处分的有 18 人。有的员工在受处分后悲观失望，再加上其他员工的冷落，从此就一蹶不振；有的则破罐破摔，越变越坏。鉴于这种情况，公司领导并没有不负责任地将他们推出门外。而是决定在教育引导策略中加入荣誉激励因素，满足他们自尊的需要，以利于他们能更快、更好地走上符合组织规范和其他行为规范的道路上来。在公司领导的不断关心鼓励下，有 8 名员工在以后的工作中，各自改正了自己身上的毛病，相比之前都有很大进步，在各自的工作岗位上做出了很多业绩。鉴于此，一天早上，某公司用大红喜报形式颁布了《关于对 8 名已改进错误的员工撤销“行政处分”的决定书》，其主要内容是，这 8 名员工犯了错误后，能知错就改，态度良好，改错及时，同时还能注意帮助身边的同事，特撤销行政处分，并给予表扬。这一举措对 8 名后进年青员工产生了极大的激励作用。并对其他那 10 个受过处分的员工产生了触动作用，他们也都以这些受表扬的员工为榜样，努力进取，不久也都撤销了“行政处分”。这些员工再接再厉，把聪明才智都放在了工作中，有的成了部门的技术骨干，有的被晋升为中层管理人员。这件事大大增强了员工对企业的归属感，调动了全体员工的工作积极性，给企业带来了活力。

因此，对后进员工的鼓励也能带动整个团队的进步，增加团队的融合力。

给员工特殊的荣誉

管理者在激励员工之前需要先树立起“以人为本”的用人观，将员工视为企业最宝贵的资源，尊重员工需求，关心员工的成长和发展，而不是把员工仅仅看作生产的“工兵”。在员工与员工、员工与企业主之间建立深厚的感情。

与员工共同庆祝成功，这是必须遵循的原则之一。如此一来，不仅利于属下今后更加出色地开展工作，而且通过相互激励，还可以进一步强化与员工同甘共苦的一体感，将成功的喜悦转化成新的动力。

在深圳，有这样一家有限公司，它企业文化的核心只有三个字：“人！人！人”这充分反映了它们以人为本的管理理念。为了奖励一线操作员工，公司规定每月由各部门经理投票选出优秀员工，这些员工在管理者、副管理者及部门经理的陪同下踏入五星级酒店用餐。

IBM 公司也会为销售业绩优秀的员工举行隆重的庆祝活动。当公司员工完成他的年度任务，他就被批准为该公司“100% 俱乐部”会员，他和他的家人被邀请参加隆重的聚会。为显示活动的重要性，不仅举办地点的选择十分讲究，而且公司高层自始至终参加，让员工感觉自己是全世界瞩目的焦点，心理需求得到高度满足。结果公司的员工都将获得“100% 俱乐部”会员资格作为第一目标，以获取那份光荣为目标。

自 2003 年以来，联想公司允许员工在每周二中午，可以利用午休的一个小时时间，在三层大平台上享用免费的咖啡、茶点。在那里，员工可以与公司高管一起吃饭。每个月，部分员工还有机会和杨元庆共进午餐，进行交流，这便是“元庆午餐会”。究竟什么样的员工可以参加呢？这要根据每次午餐会的主题而定，有时杨元庆会邀请一些与该主题相关的员工来参加，员工也可以自愿申请。“元庆午餐会”开创了午餐沟通的新模式，取得了很好的效果，不久，其他高管都竞相效仿这种新模式。

事实上，管理者不仅要关心、关注那些业绩优秀的员工，对于大多数员工也要给他们某种激励，让他们感到兴奋，从而对工作更加有激情。位于丹佛的某食品经销公司的副总裁们会定期举办答谢员工的午餐会，并且亲自为员工烹饪和服务，当员工们走到他们身边取食物时，他们会对员工说：“你非常棒，我很感谢你！”思科公司的这种方式，也能让员工体会到家的温暖，以及来自管理层的尊重。

管理者在与员工聚餐的时候可以传播文化理念、文化主题，达到凝练团队、提升员工士气的目的。当然，给员工举行庆功会时，别让员工有“目标实现，到达终点”的错觉，要适时鼓励他们再接再厉。要告诉他们，优秀是没有止境的，你在期望他们不断为公司创造更大的效益。

第九章　参与激励

——赋予员工使命感

创造宽松环境，让员工愿意为公司提建议，是参与激励的常用方法之一。宽松的环境，换来的必然是员工更加轻松的心情，员工更乐意为公司出谋划策，人多力量大，企业发展必然会更加一帆风顺。

给员工创造参与到企业日常事务中的机会

在企业管理中，如果管理者能够让员工参与到企业的日常事务中，与企业的高层领导研究和讨论企业中的重大问题，那么这种处于同等地位的感觉，就会让员工感受到上级领导的重视，由此产生强烈的责任感，进而更加全心全意地为企业工作。当然，员工也会因为能参与到企业的日常事务中而感到自豪。一项对员工参与企业管理的调查发现，企业中的员工普遍都有参与到企业日常事务中的愿望：希望和管理者的关系像“合伙人”一样，没有等级的差别；希望管理者能以开放的态度提供第一手情报；希望管理者能邀请员工参与和公司有关的决策；希望能和管理者一样成为公司最得力的中流砥柱。因此企业管理者不要总是想着自己做决定，包揽一切未必是好事，必须信任他人，试着放手，给员工表现自己的机会。

通用汽车公司下属子公司精密铸模公司过去的许多规章制度都是在权威式的管理方式下制定的，员工并没有提出意见的机会。即使员工提出意见，也不会得到企业管理者的重视。结果，员工的流动率非常高，缺勤率高达7%，产品退货率为3.9%，还时常发生正式或非正式的罢工事件，公司几次险些破产。这时，精密铸模公司接受了通用汽车公司总部的建议，设法改变了原有的管理体制。经过反复讨论和论证，在“让员工参与到企业日常事务中”的原则下，建立了新的管理制度。其中最具代表性的就是“抱怨”登记制度。

在过去，公司的积压申诉案件不胜枚举，许多案件都是由于领班或监工对劳动规定的不理解而产生的。为了避免类似事情再次发生，公司建立并不断健全“抱怨”登记制度，即员工在工作中，对领班的处理方式有意见时，可向相关部门申诉登记，接受申诉的部门必须在规定的时间内给予员工一个合理的解释。企业的管理者认为，不能把员工对企业的“抱怨”看成眼中钉、肉中刺，而应视为对企业关心的表示，必须及时对这些抱怨意见给予处理。自从实施了让员工参与到企业的事务中以后，状况居然发生了翻天覆地的变化，总部还专门派精英前去总结经验，并在数十家子公司推广，最终获得了良好的效果。

1988 年，通用电气公司总裁杰克·韦尔奇产生了“全员参与”的想法。1989 年 1 月，在佛罗里达举行一年一度的碰头会时，韦尔奇向到会的 500 名高级经理宣布了这一计划，即实行“全员参与”的管理方式，聘请高级顾问和商学院的教授协助实施，而且强制执行。这种“全员参与”管理方式是举行各阶层职员参加的讨论会，在会上，与会者做两件事：动脑筋想办法取消各自岗位上多余的环节或程序；共同做出决策解决出现的问题。这种管理方式始于 1989 年 3 月，一时间像爆米花一样在通用电气的许多部门得到贯彻。讨论会都遵循同一模式，员工们称之为“城镇会议”。由执行部门从不同阶层、不同岗位抽出 40~100 人到会议中心或某一宾馆，会议为期 3 天，先由上司简要提出议程安排，然后上司离开。在一名外聘助手的协助下，与会者分成五六个小组，分别解决某个议题。小组讨论进行一天半，列举弊端，讨论解决方案。

会议最重要的部分是第三天，对前面议题一无所知的上司回到会场，在前排就座，而且常有资深的头面人物来旁听。小组代言人逐一汇报，提出小组的建议和主张。按规定，这位上司可做出两种答复：当场拍板；否决；要求提供更多的情况但须在固定日期内答复该小组。这种活动不断推动着公司的高层领导者更多地去放权，更多地去行动，更多地去听取意见。他们必须信任别人，也必须被别人所信任。领导层确实有做出最终决策的责任，同样也拥有使人信任决策的责任，特别是使提出建议的人相信这些决策是合乎理性的。领导层所做出的决策应该为部下所理解，并具有强大的感召力。虽然这并不十分容易，但却是通用电气公司在 20 世纪 90 年代所致力推崇的。

那么，实施全员参与要注意哪些方面呢？

1. 要确保提建议的渠道畅通

企业领导人在决策时应大力鼓励有关人员各抒己见，大胆发表各种不同的意见。日本丰田汽车公司以“好产品好主意”为目标，车间到处设有建议箱，各部门分别设立建议委员会、事务局，把提建议的方针贯彻到工厂的各个角落，并对提出好主意的人实行奖励。美国的坦登公司，则实行“五分钟”规定，在这五分钟内，任何人都可以提建议，参与决策，会上不允许对别人的意见进行批评，主持人也不发表意见，以免妨碍会议的自由气氛。这些制度的建立，对寻找“高见”非常有效。

2. 要鼓励全体员工参与

管理者在决策中，要采取多种方式让员工最大限度地参与。

3. 要设立“智慧团”“思想库”

实践一再证明设立专门的咨询机构进行调查研究，提供可供选择的决策方案，确实是一条非常有效的途径。

4. 要整理并比较选择各种意见

人们所提意见的出发点不同，站的角度也不同，看法也肯定不一样。因此，管理者在决策时要虚心听取别人的意见，但决不可完全依赖别人。对于众多的意见，应该不考虑建议人的亲疏和资历威望，唯正确是尊。

5. 一定要诚恳接受别人的意见

要听取别人的意见，尤其要接受逆耳忠言、与自己看法相悖的有识之言。即使听到一些颇为自负的“大话”，一些明显不切实际的空话、错话，也不要反感、轻蔑。

总而言之，无论管理者是出于觉得没有必要，还是出于安全考虑等因素，而拒绝员工参与企业管理，对任何企业来说都是一笔巨大的损失，它只会起到严重打击员工积极性的作用。让员工参与到企业日常事务中，这既是激发员工士气的好方法，又是对其能力的认可，可以给员工一种“我不仅仅是一个执行命令的员工，我也可以是一个发号施令的领导”的成就感。这样一来，员工就会把企业的事情当作自己的私人事情来看待。正确的决策一般都是综合考虑所有人意见的情况下做出的，公司成员各人的能力虽然各异，但都各有所长。要发挥组织中每一个人的作用，就要在做决策时鼓励人们参与到决策中来，发现并利用组织成员的特长，集合每一位成员的力量，最终做出正确而英明的企业决策。

让员工特别愿意为公司提建议的前提是环境宽松

如果想让员工积极参与到公司事务中来，为公司的发展出谋划策，就要创造平等宽松的环境。什么是平等宽松的环境？简单说，就是能说出任何想说的话，不用在意会得罪谁，不用担心有人会因此挤兑他，不用担心自身的安危，这就是平等宽松的环境。此时员工就会大胆地提出一些建议，员工会因为这种宽松环境而更加努力工作。而这些建议将是企业腾飞的最大助力。

怎样做才能确保环境宽松呢？以下几大关键要素是管理者需要注意的：

1. 允许匿名提供建议

管理者常常要求员工对他们提出的建议署名。有些员工对这一要求无所谓，然而对许多员工来说，可能并非如此，尤其当他们的建议含有批评的成分，或消极地看待他们的上司或工作小组时。应该允许匿名提供建议，员工提供观点所冒的风险越小，员工越有可能提供他的观点。

2. 方案力求简单易行

对于那些只渴望寻求一种快捷、简单的方式来表达自己思想和观点的员工来说，他们往往不愿意利用复杂的建议方案。方案应力求简单易行，时常组织一些讨论会，或者发展一个网上论坛，都是很快捷方便的方式。

3. 要迅速地做出反应

即时的反馈是很重要的，如果员工的建议在公司的收件箱里被搁置了数周或数月，那就是向员工传达了一个非常直接而又负面的信息："我们并不在乎。"至少要做一个类似"我们收到你的建议，目前正处于评估中"的简单回复。当然，这种即时的应承不应该只是空话，而要确实讨论落实，或者在最后的改进中看到员工意见的影子。

4. 要设立建议奖

公司要对提出合理化建议的员工给以形式多样的奖励，这样既能表明公司对员工建议的重视和肯定，也能鼓励更多的员工提出好的建议，从而形成良性循环，营造出一个员工乐于提建议的大环境。

总之，创造宽松环境，让员工愿意为公司提建议，是参与激励的常用方法之一。宽松的环境，换来的必然是员工更加轻松的心情，还有对公司的认同。员工乐意为公司出谋划策了，企业发展就会更加一帆风顺。

| 多与员工交流，让不爱说话的员工坦诚相见 |

“闷葫芦型”的员工通常埋头工作不爱说话，从来不向他人透漏自己的想法，这些员工沟通起来不是很容易。管理者遇到这种员工，往往会感到压抑和沉闷，尤其对于那些具有外向型性格的管理者来说。

对于“闷葫芦”型的员工来说，最大的问题不是管理人员不去沟通，而是员工自身的性情所造成的沟通障碍。他们的沉默不语，往往是企业管理者最头痛的事。但这不应当成为企业管理者退缩的理由，你应当使他们开口说话，道出其内心思想。这不仅关系到员工的个人发展，也关系到你能否更加充分地利用其才能。

虽然这类员工不爱说话，但是也有很多的优点，他们能够稳定地保持原则，耐心地忍受惹是生非的人；能够平静地聆听别人说话，具有天生的协调能力，善于把相反的力量融合；恪尽职守，善于倾听；有安慰受伤者的同情心；在周围其他人都惶恐不安的时候保持头脑冷静，总是充满信心地去生活、去工作，甚至对手都找不着他的把柄。

可见，管理者如果对这类员工弃而不问，对组织来说就是一种人力资源的浪费，那么，作为一名管理者，我们应该怎样让那些“闷葫芦型”员工变成“喇叭”呢?

1. 要尊重对方的性格特点

管理者一定要意识到，性格本身没有优劣之分，每一种性格都有优点和缺点，不能因为对方具有这种“不受人欢迎”的性格而对其进行排斥。

2. 从兴趣谈起

兴趣，是人在情感、意志等个性品质作用下对某种事物产生热爱、追求以及创造性活动的倾向。当你以他的兴趣作为交谈话题时，就能较敏锐地触动他心灵的“热点”，进而达到心理相融和语言的共鸣。

所以，管理者应该尽力与这些员工找共同点，如是否喜欢上网、看书、运动、逛街等，投其所好，与他们拉近距离。

3. 给予其适当的耐心与热情

过分热情往往会招致这些员工的反感，因为他们并不是外向的人，并不适应这种管理方式。同时，在与他们沟通的时候，要表现出真诚且要有耐心。

4. 从烦恼谈起

“闷葫芦型”员工大都具有较明显的“闭锁心理”，他们既苦于无人知晓自己的心事，又不情愿让人真正知晓自己的心事。因此，当我们对他的烦恼给予理解，并热情帮助他解脱时，他往往就会同你攀谈起来。首先多问封闭式问题，不造成其压力，然后试着问一些开放式问题，并做到以听为主；不能经常追问对方对事的看法，以免让这些员工烦上加烦。

广泛倾听员工的反面意见

忠言逆耳利于行，良药苦口利于病。良药医病，忠言医人，但是它们都不太能被人很好地接受，可是效果绝佳。一个能在你命悬一线的时候救你还阳，一个能在你即将堕入深渊的时候让你悬崖勒马。可是良药还是苦口，忠言还是逆耳。

员工是和管理者朝夕相处的人，他们自然能发现管理者的问题，而这些问题自然是管理者的工作失误或者说工作上的毛病，他们见到和感受到之后却不敢说出来，放任自流，就这样诟病一直存在，企业管理一直在生病。

可这是为什么呢？因为员工明白，这种意见虽然有效、有用，却会触犯到管理人员。这些规章制度、计划规则，都是管理人员制定的，那么怀疑和提出问题，就说明在质疑和挑战他们的权威，即使他们是平静地论述着缺点，他们也会觉得“我顶撞了我的上司吧”，所以他们不会说。

实际上就是如此，很多管理者都不能听从员工的这种意见，认为他们提出意见就是反驳自己，就是挑战自己。真的如此吗？那管理者是选择接受这些听起来有些“逆耳”的忠言，还是打算一下跌入谷底，摔个粉身碎骨？

所以，管理者应乐于倾听反面意见，并尽量鼓励员工发表不同的意见。当讨论出现问题的时候，不要急于驳斥员工，也不要忙于解释或者掩盖自己的错误，要耐下心来，认真地听取，要让提出者详尽地阐明自己的意见和理由，然后对其中是“忠言”的部分予以肯定，并纳入到方案或决议之中；有的合理意见由于某种客观原因一时不便纳入的，也应明确说明，以使提出意见者理解，而不要一带而过，不给对方解释的机会；对于自己没有意识到或者是听不明白的问题，一定要和对方展开平等的讨论，然后给出中肯的意见。

还有，真理往往掌握在少数人手里，所以不要轻易用“人数服从法”来决定一些具有真知灼见但是没有人认同的意见。

在制定方案和决策的讨论中，有些不同意见（包括反对意见）听起来似乎有道理，但实际上是错误的，管理者也需要对这些问题进行具体分析，然后给出最终意见，而不是无理地驳回。

当一些员工的意见被采纳并且效果不错的时候，管理者就要对这些员工进行奖励，从而能激发他们下次依然提供新主意、好建议的欲望。

总之，不拒“逆耳之言”，乐于倾听员工的反面意见，是对员工的一种激励，也是管理者进步的机会。忠言往往逆耳，能听进去逆耳忠言的人，才能够真正地意识到企业的问题，从而让自己走向成功。

| 参与度越高，员工越有责任心 |

如果老板想撑起一个公司，那么就要有员工，而所有的事情都不让员工参与，员工就会越来越疏远管理者，他们会认为，反正什么事情都和我没关系，我管那么多干什么？会产生一种“事不关己，高高挂起”的感觉。所以一般来说，聪明的管理者知道，如果能够赋予员工知情权，让员工对公司的情况有一个详细的了解，不仅可以使员工明确公司的发展方向，还可以增强员工的参与意识，对员工来说是一种很好的激励方法。

20世纪90年代初，波音公司产量大幅下降，经营出现了前所未有的困难。为走出经营低谷，波音公司的管理层商议在危机面前，不掩饰、不回避，自曝惨状以刺激员工，获取员工支持，达到复兴的目的。

为此，波音公司自己摄制了一部虚拟的电视新闻片：在一个天色灰暗的日子，众多的工人垂头丧气地拖着沉重的脚步鱼贯而出，离开了工作多年的飞机制造厂。厂房上面挂着一块“厂房出售”的牌子。扩音器传来：“今天是波音时代的终结，波音公司关闭了最后一个车间……”

这部虚拟的企业倒闭的电视新闻片使员工强烈地意识到市场竞争的残酷无情，只有不断进取、创新、拼搏，企业才能在经济大潮中乘风破浪，在竞争中立于不败之地；否则，虚幻的模拟倒闭就会成为企业无法避免的事实。

波音公司总部告诫雇员：如果本公司不进行彻底的变革，末日就是如此。正如波音公司前总裁菲利普·康迪特所说：“我们的根本目的是要确保十年后还能在电话簿上查到本公司。”员工得知公司目前陷入经营危机中后，更加努力工作，节约公司的每一分钱，充分利用每一分钟，从而使波音公司的飞机制造变得迅速而有效益，那一年波音公司的飞机制造生产共削减库存费用达1亿美元，经营成本也降低了20%~30%。

所以说，过去传统的领导做决定，下属服从和执行的做法，显然已不符合时代的要求。对于下属来讲，他们更需要一种实在的“主人翁”的感觉。请下属参与进来，亲身的体验使得他们认识到自己的主人翁地位，意识到自己原来也是可以改变公司的经营状况的，主人翁责任感也油然而生了。因此，参与度越高，员工越有责任心。

要让员工参与管理，管理者先要摒弃旧式思想，大包大揽只能让自己受到自身的局限，从而让公司发展走入死角。要鼓励员工给你提出建设性的意见，鼓励的方法主要有两种：一种是管理者必须放弃自信的语气和神态，多用疑问句，少用肯定句，不要让下属觉得你已成竹在胸，征求意见只不过是形式而已；另一种是挑选一些薄弱环节暴露给下属看，把自己设想过程中所遇到的难点告诉下属，引导别人提出不同意见，只有集合多方面的意见，不断改进自己，才能更上一层楼。

对管理者来说，大多数员工的意见都值得听取，因为你的意见针对的是公司运作，而对于这些，如果第一线的实际工作人员都不能给出建议，那么任何人都不可能给出建议。有谁能比日复一日、周复一周、月复一月地从事该工作的员工，更能提供程序、政策或者运营方面变化的绝佳信息？

所以，还是多听别人的意见吧，通过让员工参与，管理者就会获得更有价值的计划，而这种形式则让员工拥有更加多的主人翁感觉，他们的责任心自然也就越强，团结得也就越紧密，公司的运作自然也就越好。

总之，参与度越高，员工越有责任心。如果管理者想让员工“以厂为家”，就要让他们更多地参与企业的日常经营，更踊跃地提出意见和建议。

波音公司出现危机时，企业的管理者并没有企图掩盖危机，他们不仅将危机告诉每一位员工，而且通过虚拟的新闻片使员工真切感受到真正的危机，以此激发员工的忧患意识和不懈的奋斗精神，帮助企业顺利渡过难关。

对大多数员工而言，知道公司实际情况总要比不知道的好——即使听到的是坏消息。消息一旦公布，每个员工就能根据实际情况，而不是按照自己的想象来处理问题。消息公布得越早，员工就能越快地适应新的生活。特别是在员工自主权下放不断发展的今天，如果管理者希望自己的员工能够独立地做出决策，那么让他们得到尽可能多的信息就显得非常重要了。同时，这种做法还会让员工感受到公司的尊重和重视，可以很好地增强员工的主人翁意识，使员工在工作中更加兢兢业业。

激发员工对工作的创造热情

经常会发生这样的情况：下属在工作中常会有灵感突现，或产生一个绝妙的构思，然后就向管理者提建议。但是管理者一点也不重视，这是非常不对的。这样的灵感和构思也许是微不足道的，但是也要给员工以鼓励。假如所有员工都能积极地为企业的各项工作提建议，那么至少可以说明员工对企业的工作抱着积极的态度，他们具有极强的责任感和主人翁精神。如果建议得到了采纳，那么员工会感到自己受到了尊重，对以后的工作会更加积极。对企业来说，由于员工天天在基层岗位上工作，离市场或生产最近，往往比那些高高在上的管理者更能看出真正的问题在哪。

德国著名作家歌德说："一个人不断变革创新，就会充满青春活力；否则，就可能会变得僵化。"任何事物和观念都是人们在某一特定时空下的产物，随着时间的推移和客观条件的变化，这些东西也应时时更新，与时俱进；否则，如果被传统事物和观念封住了心门，那么工作也会如逆水行舟，不进则退。所以，不要用"不要胡思乱想"这样的话打击下属。如此一来，你的下属下次再也不敢有创新的思想了，即便有也不会将它说出来，整个公司就会弥漫着一股保守的气氛，没有发明、没有创造、也没有生机。

杰克·韦尔奇在担任通用电气公司的CEO期间，经常对员工说的一句话就是："要把每一天都当作你参加工作的第一天，以崭新的视角审视你的工作，进行任何必要的、有利的改进。这样，你才不会因循守旧。"由此可见，激发员工的创造性已经成为所有企业的共同追求。甚至许多知名企业的起死回生与不断发展壮大，就是因为拥有一批具有创造性的优秀员工。

丰田英二是日本汽车界巨子，他非常注重激发员工的创造性。1951年，丰田英二任丰田汽车公司的社长兼总经理一职时，为了让公司取得更好的业绩，丰田英二决定在公司成立一个"动脑筋创新"委员会。其创新的主要内容包括材料消耗的节减、作业程序改进新办法、机械仪器的发明改进，以及围绕着车间作风程序方面的问题征集新的建议。各车间的建议箱都不止一个，任何人都可以轻松愉快地提出建议。"动脑筋创新"建议制度实施不久，丰田英二又主张进行新的创新。结果，"好产品好主意"这一条当选，从1954年起，全工厂就将这条口号悬挂起来。

当然，提建议的人有权利和上司商谈自己的建议。管理者通过员工提出的建议，能了解员工掌握技术能力的程度，还能够听到生产现场生气勃勃的声音。经过这样不断地反复，个人和小组就都被发动起来了。由此可见，该制度的建立，既融洽了上下级之间的关系，又提高了员工的思想水平，何乐而不为呢？

丰田公司的建议制度是与企业以及个人不断成长紧密联系的，并不是单纯意义上的一种管理手段。员工利用这个制度，找到了创新的乐趣，特别是他们从自己的提议被承认中得到一种满足感，从而更努力地发挥自己的能力。该制度的实施，有力地促进了丰田企业的发展。

从丰田的案例可以得出这样一条结论，只有激发员工的创造性，才能让员工利用企业现有资源创造出更多的财富。那么，企业管理者应该怎样激发员工的创造性情绪，促使其保持投入的状态，从而最大化地达到工作绩效呢？首先，给员工更多的权力。通常，责任和权力都是对等的，管理层在拥有权力的同时也肩负重任。但员工并不参与决策的过程，更可怕的是，他们并不了解企业将去向何方。如此一来，员工对全局、整体的无知与迷茫必定会让企业陷入混乱之中。所以，企业的管理者必须将更多的责任和权力下放，给予不同阶层的员工以心理上的参与感和自豪感，从而达到让个人对部门负责、部门对系统负责、系统对组织负责的目的。其次，帮助员工将压力转化为动力。管理者要适当增加工作量、工作时间、工作业绩上的压力，让它们在员工的能力之上一点点，需要努力才可以完成，这样可以让企业员工在工作中不断挑战自我，通过实践不断学习和成长。

总之，给员工展示自己的机会，才能激发员工的创造性。身为企业的管理者，我们必须借助于每个人的力量，让更多的员工发挥更大的作用。只有这样，才能让企业基业常青，永续发展。

第十章　惩罚激励

——批评惩罚有技巧

适时地惩戒违规者必不可少，但是责备和责骂不一样。管理者责备的语气需要注意。违规者要惩戒，但是不能过于暴怒，也不要带有个人色彩。

该罚则罚，严格遵守企业原则

适时惩戒违规者，其实是一种企业用人原则的明确表达。如果管理者做“好好先生”也就等于告诉组织成员：不管你的成绩有多烂，业绩有多差，我都不会责怪你。当然，管理者不在乎，组织成员就更不在乎了。如果管理者不进行惩戒，错误的事情就不会被制止，而接二连三的错误，则会让管理者的企业走向泥潭。

但是责备员工也有一定的原则：

1. 错了要立即责备，不要拖延

如果管理者发现错误，要立即调查原因，并批评责备甚至惩罚员工，不要拖延。否则员工会在错误的路上越走越远。另外，别的员工认为这样做领导都不批评，何乐而不为呢，也跟着效仿，那就给企业造成很大的损失。

布兰查德和詹森在《一分钟经理人》中就有这样的建议：“要在错误发生后立即加以责备，你要明白地指出他们错在哪里，用坚定的口气告诉他们，你觉得他们错了。”美国上将巴顿将军曾劝告别人：“对犯了错误的人应该立即责备他们，让他们知道自己犯下的错误。虽然在战斗训练中我不能杀人，但是我会让那些犯错误的人因我发怒而情愿死去！”

2. 要给员工留面子，要单独私下教育员工

当管理者责备下属的时候，除了立即责备之外，还要切记给员工留面子，不要在很多人面前责备下属。有时候管理者在责备员工的时候大肆地批评，可是后来等到经过深入的调查和了解后，发现犯下错误的人有自己的苦衷。如果管理者是私下责备员工的，就没有让对方太难看。

3. 如果是一个团队都犯规，要检查是不是规定有问题

如果一个团队很多人都犯规，管理者除了要以身作则外，应集中精力全面整顿。比如说管理者规定午餐时间是多少，员工应该几点回来，但是多年来大家总是拖拖拉拉不遵守，有的人不但超过一个小时，甚至快两个小时还未回到办公室。如果你是团队管理者，你应该说明公司的规章制度，然后下决心惩罚那些仍不遵守团队规定的人，可以采用罚薪或记过处分等方式。如果屡教不改就只能裁员，但是一定要注意公平公正原则。同时，你应将再深入思考，大家都去延长午餐时间，是不是这个制度有不合理的地方。如果有，可以先不去责罚员工，而是要从根本上修改制度。等制度修改之后，你可以召集全体成员，告诉他们发现了什么问题，然后又重新进行了哪些调整，希望员工以后按照公司的规章制度办事，然后征求员工的意见，当然你还要做好给大家回答疑问的思想准备。这样做你会发现那些守时的人非常高兴，因为他们认为其他人拖延午餐时间，如果领导默认就等于对他们的不公平，等于是掠夺了他们的时间，从而加重了他们的工作负担。他们慢慢也会越来越不守时。

总之，适时的惩戒违规者必不可少，但是责备和责骂不一样，管理者的语气要严厉，但不能有侮辱。责备要有依据，也就是说违规者我们要惩戒，但是不能过于暴怒，也不要带有个人色彩。

| 在惩罚前要建立合理的规则 |

所谓惩罚就是对员工的不规范的、错误的、带来不良影响的行为进行处理，从而达到规范员工行为、提高工作效率、改善工作作风的目的。美国哈佛大学心理学教授斯金纳认为，人的行为因外部环境刺激的变化而进行调节，也就是说刺激可以改变行为，积极行为发生后如果立即用物质或精神的激励来肯定这种行为，积极行为就会感到有益而增加这种行为的频率；相反，消极行为发生后，给予某些人不喜欢的对待或者取消某些喜爱的东西即惩罚，消极行为就会感到危险而减少频率，甚至消失。惩罚这种负向激励方式就是这一理论的具体运用。作为管理者不是不能有仁爱之心，而是不宜仁慈过度，以至于失去惩罚的魄力。如果对下属违反规章制度的行为心慈手软、姑息迁就，就无法发挥惩罚应有的功能，也就无法成为一个优秀的管理者。

要让惩罚发挥其应有的激励作用，需要两个基本条件：一是事先设定合理的规则，二是管理者要有惩罚的魄力。俗话说：没有规矩，难成方圆。

我们的员工来自五湖四海，其中有工人、农民、干部、大学生等，每个人的思想道德、文化素质、价值取向良莠不齐。怎样才能做到思想统一、步调一致呢？唯一的办法就是用制度来约束匡扶。一个良好的制度可以用“烫炉原则”来形容：

（1）即时原则。如果谁敢以身试法，将手放在火红的烫炉上，他立即就会被烫，即被惩罚。

（2）一致性原则。该原则就是保证任何人每次用手触摸烫炉肯定都会被烫着，不可能会有一次例外。这样的纪律政策应该是很严谨的。

（3）预先警告原则。热炉火红，不用手去摸也知道炉子是热的，是会灼伤人的。企业领导要经常对下属进行规章制度教育，予以警告。

（4）公正原则。任何人，不论男女老少，不论他的地位有多高，名声有多么显赫，只要用手触摸烫炉，保证会被烫着。因为，烫炉可不会见风使舵，不会因人而异。

除此之外，惩罚这种激励方式有效性的另一个基本条件是管理者要有惩罚的魄力。

个别管理者不懂惩罚意义与作用，因为怕得罪员工，所以只一味地宽容忍让员工。员工工作做不好，他宁可自己去做，也不愿意指出他们的不足；员工违反了纪律，他睁一只眼闭一只眼，装作没有看见；员工顶撞、拒不执行上级的指示，他急得直打转，束手无策。这样软弱的管理者无疑是不称职的，生产效率严重下降，问题成堆，最后演变成乱成一锅粥的局面。如员工对管理者不仅不感激、不尊重，反而对他的软弱无力、姑息迁就产生轻视心理，管理者的威信就会越来越低；大家如果对管理者失望，对不好的现象无力改变而产生压抑感，积极性就会受到挫伤；如果员工的缺点、错误得不到及时制止和纠正，有缺点、错误的人就会有恃无恐，一直错下去。

所以，作为一个管理者，假如不能恰如其分地运用惩罚来纠正员工的错误，便是没有尽到管理者的责任。从管理的职能来看，不敢惩罚员工的人，其实是没有当管理者的资格的。从个人能力来说，身为管理者，必须具有自信和勇气，具备发现、纠正员工的错误并使之获得积极向上的能力。只有具备这样素质的人，才能带领员工取得工作的高效率和高质量，才能保证达到企业的目标。

总之，在你的员工犯了错误的时候，你必须执行某种形式的惩罚。当你必须用到惩罚时，就一定要坚决，千万不可犹豫不决、心慈手软。

| 对员工进行惩罚要遵守的原则 |

批评一个确实犯了错的员工本来无可厚非，但是往往因为管理者惩罚得过于严厉，员工就不愿意听管理者的说教，不愿意接受管理者的惩罚。当然，惩罚不是目的，而是手段。惩罚的方法也是多种多样的，如检讨、经济制裁、处分、法律惩办等。惩罚作为一种教育和激励手段，本来就是一般人所极其不欢迎的，因为这和管理者的精神需求相背离。受罚者的感情会出现负面情绪，甚至受罚者为之耿耿于怀，由此颓唐下去。因此，管理者要讲究惩罚的原则与方式，这样不仅可以消除惩罚所带来的副作用，还能够收到既教育被惩罚者又教育了别人，化消极因素为积极因素的效果。

那么，管理者应当掌握哪些惩罚批评的原则呢？

1. 惩罚批评与教育相结合

惩罚之后的结果，就是让对方明白自己的错误并且改过，因此，要把惩罚和教育结合起来。就是说管理者要注意，先教育他们，然后再惩罚，最后再进行教育。这就像教训一个孩子，大人往往都会斥责他们的错误，然后惩罚他们，这样做可以减少犯错误和违纪行为。最后，要安慰对方，再进行教育，并对其表示期待。

即使员工犯了错，也会因为管理者有言在先而容易接受，而且也容易认识错误，易于改正；如果管理者上来就惩罚，不由分说，那么被惩罚的人就会产生怨气。

2. 以规章制度为准绳

对任何人的惩戒，都需要管理者一视同仁，都需要有理有据，不能感情用事。对同样的过错，不能因为不同员工在出身、职位、声誉等方面的不同而惩罚的力度不同，甚至相差甚远，这样的惩罚只会涣散人心、松懈斗志，毫无激励的价值。

3. 不能以功抵过或以过抵功

功与过是两种性质完全不同的行为要素。功就是功，过就是过，不能混同，也不能互相抵消。因此，管理者在实施激励时，有功则赏，有过必罚，功过要分明，绝不能因为某个人以前有过功劳而这次就免于处罚。当然可以处罚之后私下找员工聊聊天，谈谈心，可是当众的处理力度是必须要有的。如果管理者姑息，那么对犯错的员工自己、对集体都没有好处，只有害处。同样，也不能因为一个人有了错误，而一笔抹杀他过去的成绩，或对他犯错误后所做的成绩不予承认，不予奖励，这样做也是不利于犯错误者进步的。对于一个人犯错误以后做出的成绩，管理者更应注意给予肯定和奖励，这样才能使他们看到自己的进步。

4. 惩罚批评的目的是解决问题，而不是追究责任

管理者在工作中常常会遇到这样一个局面：由于员工或其他因素，导致工作出现了不良局面，在一定程度上影响了公司的利益。此时，是先解决问题，还是先追究员工责任，这常常让很多管理者都左右为难，不知所措。有智慧的管理者都知道，事情已经发生，此时如果把自己的主要精力放在追究责任上面，而不是解决问题、把损失降低到最低限度上面，不仅于事无补，反而会打击员工的积极性。

有些问题的出现，不是员工主观方面的原因造成的，作为管理人员，一定要明察秋毫，如果不是由于员工的疏忽和懈怠造成的问题，你就一定要控制自己的情绪，不能随意发火，更不应该追究该是谁要对这件事负责，最明智的做法是和员工一起找出解决问题的办法。否则，只会让问题越积越多，给公司造成更大的损失。

不过，要做到这一点也不是很容易的，这需要管理者做到以下几点：第一，尊重员工的人格。员工具有独立的人格，管理人员不能因为员工在工作中出现失误或与管理者冲突而损害员工的人格，这是管理者最基本的修养和对员工的最基本的尊重。第二，管理者要心胸开阔，学会听取员工的辩解。管理者应心胸开阔，对员工的失礼、失误应用宽容的胸怀对待，尽力帮助员工改正错误，而不是一味打击、处罚，更不能记恨在心，挟私报复。同时，员工犯错误可能是有原因的，可能员工本身也有难言之隐或者是其他外在的因素导致员工失误，作为管理人员一定要认真听取员工的解释，以便更准确地了解原因，找出解决问题的办法。第三，淡化追究责任的意识。员工在工

作中犯错误是难免的，关键是管理者对员工犯错误时采取的态度。如果想做一名优秀的管理者，在员工犯错误时，最聪明的做法是淡化追究责任的这种意识，把重心放在解决问题上。只有淡化了这种意识，才能真诚地激励员工，给员工打气，让他感受到领导对他的关心和尊重，从而让他正确地看待自己犯的错误，有效地调动整个团队的力量。

完全按照这四个原则来进行批评惩罚，会使得批评惩罚有理有据，更容易使员工信服。总之，管理者必须从自身的修养出发，努力提升自己的领导魅力，才能在任何时候都能保持理智的态度。作为负面激励的常用方法之一，惩罚还是要注意时机、方式和手段，如果管理者能注意这些，惩罚就会更有效果。

| 被表扬和肯定裹夹着的批评更乐于为员工所接受 |

三明治式批评方法就是先鼓励或者表扬员工，然后再批评，最后再表扬的一种批评方式。在这种批评方式中，管理者不能一味采取批评员工的手段，而是要把“批评”夹在两层厚厚的“表扬”之间，就像“三明治”一样。这样员工不至于因为被批评惩罚而失去斗志。每个人都是有自尊心的，若能对他们采用更加委婉的“三明治”式批评法，激励效果就会更显著。下面介绍一下“三明治”批评法的步骤及说明。

1. 放松员工的戒备心理

管理者在批评员工之前，首先向对方表达善意，肯定对方在某些方面的表现，以让对方放松，减少对抗心理。然后，再谈谈你要具体谈的话题，指出员工的错误，员工才有可能信服。如果管理者上来就劈头盖脸把员工大声呵斥批评一顿的话，那么对方就会感觉难以承受，条件反射般地建立起自己的心理防御体系。这时，哪怕管理者的批评和建议是正确的，员工也会表面上点头敷衍，但是心理上是完全不服气的。

2. 指出对方具体的错误

表扬之后，管理者应温和、恳切地说明员工所犯的错误，以及由此而导致的负面效果。然后，耐心听员工的解释，并再一次对员工进行教育。因为批评的目的不是要否定或打击对方，而是让他认识到自己的错误，所以，批评应该有理有据，让对方心悦诚服。这样才能起到由批评转为激励的效果。

3. 表达鼓励与信任

批评之后，再给对方鼓励、信任，这样员工会对以前的错误自责，并更加努力工作，以弥补自己错误造成的损失。管理者这时候就要表现出重视或器重对方，让员工感到管理者对自己寄予厚望，责备批评自己是因为爱之深，责之切。因而精神振奋，信心大增，改正错误的同时，会拼命工作回报管理者。

美国玫琳凯化妆品公司在初建时只有9个人，20年后的今天，该公司已经发展成为了有20万名员工的国际化大企业。它的创办人兼董事长玫琳凯，被人们称为“美国企业界最成功的人士之一”。玫琳凯一直严格地遵循着这样一个基本原则：无论批评员工什么事情，都要找出一件员工值得表扬或者赞美的事情，放在这个批评之前或批评之后说。玫琳凯说：“批评应对事不对人。在批评员工前，要先设法表扬一番；在批评后，再设法表扬一番。总之，应力争用一种友好的气氛开始和结束谈话。”

有一次，她的一名女秘书调离别处，接任的是一位刚刚毕业的女大学生。这位新来的女大学生打字总是不注意标点符号，这让玫琳凯非常苦恼。有一天，玫琳凯对她说：“你今天穿的衣服可真漂亮，特别能显示你的落落大方。”

那位女秘书听到老板对她的称赞，很吃惊也很开心。玫琳凯继续说：“尤其是这一排纽扣，点缀得恰到好处。其实文章中的标点符号，就如同衣服上的扣子一样，只有我们注意了它的作用，文章才会条理清晰。你很聪明，我相信你以后一定能注意这个方面的问题！”从那以后，那个女孩做事明显地变得有条理了，也不再那么马虎了。一个月后，她的工作基本上能令玫琳凯满意了。

玫琳凯采用先表扬，再批评，最后再表扬的“三明治”批评法，使得她的下属不但改正了缺点，而且还取得了很大的进步。玫琳凯的这种处理方法所取得的效果，是显而易见的。

对于管理者来说，批评不是目的，而是一种手段。采用“三明治”批评法，不但保护了被批评者的自尊、自信，给对方留足了面子，而且能让对方以最容易接受的方式，认识到自己有哪些缺点和不足。因此，对方可以积极接受管理者的批评，并下定决心改正错误。同时，还能激发积极向上的信心，这是一种最佳的激励效果。

让员工接受批评，肯定是希望他能接受批评，然后改正这个毛病，但是如果管理者的批评让他们觉得不能接受，他们心情就会非常差，因此，检验批评是否起到激励效果的标准是：员工接受完批评之后，看他转身离开的刹那间所表现出的态度。如果他是垂头丧气的，就说明这次挫折激励的效果不好；如果他走的时候脸色很自然，并且没有什么不妥，说明他接受了批评并且能改正。

总之，人人都有自尊心，直接的指责是不容易接受的，而“三明治”式的批评明显更加容易让人认同。因此，管理者要在平时的管理当中多多运用“三明治”式的批评，以更好地激励员工。

| 对年轻男员工要懂得责骂的艺术 |

批评要针对不同的对象采用不同的方法，对于年轻的男员工，有时候大声责骂反而更容易被员工接受，不但不生气反抗，反而还会感激涕零，感动得一塌糊涂。所以，责骂是有艺术的，如果能达到这种效果，那真是批评的最高境界。

有一个厂长对厂里的一位年轻男职员观察了很久，发现他工作懒散，办事粗心，效率极其低下，如果当着其他职员的面训斥他，他的自尊心会受到伤害。即使你骂的有道理，他也不会服气，甚至还会找理由来为自己辩解。于是，这位厂长选择了一个无人的场合，在约定的时间里训了他一顿。

厂长一见面就问：“你知道我找你来干什么吗？”

“不知道啊！”年轻人满不在乎地说。

“我找你来，是为了骂你，可以吗？”厂长这种开场白，让年轻的男职员一愣，但是年轻的男职员立即意识到自己可能在某些方面不对劲，所以才会被找来挨骂。但厂长的这种骂人方法一下子让他感到一种被信任的感觉，他在心理上便做好了准备。于是他答道：“当然可以啦，只要你骂对了，我肯定会接受。”

之后，厂长将脸一沉，说；“你太不像话了。你看看你也是大学毕业，论能力和学历都没有问题，但是为啥工作那么懒散呢，天天迟到，办事浮躁，你犯过多少次错误了？暂不谈对公司造成的损失，就对你本身发展而言，也是极端不负责任。你是一个年轻人，刚到社会上来，又有好的教育背景，要勤勤恳恳地为自己奋斗，年轻的时候是打基础的时候，这是多么关键而宝贵的时候啊！你却这样消耗自己的青春。现在的社会竞争那么激烈，很多人毕业找不到工作，而你现在进入我的公司，薪水不算太低，还能有广阔的前途，有这样好的机会你不珍惜，跟同龄人比有什么竞争力？在这里能有什么前途？据我观察，在同来的几个大学生里面，你是最聪明，最有领导能力的，但是你自己不严格要求自己，你让领导怎么信任你，给你重任？”

年轻人被他这么一骂，不但没有怒意，反而被骂得激动不安，一再地向厂长表达改正错误的决心。

产生这种效果的原因是因为厂长将年轻人的利益放在了首位，以为他的前程着想来指出他现在的不足之处，让这位年轻的职员感到这些话的正确与亲切，做到了动之以情，晓之以理。在这种讲究方式的基础之上，一切说服、责骂就都好接受了。

管理者责骂了下属，但是下属反而感到的是被赏识，这就是责骂的最高级境界。这种责骂的技巧在于在骂一个人的时候，使对方觉得自己的存在比别人更重要，因而会产生惭愧自责的心理，这种责骂是十分有效的。

具体运作起来，要注意以下几点：

①要让被骂的人感到自己被重视，从而让被骂者更听地进去管理者后面的话。

②即使是骂，也要注意尊重对方的人格。不要直接点中对方不愿提起的个人隐私或要害之处。要让他知道责骂实际上也是一种关爱，而不是低级辱骂。

③责骂之后即了解对方的情况，以此判断此人是否反省，是否对你的责骂有所误会。如果对方确实误会了，则应设法冰释；如果怀恨在心，那么此人与你便无共事的缘分；如果接受了，反省了，抱着积极的态度投入工作，责骂的效果就达到了。

④责骂要注意频率和方式。责骂的频率不要太频繁，责骂的方式要时缓时疾、轻重得体，才能达到效果。

下属的错误到了要让管理者责骂的地步，应该是比较严重的。管理者一时气愤难平，责骂下属一番也无可厚非。但是，责骂毕竟会伤人，如果你不想开除犯错误的下属，如果你不希望自己与下属反目成仇，就要更多地从员工自己发展的角度展开责骂，这是一般年轻男性职工能够和乐于接受的。

批评之后还要及时安抚员工

身为企业的管理者不能随意批评员工，因为批评员工不仅会影响员工对你的看法，还会影响员工的工作情绪。

企业管理者对员工既要关心备至，又要严格要求。当员工出现明显的失误时，就要给予严厉的批评。但是在批评时也不要忘记照顾员工的情绪。员工在被批评以后工作情绪低落，会降低工作效率，使公司的业务受到影响。因此，管理者批评完员工之后，一定要及时安抚员工，这样才不会让员工有被冷落的感觉，才能心甘情愿地接受批评、努力工作。俗语说“打一巴掌揉三揉”，“揉”即指采取安抚措施。但是安抚也要看时机，当被责备的员工正在情绪波澜时，不要安抚，因为这时他还沉浸在被责备的恼怒中，没有心情听进去安抚的话。安抚过晚则员工情绪已经积郁很久，得不到释放，再安抚也作用不大了。因而时机宜选择对方已经接收了批评，情绪开始有所缓和的时候。

三洋机电公司前副董事长后藤清一先生曾在松下公司任职。有一次，他因为一个很小的失误，让松下非常生气。后藤清一刚进入松下的办公室，松下便气急败坏地拿起一支火钳狠狠地往桌子上一摔，然后对后藤大发雷霆。后藤就站在那一动不动地任凭松下将自己骂得狗血淋头。松下骂完后，让后藤接着去工作。正当后藤转身离去时，松下又突然开口说道："等等，刚才因为我太生气了，不小心将这火钳弄弯了，所以麻烦你费点力，帮我弄直，好吗？"无奈之下的后藤，只好拿起火钳拼命敲打，而他心中的怒气也随着这敲打声逐渐消失了。当他把敲直的火钳交给松下时，松下看了看说道："嗯，你真不错，弄得比原来的还好！"然后爽朗地笑了。

松下的高明之处就在于：责骂过员工后，反以题外话来称赞对方。后藤走后，松下立即拨通了后藤妻子的电话，对她说："今天你先生回家，脸色一定很难看，请你好好地照顾他。"

本来，后藤在挨了松下的一顿臭骂之后，决定辞职不干了。但松下的做法，使后藤决心继续效忠于他，而且工作比以前更加出色了。

某公司的销售部门经理脾气非常暴躁，但他工作起来非常认真，从不含糊，向来是一丝不苟。他只要看到不负责或令他不满意的员工时，就会不留情面地当场指出来，并令其改正。

一次，一个销售小组在推销产品的过程中出现了明显失误，这让经理十分恼火，当时就骂了起来："你们真是一群笨蛋，公司怎么就养了你们这些不中用的家伙呢！"

销售组长知道经理是为公司的利益考虑，并且知道经理骂的也不是他一个人，但他的自尊心又让他觉得很没面子，心里非常不舒服。事后，销售经理冷静下来后颇感后悔，尽管销售小组出了问题应该进行批评，但自己的言辞也太过激烈了，自己今天确实太冲动了。况且，这个销售小组平时的业绩还不错，为公司作了不少贡献。

意识到了自己的错误后，他便马上开始了补救工作。那天下班之前，他把那个销售小组的组长叫到自己的办公室，对他说："今天上午委屈你们了，都怪我脾气不好，对你们发那么大的火，还希望你们能够原谅我。但是，你们部门的工作仍需要提高，我相信你们肯定可以做得更好的。"

这一番诚心诚意的话使销售小组的所有成员都得到了很大的安慰，他们心中的委屈和不满也顿时消失了，并且由于自己得到了经理的信任，他们的工作也更为努力了。

其实，管理者在批评员工后，要想做好安抚工作，还有其他不少方法，下面几个方法都可以让管理者更好地安抚员工。

1. 针对员工不同性格采用不同的方法

要根据员工的性格不同采用不同的安抚方法，才能达到安抚的目的。有的员工自尊心强，对领导向他发火耿耿于怀，对这种人一定要好好安抚，并在以后寻找表扬他的机会以进行弥补；有的员工性格大大咧咧，领导发火也不会记恨，只需三言两语、象征性地安抚一下就可以解决问题；有的员工明白事理，领导发火也能谅解，不需下大功夫去安抚。后两种性格的员工都是最让管理者省心的员工。

2. 不方便明着表达的可以间接表达

有的员工器量狭小，心里的结一直无法解开，这时可以在他困难时暗中帮忙，待他明白真相后，自然会对你由衷地感激。另外，也可以在其他场合，故意对第三者讲他的好话，并适当说些自责之言，这些话间接传入他的耳中，他就会被深深地感动。

3. 可以让权威型的中间人代为安抚

企业管理者批评员工之后，如果员工能做到不再犯以前的错误了，管理者就要做一些安抚人心的工作。这时，管理者可以把有权威的员工找来，通过他传达对其他员工的歉意。这样员工就会转变观念，不再对管理者心存芥蒂，从而从心里上拉近与管理者的关系，为以后执行管理者的命令打下很好的基础。

处理员工纷争时不要武断

有人的地方就有矛盾，一个将权力下放给部下的管理者也许可以不过问任何具体事务。但是处理部下之间的冲突，协调他们之间的关系，就是非管理者不可了。

造成企业内部矛盾的通常有这样几种情况：

（1）局部利益之争

任何一个部门都有自己的局部利益，部门之间为维护自己的局部利益而产生冲突是常见的事情。一般来说，这类冲突不带有感情色彩和个人恩怨，只不过是观察问题的立场和角度不同。比如，市场部责备产品部设计的产品不受欢迎，产品部责备市场部没有全力做好营销；计划部责备生产部没有按照计划执行，生产部责备计划部制定的计划有问题，等等。

处理这类矛盾的方法就是让他们交换立场，理解对方。企业管理者应当让冲突的双方站到一个更高的角度，全面了解整个企业生产经营的全部过程，让他们同时也熟悉其他领域里的情况。在局部利益的冲突中，冲突双方所犯的错误多半是只考虑自己，以自己为中心，而不能体谅对方。要想让他们互相了解、体谅对方的最好办法，莫过于让他们各自站在对方的立场上去考虑一下问题。可以想象，当他们确确实实地站到对方的角度去替对方打算后，双方就会心平气和地协商一种积极的解决冲突的方法。

（2）观点的分歧

除了利益之争，还有观点的分歧。比如年轻人大力支持改革，而年龄大一些的老同志则墨守成规，过于保守。例如，某企业有的人认为应该进口国外设备，以保证产品质量，有的人认为国产设备质量也差不多，但是成本低很多，性价比更合适，等等。观点的分歧并不带有个人恩怨。但是，管理者要注意防止由这类分歧导致形成不同的小团体，要多做沟通，让他们互相理解。最后在做决定的时候，要把原因论述的非常充分，以平息反对者的情绪。

（3）员工个人之间的矛盾

员工个人之间由于沟通不畅的问题，也可能会产生很多的矛盾。比如，小段和小陈同在一家房产销售公司做业务。一次，小段有急事回老家，老家信号不好，一个客户打了很多次电话也联系不上他。于是，客户就把电话打到公司，刚好是小陈接的。小陈热情地接待了这位客户，客户对小陈很满意，就跟小陈签订了购房合同。事后，小段责怪小陈抢了自己的客户，而小陈说这是客户自己的决定。两人争执不下，一直闹到销售部主管那里。

类似这样的矛盾管理者要先让他们冷静，因为在冲突发生之初，冲突的双方都会很激动，立即调解，往往收效甚微，搞不好还会火上浇油，弄巧成拙。在这种情况下，明智的办法是暂时将双方分开，不要接触，情绪冷却、头脑清醒之后，再选择合适的场合与时机进行调解。在会议室效果并不好，在餐桌上、俱乐部、家里的客厅等地方效果反而会更好。有时冲突的一方知道自己的错误，但面子上拉不下来，只好死顶硬拼，互不让步。这时作为仲裁者的企业领导要注意给其台阶下，以免造成僵局。

总之，管理者在调解下属冲突之前，首先要分清冲突的性质，摸清楚冲突产生的原因，是利益之争还是观点分歧，是误会还是感情纠葛，然后才能对症下药。否则只会弄巧成拙，激化矛盾。管理者在处理下属之间冲突时，最忌讳的就是只听一面之词，然后就武断仲裁。这种做法，即使偏听之后所做出的判断是正确的，未被听取意见的一方也会心怀不平，很容易造成与管理者的感情冲突。所以，企业的管理者是部下冲突的最后仲裁者。这个仲裁者要想保持权威，就必须以公平的面貌出现。所以，一碗水要端平是管理者在处理下属冲突时最起码的原则，尤其是调节利益冲突时，更需要如此。

| 批评员工的方式要有智慧 |

人人都有犯错误的时候，当下属出现错误的时候，管理者进行批评教育是再正常不过的事情，但是员工都有自尊心，要使你的批评能使下属愉快地接受，欣然改之，这就需要批评的艺术了。批评的态度是与人为善，还是粗暴蛮横；批评的方式是合适得体，还是无所顾忌，这就需要管理者在批评之前就想好。

从心理学上来讲，当一个人被人指责时，心理的滋味是很不好受的。受批评的员工不仅仅会产生防御心理，还会让他觉得受了伤害。员工们个性不同，内心深处对自我价值的认同有强有弱，自我价值感强的员工受批评时更容易产生愤怒、焦虑、沮丧等种种不同的反应，甚至这些反应会同时出现，这些不良情绪就是批评所导致的“情感创伤”，是一种深层次的心理伤害。

因此，出于改造和团结的目的，管理者在批评时要讲求方法，不能粗暴，不能任由自己的情感发泄，要采用巧妙委婉的手段批评和训诫下属。管理者可以参考如下比较让人容易接受的批评方式。

1.“杀鸡给猴看”式批评

所谓“杀鸡给猴看”式批评是指管理者并不直接针对犯错误的员工提

出批评或指正，而是通过某种手段引起其自我觉醒。具体方法是找一个典型，故意严厉地批评，让他受训斥时，其他人受到震动，并因为躲过上司对自己的批评而暗自庆幸，从而不易形成反抗心理。这种批评具有观点明确、态度明朗的特点。优点是使大多数人都受到了警戒，又没有失去自尊；缺点是那个被用来当“鸡”的员工，被管理者当众训斥，心里受到伤害，这就需要领导者要在后期对该员工进行疏导和安慰。这种批评方法要注意被选来当“鸡”的员工一定要选择心里承受力强的员工，事后要找机会再当众表扬一番，给他挽回影响。

2. 逆向思维式地批评

这种批评方式是指管理者对员工的过错不但不进行批评，反而进行表扬。在一般情况下，当员工工作中出现过错时，管理者要及时进行批评。所以员工普遍的心理活动是：一旦出现过错，就等着挨领导者的批评。管理者不批评员工，员工心里反而不安宁。当受到管理者的批评之后，心里的包袱也就放下了。从心理学的角度看，仿佛员工出现过错，挨了领导者的批评，就一对一拉平了。然而逆向思维来讲，对有些出现过错的员工，完全可以不用批评，而是通过表扬其本人或者他人的优点，特别是和其过错相对立的优点，可以促使其本人扪心自问，主动自我反省，很快认识过错，改正过错，从而收到批评的效果。比如，该员工经常迟到早退，管理者表扬其他人兢兢业业，早来晚走，从来不迟到早退，就可以对该员工有心里的触动，使员工自我反省，进而认识过错、改正过错。

3. 不具体点名的群体式批评

有时，为了照顾员工的面子，批评时不具体点员工的名字，而是用模糊的语言，如：“近一段时间”“总体”“个别”“有的”“也有的”，等等。这样，既照顾了面子，又指出了问题，通常这种批评比直接点名批评效果更好。某单位为整顿劳动纪律，召开了员工大会，领导在会上说：“最近一段时间，我们公司的纪律总的来说是好的，但也有个别人表现较差，有的迟到早退，也有的上班时间聊天……”这就是一个典型的不具体点名的群体式批评，这种批评方式可能没有那么直接，但是员工都保住了尊严。只要在会上明确领导的要求，定出惩罚的措施，就一定会有效果的。

4. 暗示式进行批评

暗示式批评方式的最大特点是具有一定的隐蔽性，这种隐蔽性避免了你在批评某位下属时的直接对立或尴尬。一般而言，这种批评方式非常适合于那些过分献殷勤的异性下属。例如在工作中，你的某个下属总是有事没事地去找你这位中层管理者献殷勤，而你又正在集中精力、全身心地投入到一份重要文件的处理中，可他却三番五次来干扰，要么问问是否需要咖啡，要么去打听一番你的工作进程。对于这种下属，你可以告诉他："我看 ×× 安安静静的，工作很努力啊。"通过这样的暗示，让这位下属专心自己的工作，他自然会心领神会。这种暗示式的批评方式既暴露了自己的不满，又使下属保住面子，维护了自尊，同时也令下属认识到了自己的错误。这种做法算是比较完美的做法，管理者要尽可能采用这类的做法。因为批评不是目的，员工改正错误才是最终目的。

总而言之，在工作中，下属难免会出现错误，这时候，作为管理者往往要就其行为提出批评。然而，批评的时候不讲究策略，往往就会产生不良效果。尤其是当管理者正在气头上的时候，情绪失控、容易借题发挥，从而产生更恶劣的影响。

有效批评的 8 个注意事项

通常说来，批评是一种负面激励，在管理学上称为"负面回应"，素质越高的人，负面激励对其产生的负面作用就越大。但不是说管理者永远不要批评、责难你的下属。通常批评指的是管理者针对员工的问题、绩效或是纪律提出看法，要求员工改善或是解决。当你的下属犯错时，如果不适时地表达你的感受，那么你就是在纵容他，显然这是相当不明智的管理手法。管理者应该在需要的时候批评下属，但是在批评的时候一定要讲究技巧。

怎样才算正确有效的批评呢？

（1）明确、清晰地告诉下属错在了什么地方，并强调未来问题的解决。错误已经发生，追究责任也于事无补，管理者不必再强调员工该当何罪，而应该将着眼点放在怎样解决问题，避免错误再次发生上。

（2）批评的时候要做到对事不对人，理性地对员工的问题表示意见，不要做人身攻击，让员工明白事情所造成的后果有多大，影响力又在哪里。

（3）批评时情绪不可冲动，管理者不要为了隐恶扬善，委婉到让员工听不到你希望他改善的暗示，也不要采用过于严厉的措辞，让对方难堪，找不到台阶下。而应该选择采取平实、理性的语气表达出批评，不要掺杂太多个人的情绪在其中。

（4）不要当着第三者公开责备员工，私底下的批评都很伤人，更何况是当众的批评？这样只会造成更大的问题与隔阂。

（5）让员工清楚地知道你对这项过错的感受。

（6）不要比较员工之间的差异，不说类似“你看某某做得多好”“为什么你做不到”“你比某某实在差得太多了”这些话，以免员工自尊心受损，完全无法达到激励的作用。

（7）不要只有批评而没有赞美，在批评的同时，尽量给予员工工作上的肯定，这样让人更能接受批评。

（8）有必要指责女性的时候一定要运用比较柔和的方式，因为女性的自尊心比较强，比较多愁善感，因此在指责时不要过于激烈，点到即可。

总之，批评员工时管理者要冷静，要就事论事，以理服人，不能感情用事。

第十一章　物质激励

——建立一个合理的评价制度

薪酬对员工极为重要，它不仅是员工的谋生手段，能从根本上满足他们的物质需要，而且还能满足他们的自身价值感，这在很大程度上影响着一个人的情绪。因此，管理者始终要把员工的利益放在第一位，即便是企业遇到了困难，管理者也不可侵犯员工利益，最好想办法通过别的途径来解决问题。如此一来，管理者不但不会失去什么，相反会得到更多，因为你得到了员工的心。

给员工略高于市场同类水平的收入

人人都有一些与生俱来的需要，如生存、稳定的收入、被人接受、希望别人尊重自己、渴望成功等，而在企业中，薪金则是员工的一个重要追求目标。

著名军事家拿破仑说过“金钱并不能购买勇敢”，但是这位法国人却明白，金钱虽然不能购买勇敢，但是金钱却能更好地激励人们向上的心。在征服普鲁士、打败沙俄、签订了《提尔西特和约》后，拿破仑一次就奖给达乌元帅 30 万金法郎，而其他的将官和参战将士也得到了非常丰厚的报酬，远征军一度士气高昂。这就是金钱对于人们的作用。为了荣誉而战的战士尚且如此，对于为了生活和事业而工作的员工更是如此。如果你给你的员工很低的薪金，和他们期望的收入相去甚远，那么，你快变成“光杆司令”了。每个员工都渴望更高的收入，过低的薪金有可能会让员工产生消极怠工的心理，甚至会离开你的公司。

任何人都希望付出了就得到回报，并且如果回报丰厚，他就会更加努力。在石油工业中，壳牌这个业界翘楚的做法是这样的：工作 3 年后，可以选择把薪酬总额的 2.5%，储存在公司的储蓄基金内，公司照数补贴同等金额，即员工存一元钱，公司就补贴一元钱存进去；服务 5 年后，储蓄比率提高为 5%；服务 7 年半后，比率提高为 10%。假设你在壳牌工作了 8 年，年所得为 35 000 美元，你可以储蓄 3 500 美元，公司补贴你 3 500 美元一同存进去。年复一年，这笔钱加上银行的利息，你所拥有的存款就会变成不小的数目。公司的对等基金存进储蓄基金后，员工可以选择两种投资方式：存入摩根银行管理的权利基金；购买公司的股票之后存入固定利率的储蓄账户。用来购买壳牌石油公司股票的基金非常多，所以壳牌储蓄基金所拥有的股票，几乎占到壳牌发行在外股份的 10%。

壳牌这样做的目的也很简单——赢得人才。相较于别的石油公司，既然壳牌的工薪待遇这么优厚，那么为什么不为壳牌效力？员工的想法很简单：你出钱，我卖命。

员工会根据市场情况和一些合适的对象进行比较，他们的薪水影响着他们对工作的热情。老板最好在员工要求增加工资前做好考虑，主动调查市场，保证员工的报酬能够比别的公司高一些，虽然不需要高许多，但是至少要高一些。还是那句话，每个员工都希望得到更多的报酬。这样可以让员工的宝贵精力和智慧用于实现最好的工作效果，而不是计较个人的报酬。聪明的管理者会主动地付出更高的报酬，充分调动员工的积极性。“如果一个价值一百的员工，我们给他八十，他就会回报我们五十，而且想跳槽；如果一个价值一百的员工，我们给他一百二，他就会回报我们二百。”这句话适用于所有人才，如果你的吝啬导致人才流失的话，你的管理就完全失败了。

总之，企业要有最强的竞争力，首先必须拥有最好的员工队伍，并根据其贡献大小给予最合理的报酬，尽可能让员工将个人利益与个人努力结合起来；同时也应该尽量使报酬制度形式简单化。员工无不渴望更高的收入，如果你的员工真的很努力，那么提高一些薪水，让他们更努力，不是更值得吗？

| 设计出让员工满意的薪酬激励制度 |

科学有效的激励机制能够让员工发挥出最佳的潜能，为企业创造更大的价值。激励的方法很多，但是薪酬可以说是一种最重要的、最易使用的方法。它是企业给予员工对企业所作贡献的回报和答谢。

在员工的心目中，薪酬不仅仅是自己的劳动所得，它在一定程度上代表着员工自身的价值，代表着企业对员工工作的认同，甚至还代表着员工个人能力和发展前景。正如心理学家荷兹勃格所说的，薪酬是促进员工努力工作的维生素。

1876年成立于瑞典斯德哥尔摩的爱立信公司，如今已是世界最大的移动系统供应商之一。爱立信公司对每个职务的薪金都设立一个最低标准，即下限。当然，规定下限并非为了限制上限，而是保证该职务在市场上的竞争力。据介绍，一般职务上下限的差异为80%左右，比较特殊的职务可能会达到 100%，而比较容易招聘的职务可能只有 40%的差异。

同时，员工在爱立信得到提薪的途径也有好几个：考核优秀、有突出贡献以及职务提升等。有突出贡献的员工和被评为公司最佳员工者都有相应的奖金作为激励，最佳员工奖、突出贡献奖、突出改进奖的奖金额度一般不超过其年薪的 20%。

除此之外，爱立信还会每年都对员工进行明确的绩效评估。管理者把员工队伍按岗位不同分成几个级别。一般员工按照公司的目标应达到良好，对于做得非常好或者有突出贡献的员工，可能会提升他们去担任更高的职务；可能有 5% ~10%的员工工作不太好，但通过调整还是可以接受的；还有不到 5%的员工确实达不到目标。部门经理会告诉这些员工：你的工作表现不好，要马上改进。

爱立信企业正是靠着这种良好的薪酬激励制度，让每一位员工都爆发出无穷的工作热情，使公司的业绩年年攀升，同时，爱立信企业的薪酬制度也成为其他企业纷纷效仿学习的对象。

那么，管理者要想像爱立信公司一样设计出一个合理的、具有最佳激励效果的薪酬制度，又该注意哪些方面呢？

1. 做明确、易理解、好实施的薪酬制度

如果公司在向员工讲解薪酬制度时，所使用的是模棱两可或者深奥费解的语言，这会让员工无法明白他们福利待遇的真正价值，从而使员工对公司的激励不以为然或扭曲了公司的真正意图。所以，公司应当简明易懂地解释薪酬制度。

对于那些可以直接用数字来表示成果的工作比较好考核。但是，对于不直接生产产品的工作，考核标准应当怎样做到具体呢？一些领导者就感到迷惑了。

我们来看这样一个例子。某家公司对其人力资源部招聘主管的考核标准是这么规定的：（1）收到人力需求信息后，能够迅速招到合格的人员；（2）员工的招募成本比较低；（3）求职信能立即予以答复。这样的标准就是不具体的："能够迅速招收到合格的人员"，到底什么是迅速，一个月，两个月，还是一个星期，两个星期……这和没有标准又有什么区别呢？"招募成本比较低"，怎么才算低呢？比刊登广告的费用少算低，还是比给职业介绍所的费用少算低……这不能让人有一个清楚的答案。立即答复求职信，也存在这样的问题。那么，招聘主管的考核标准怎么规定才明确呢？针对本案，应该这样来规定：（1）收到人力需求信息后，三周内招收到合格的人员；（2）员工的招募成本，应比通过职业介绍所寻找的费用低；（3）求职信应在两个工作日内予以答复。这样就比较明确了。

如果考核标准不够明确，就意味着界限不清晰，考核不公平、失真，由此发展下去，必将产生一连串的负面影响，反倒不如不考核，因此，考核标准明确是建立考核制度的基础。

2. 根据实际业绩进行考核

按照员工的实际业绩实行结果管理是评价员工创造价值和提升员工个人技能的有效手段。工作结果考核不仅可以对员工的当前表现做出评价，而且能影响员工以后的行动，使之树立绩效观念，总结经验教训，进一步改进工作方法，提高工作效率。企业通过一系列的评价指标，对员工的行为和行动做出公正、合理并且令人信服的评价，从而依据评价结果做出晋升、降职、调动、开展培训和调换工作或辞退等决定。

在各级职务的薪酬水准上，适当拉开差距，可真正体现薪酬的激励作用，从而提高员工的工作热情，为企业作出更大的贡献。例如，对从事危险性工作的员工们，薪酬可高于在舒适、安全的工作环境中工作的员工，这既是一种补偿，也是一种鼓励和安慰。

3. 按照工作所需技能的难易进行考核

建立个人技能评估制度，以员工的能力为基础确定其薪水，工资标准由技能最低到最高划分出不同级别。基于技能的制度能在调换岗位和引入新技术方面带来极大的灵活性，当员工证明自己能够胜任更高一级工作时，他们所获的报酬也会顺理成章地提高。此外，基于技能的薪资制度还改变了管理的导向，实行按技能付酬后，管理的重点变为指派任务使其与岗位级别一致。

4. 让薪资待遇更有竞争性

要为员工提供有竞争力的薪酬，使他们一进门便珍惜这份工作，竭尽全力把自己的本领都使出来。支付最高工资的企业最能吸引并且留住人才，尤其是那些出类拔萃的员工。这对于行业内领先的公司来说尤其必要。较高的报酬会带来更高的满意度，与之而来的还有较低的离职率。一个结构合理、管理良好的绩效付酬制度，应留住优秀的员工，淘汰表现较差的员工。

5. 要让员工参与报酬制度的设计与管理

管理者希望小报酬大回报，而被管理者却希望能够少付出多回报，正是管理者与被管理者之间的这种思想的差距，导致了管理失效。要想达到管理有效的目的，你必须做到你赢他也赢，让大家都站在同一起跑线上，这就需要你在制定制度时，多了解调查，在你的利益不受侵犯的情况下，也不能侵犯他人的利益。与没有员工参加的绩效付酬制度相比，让员工参与报酬制度的设计与管理常令人满意且能长期有效。员工更多地参与报酬制度的设计与管理，无疑有助于更适合员工需要和更符合实际报酬制度的形成。

德国的一家工厂面临倒闭，一个日本人得知此项消息便买下了这家企业的全部资产，那位日本人接管了这家工厂后，首先召开一次座谈会，他把以前的员工都叫到一起，共谋发展计划。在谈到制定制度时，那位日本人说："你们先说，大家不要顾忌，所有的建议我都会考虑的。"同时，让人做好记录。在一种轻松的气氛下，大家畅所欲言，你一句我一句，纷纷出谋划策。根据这些建议，那位日本人很快便制定出一套完整有效的管理制度。一年后，这家企业不但没有倒闭，而且获得 50 万马克纯利。

为什么那位日本人能够让一个濒临倒闭的企业起死回生呢？你可以想想，那位日本人把以前的员工召集到一块，让他们提建议，就是让员工自己制定自己的制度，这样就不会出现在执行制度时产生矛盾，管理者完全有权力对那些违反制度的人进行反驳："这不是你们自己制定的吗？"

另外，让员工自己管理要比别人去管理更有效，他们会在自己制定的制度下，主动积极地为企业创造财富，同时，他们也得到了相应的报酬。这样既不侵害自己的利益，又不侵犯他人的权利，所以说，这是一种高效能管理方法。

6. 考核制度应该公正公平地对待每一个人

管理必须有制度，而制度从某些方面讲就是原则。所谓制度就是原则，即让你在实施制度化管理时，要讲原则，也就是公平、公正地对待每一个人和每一件事，这样才能使你的管理最有说服力，也最有效。

杰姆是一家公司的总裁，有一天，他刚发现办公室的两个员工上班时间还在外边打闹。就给了一个员工一张50美元的罚款单，这位员工质问他，为什么两个人都违反制度，而只有自己却挨罚了呢？杰姆不耐烦地说："他平时表现得好。""难道说平时表现好就可以避免制度的约束？这太不公平了，我要辞职！"就这样，这位员工愤愤不平地离开了杰姆的公司。

假如杰姆在执行制度时，不是以个人为中心的一套管理方法来管理人，能够对两位员工做出同样的处罚，也许就不会出现这位员工离开公司的现象了。杰姆就是因为没能按照考核原则——大家都站在同一起跑线上——这一高效管理的做法去做，而导致自己在管理上的失败。

所以，订立任何考核制度的前提是要求管理者一碗水端平，对员工不偏不倚，就事论事，该奖励的奖励，该惩罚的惩罚，公平公正地对待每一位员工。

总之，管理者在对待员工的薪酬满意度上一定要多用心思，只有让员工对自己的薪酬满意了，管理者的企业才可以得到员工的热爱，才可以在员工的热爱下得到良好的发展。

| 绩效考核要体现出人是企业最大的资产 |

人是企业唯一能动的要素，有眼光、有头脑的管理者都知道，能够激励员工的且行之有效的方法之一就是把员工的利益放在首位。只有时刻为员工谋福利，才能激发员工的主人翁责任感，才能让员工为企业的发展多作贡献。

总之，人才不是靠"嘴"留住的，而是要实实在在落在实处，让员工知道他们的利益高于公司的利益，是放在第一位的。这时，他们便会更加拼命工作，以回报公司。

那么，怎样把员工的利益高于公司的利益落在实处呢？

1. 给员工制定的薪酬方案要让他们感到付出与回报成正比

一般来说，员工会非常看重自己的付出和回报能否成正比。如果付出和回报成正比，那他们自然会满心欢喜，更加积极地工作。如果管理者对他们的付出没有给予同等的回报，这会使员工觉得自己的利益受到了侵犯，从而消极怠工，工作没有干劲。所以，管理者一定要有一套合格计酬方案，公平地对待每一位员工的付出。

2. 让没有职位的员工也有机会获得较高的工资

一般来说，随着员工职位的提升，员工的工资会获得提高，但是如果管理者只把报酬与职位挂钩，则普通员工就会陷入愤愤不平的地步，因为他们不知道自己的价值怎样才能得到更高的体现。所以，绩效考核必须在不晋升员工职位的情况下也能让员工有获得更高工资的机会。

3. 对从事高难度工作的员工要不吝奖励

对从事高难度工作的员工大方地给予奖励，不仅是对员工的肯定，也是企业永续发展的需要。因为他们完成了高难度的工作，为企业创造了价值。管理者这种不吝奖励的激励方式，不仅让做出高难度工作的员工感觉到自己的利益有保障，还可以激励其他员工更加努力工作。

总之，对于员工的利益，管理者一定要放在第一位。管理者如果对员工不舍得投入，那他不论对员工做了多少工作，都无法留住员工的心。即便是企业遇到了困难，管理者也不可侵犯员工利益，最好想办法通过别的途径来解决问题。如此一来，管理者不但不会失去什么，相反会得到更多，因为你得到了员工的心。

重奖出类拔萃的优秀人才，即使项目失败

通常，奖金对员工来说具有比较明显的刺激效果。一份厚重的奖金远远大于加薪和福利的刺激。重赏之下那些出类拔萃的人才汇聚到企业，会使企业有一个突飞猛进的发展。当然，如果员工做出了杰出贡献，作为企业管理者应该及时地给他们重奖，以调动他们的积极性，这对其他员工同时也是一个正向刺激。反之，如果有功者的努力得不到管理者的肯定，本来就干劲儿不足的员工看到立大功的人都没有得到什么，就更不会努力工作了。

对于管理者来说，给做出杰出贡献的员工一个大大的奖励是对杰出员工的最大尊重。例如，创建于 1989 年的三一集团有限公司在“2008 三一节庆

典暨员工表彰大会”上，重奖了对企业做出卓越贡献的一批功臣。其中，一份高达3 500万元的巨额奖金让在场的每一个人都格外关注，因为当事人李冰已经去世了。李冰的遗孀徐伟欣专程赶到颁奖现场领取了这一巨额奖金，公司还以正式文件明确了李冰的家属永久享受公司副管理者家属的待遇，包括生日礼金、大事福利、节日物资等，李冰的子女由公司全额资助至大学毕业，包括出国留学。一个公司能如此豪爽地犒赏自己的员工，实在是令人震撼。如此行事，员工又怎能不用心做事，怎能吝啬付出？

但是，一个企业的攻关项目可能很多，不一定每个项目都是成功的。在项目失败的时候，也总会有一些表现不错的员工，那么对这些员工是否进行奖励呢？这些将直接影响到他们以后工作的积极性。管理者因为企业的项目失败而不去考虑对表现出色员工的奖励，只会沉重打击员工，挫伤员工的积极性。

管理者要明白，就算是公司的任务没有完成，员工也同样希望别人对他们的卓越表现进行肯定，虽然他们并没有说出来，但是他们心里确实有这样的需求。所以，在企业项目失败时奖励表现出色的员工，也是一种重要的激励方式。

国际著名的化学制品公司DOW公司的领导者，就制定了一个“特别认可奖”，专门对那些在失败的部门里表现出色的员工进行特别奖励，有效地激励了员工在部门业绩不佳的情形下的工作势气。

而通用电气的杰克·韦尔奇更是深谙此道。在1995年的时候，通用电气的设备部门处境不是很好。竞争对手针对通用的产品，抛出了价格更低、品质更好的替代品，而通用电气则只能拼命追赶。虽然后来通用电气发明了几种新产品，改进了生产流程，提高了生产效率，但是到年终结算时，该部门的利润还是比预期的要低10%。相反，当年的塑料产业却大获丰收。他们的市场蒸蒸日上，产品缺货的现象不断出现，最后，他们的利润增长了25%，比运营规划要求的还要高出10个百分点。

但是韦尔奇在最后奖励的时候并没有因为设备部门没有完成预期任务就不给或少给奖励，而是完全根据员工个人的表现来进行奖励。最终，设备部门的员工不仅得到了奖励,而且竟然和业绩优秀的塑料部门的奖励相差无几。

这是为什么呢？原因也不难得知。设备部门的利润虽然低于计划，与上年相比也没有增长，但是在那种艰难的市场环境中，该部门员工的表现与其主要对手相比却非常出色，因为当时其他两家公司的表现要更加糟糕，这就充分证明了设备部门员工的工作能力和工作热情。对于这样的员工，难道我们不应该奖励他们吗？

一个项目的成功受很多因素影响，即使项目失败，但是参与项目运作的人才智出众、工作勤奋。千万不要因此而责罚员工。因为此时失败的部属已经感到非常难过了，羞愧、挫败感和尴尬的心情已经对他们产生了负面影响。此时，作为企业管理者要宽容一点，强调所做努力中的积极方面，并让他们以积极的“吃一堑，长一智”的态度对待失败，鼓励他们继续前进。项目处于困境或是失败时，管理者的褒奖能让员工感到比平时多一万倍的温暖和鼓励，对管理者感激不已，从而更加忠诚地为企业服务。在业绩考核中采取一种“容许失败”的态度，使员工敢于正视自己的失败，其实是管理者的另类激励。

总而言之，即使工作任务失败，也一定要奖励表现出色的员工。这些员工得到奖励，肯定对以后的工作充满积极性，为下次任务的成功打下感情基础。管理者要把重赏与对骨干员工的尊重紧密结合起来，除了口头表扬和精神鼓励外，还要以重赏回报他们付出的努力，给他们实实在在的好处。这样才能使真正有才干的员工在工作中努力贡献他们的才能，从而在企业中形成良好鲜明的榜样效应，鼓舞其他员工努力工作，制造出一批又一批而不是一个或几个立功者。有众多争先恐后去立功的员工存在，企业才会产生更多的经济效益，才能发展得更好。

建立公平公正且有效的奖金制度

凡事预则立，不预则废。假如你已经下定决心运用奖赏的办法来激励员工，你就需要建立一套有效的奖金计划，以便更好地发挥奖赏的激励作用。要对有贡献的员工进行奖励，而且奖励的标准要公平合理。在企业管理中，如果管理者制定的奖励标准不公平合理，就会导致员工产生一种怠工的情绪。在这种环境下，工作多做一点并没有什么奖励，少做一点也差不多，往往会极大地限制员工潜力的发挥。所以，管理者一定要有一个公平合理的奖励标准。有了合理的标准，才能正确计算各部门所属人员努力后所获得的绩效成绩，再按绩效成绩给予适度的酬劳与奖励，以最大效用地发挥员工潜能。当然，标准一定要定的合适，如果标准定得太高、太严，会使员工觉得如空中楼阁难以达到，产生受欺骗的感觉；标准定得太低，员工轻易就能做到，反而养成员工懒惰的习惯。

一次，这家企业的总裁到一家工厂视察，看到三个工人在铺草皮，他们停停做做，十分懈怠。总裁问其原因，他们说工资太低，一天只有60元，还不够维持生计。总裁听了后说，假如给你们加一倍工资，能否铺更多的草皮？三个工人立即回答说那样他们可以做三倍的工作。而结果三个人竟做了原来三倍半的工作。

总裁当时就算了一笔账：如果多付给工人60元钱，后来工作成果是原来的3.5倍，生产出210元的价值，付工资120元，双方各有所获，何乐而不为呢？后来，总裁就要求公司的管理层选定几个单位试行绩效奖金制度。几个月后，每个试点单位产量都倍增，员工的智慧和激情也得到了充分有效的发挥。

这种公平合理的奖励制度实施以后，效果很快就显出来了。公司自上而下的所有员工都是人尽其能，物尽其用，最大限度地创造了高效益。

那么，管理者究竟如何做才能让奖励标准公平合理而且有效呢？管理者必须做到以下几点：

1. 深入到公司的各个阶层，了解员工的真实情况

奖励标准，必须是立足于现实，立足于员工工作环境的真实面貌，只有这样，才能建立公平合理的奖励标准。这就要求管理者必须深入到公司的各个阶层，切实了解员工工作的具体环节和情况。只有了解清楚这些细节，才能建立公平合理的奖励标准。

2. 严格按照奖金制度办事

不管制度多么好，如果没有人去按制度办事，那这制度就形同虚设。所以，管理者应该以身作则，一旦奖励标准制定下来，就必须严格按标准对员工进行奖励，不可对有功者不奖，对无功者滥奖，否则就丧失了最基本的公平原则，会大大打击员工的工作热情，从而阻碍企业的成长。

3. 建立起员工的努力程度与奖金的正相关关系

考核一套奖励制度成功与否的重要因素之一就是要使员工相信经过自己的努力可以获得相应的奖励。所以，奖金制度必须根据员工的实际状况来制定，必须制定得合理，使员工通过努力可以完成，同时也要为员工提供相应的培训、设备、工具等。员工要对于整个工作过程可以控制，自己的努力程度越高，工作绩效也相应提高，报酬也越高。

4. 要制订明了且易于计算的奖金计划

对于一个工厂里的工人来说，这一天超额生产了多少产品，他马上可以算出来会得到多少奖金，如果已经超过了定额，他会加快进度提高效率，以便拿到更多的奖金。

对于一个大区的销售经理来说，如果奖金计划明白易懂，他通过广告投入、销售成本及其他费用就可以知道自己的销售小组会拿多少红利。这样的奖金制度再有效不过了。

5. 创造良好的奖励气氛

要发挥奖励的作用，就要创造一个“先进光荣，落后可耻”的气氛。在获奖光荣的气氛下奖励，能使获奖者产生荣誉感，更加积极工作；没有获奖的员工产生羡慕心理，奋起直追。而在平淡的气氛下奖励，则降低了奖励在人们心目中的地位，很难发挥激励作用。

6. 言而有信，及时予以奖励

言而有信，及时予以奖励，不但可以充分发挥奖励的作用，而且能使员工增加对奖励的重视；过期奖励成了“马后炮”，不仅会削弱奖励的激励作用，而且可能使员工对奖励产生冷淡心理。唐代著名政治家柳宗元认为“赏务速而后有劝”，他主张“必使为善者不越月逾时而得其赏，则人勇而有劝焉”。他说的“赏务速”就是奖励要及时的意思。“信”是立足之本，言而无信，当奖不奖，员工会有种受骗的感觉，从而产生反感情绪。

7. 在实践中不断完善奖励制度

哲学上说：世间没有不变的事物。在公司发展的道路上，在实施奖金计划的实践中，新问题、新情况必然层出不穷。作为管理者，应该大胆进行改革，让制度随着公司的发展而发展。

通常，一项制度的建立、制定是随着生产的发展、公司的进步而不断改变的，而不应该是一成不变的。在过去的生产规模、生产条件下，某项规章制度可能是很完善的，但由于要适应新的形势及新的生产经营方式，许多旧规则可能会因此而出现各种各样的漏洞，变得不合时宜，这时就要求管理者要及早予以废止，另谋改善，加以合理性的补充或是重新建立新的符合时宜的规章制度，千万不要故步自封。否则，这项规章将会随着时日的变迁而愈加脱离现实，最终会阻碍公司的发展。

总之，管理者只有力求营建一个公平合理有效而且能够使员工有效发挥潜能的工作环境，才能让这一激励方式起到正向作用。

| 福利激励，让员工更团结的激励手段 |

如今，福利激励已经成为很多管理者青睐的激励手段之一。因为他们知道，除了合理的薪水之外，如果没有适当的福利激励，将很难激发员工的干劲和工作热情。只有建立完善的福利制度，才可以满足和保证员工生活上的需要，解除员工的后顾之忧，调动员工的积极性，从而提升员工对企业的忠诚度。

西门子公司一个最大的特点，就是凝聚力强。西门子的管理者就是采取奖赏方式和福利措施来鼓励工作成就超过最低标准的每一个人，并且把公司的目标根深蒂固地印进员工心里，将之引向整个公司所追求的最终成效。

西门子公司 1862 年起给工人增加津贴补助；1872 年实行养老金制；1873 年缩短工作时间，改为九小时工作制；1888 年配备健康保险医生；1927 年通过人事部长设立“成果奖金”，这样的奖金被保留了下来，并对所有在西门子公司工作十年以上的员工都授予此奖金。此外，西门子公司还有一个领导与员工谈心的传统，目的就在于加强思想沟通，改善工作，但是这里的改善工作，却不是让员工改善工作，而是让上级改变一些不让员工喜欢的工作方式和方法。如此种种措施，不胜枚举，但其所发挥的作用只有一个：让公司的员工感受到一种“家庭式”的关怀，并且能得到真真正正的利益，从而让员工齐心协力积极向上。

其中最为成功的是1872年西门子公司所设立的抚恤金制度。这一制度规定：定期把年利润的一大部分提出来，作为员工的红利和雇员的奖金，以及他们在困难时的救济金。公司又拿出6万塔勒（每塔勒合当时的3马克）给全体公司员工，作为养老及伤残金。这一制度的建立在20年的时间里取得了良好的效果，员工把自己看成是永久性的成员，一生只准备在西门子工作，根本就不想跳槽，因为他们在公司的工作中，看到他们的前途有了保证。工人们也坚持留在公司里，而且如果你待的时间越长，你的养老金就会越多：工龄满30年的员工可按工资的2/3领取养老金。这个措施非常具有现实意义，使很多员工到了退休年龄但仍很健康并有工作能力的人继续留在岗位上工作。他们除了领取退休金外，还照样领取应得的全部工资。

上述这些福利制度，让每一个西门子公司的员工都能紧紧地围绕西门子公司，齐心协力地谋求发展。公司的管理者也公开承认，公司大部分成就的取得，都是依靠于在这种制度下紧密团结的员工共同的努力。

西门子临终时告诉他的事业继承人："我早就认识到，只有全体工人友好地、自发地合作以完成他们的共同利益，才能使不断发展的公司保持令人满意的发展形势。"他的继承者也确实认真地遵照他的嘱托，将这种制度一直发展了下去，并且又更多地制定了不同工种的劳动保护措施、员工医疗福利等政策，把公司员工的努力汇集在公司发展这一目标上，使得西门子公司步步上升，成为闻名世界的跨国大企业。

西门子能够在世界五百强企业中名列前茅，就说明他们是很成功的，那么他们的经验也就值得我们去借鉴。为了留住人才，稳定员工的心，管理者必须设计一种良好的福利方案。但是，良好的福利方案不是轻易就可以设计出来的，管理者在设计时需注意以下几个方面：

1. 遵循福利方案的设计步骤

福利方案设计的一般步骤为：有计划地清点企业目前提供的所有福利项目；查明设立福利项目的原因；对这些福利项目进行精确的年度预算，包括绝对数值和所占的百分比（例如，占工资总额、销售额、盈利和行业平均数的比例）；开展员工调查，了解他们对所设立的福利项目的重要性和满意程度的意见；不断调整企业的福利政策以适应环境和条件的变化；将全部计划编写到员工手册中，以保证福利政策和实践的统一。

2. 福利方案必须是具有可选择性的弹性方案

制作福利计划，每一项福利计划均应包括一些可选择性项目（如文化与教育津贴、住房援助）和一些非选择性项目（如工伤保险、失业保险等）。比如，一位刚结婚的年轻员工可能会选择住房援助，而不是选择对他没有太大意义的医疗补贴；而另一位已有住房的老年员工，则可能会选择医疗保障。

3. 设计福利方案时必须遵循公平、实用、完整的原则

最好的领导总是在员工要求增加工资前做好考虑。他们积极主动地调查市场，保证自己员工的报酬比其他公司要高。这样可以让员工将全部的精力和智慧用在工作中，而不是计较个人的报酬。聪明的管理者会积极主动地支付报酬，而不是等待员工自己提出要求。想员工之所想，急员工之所急，这样的管理者才能赢得员工的忠心。

总之，管理者一定要重视员工福利这一激励手段，为全体员工创造一个符合个人意愿的完善的福利激励制度，从而激发员工为公司努力工作和拼搏的热情，这样才能留住员工的心，有效地防止人才流失。

设立优秀团队奖，提高团队精神

在当今社会，如果企业要想在市场竞争中站稳脚跟，就必须要组建团队，并有效地发挥团队的力量。基于此，如果管理者对员工，于个人奖励的基础上适当设立群体奖，在一定程度上可以有效地减少员工之间的争夺状态，增强他们的合作意愿，逐渐引导员工形成较强的合作意识和团队精神。

群体奖励有两种基本类型：利润分成和收益分享。许多欧洲的管理者通常拿出 25% 的红利作为团队娱乐费用。每个团队每个月都会获得一笔娱乐预算，他们必须共同商议如何运用。通常年轻的一辈会决定如何花费这笔钱，安排一些活动，然后大伙同乐。利润分成计划可采取立即付款的形式，也可以作为递延收入而使员工享受税收方面的优惠，并可以当做退休金来使用。不管该计划属于上述哪一种，其操作方法都很相似。收益分享计划正在成为酬谢员工群体成员的发展最为迅速的计划之一。从广义上来讲，收益分享是一种酬谢所有为提高业绩作出贡献的员工的一种以公司或团队为单位的支付计划或制度。根据规定的公式，团队的所有成员共同分享的“收益”是可估算的实际储蓄额。收益分享计划的实施不断表明，为了让员工工作得更为有效，员工的参与和信息共享是关键。

总而言之，管理者要想留住员工并激励员工的积极性与团队精神，收益分享是一种不错的选择。这样做不仅使员工的积极性和团队合作精神得到了增强，而且管理者也更容易实现对团队和企业绩效的管理目标。

偶尔给下属个小礼物

奖励的一个基本原则就是尽量不要拖延，要及时地认可和肯定员工的表现，否则员工的积极性势必会受到打击。所以，管理者可以随时准备一些小礼物，来奖励工作中表现好的员工，从而激发员工的工作热情，使员工更加努力地工作。

王好是一家房产中介的店长，她总是在抽屉里面准备了各种红包，红包里面有充值卡、电影票、游乐场通票、自助餐券等等。每当下属拿下一个大单的时候，她就把下属叫来，先是祝贺一番，然后肯定员工的付出，最后会给下属一份意外之喜——一个红包。红包里面是什么呢？有可能是两张电影票，正好适合热恋中的情侣；有可能是儿童乐园的三张门票，正好适合一家三口度过一个愉快的周末；还有可能是几张自助餐卷，正好可以约几个好友聚餐。当然，对于表现特别优异的员工，还可能是数目可观的钞票。

总之，王好这种给员工意外之喜的方式，使员工们对她都非常有亲近感，在工作中自然也非常努力，他们公司的业绩也是节节攀升。

不过，管理者要想送对红包，不是一件非常任性随意的事情，还要注意管理者要暗地里送员工礼物，因为这样才能对受奖人产生良性刺激，对其他人则不会产生不良刺激，可以避免当众送礼物使其他员工产生嫉妒心理，使好事变坏事。因为谁也不知道谁得了奖励，得了多少，所以很少发生纠纷，不会影响正常的工作。另外，红包的形式可以多种多样，比如自助餐券、充值卡、电影票，甚至如果恰逢员工要外出度假，管理者还可以借着这个大好时机送给员工一张机票，这样的礼物，收到的效果往往比金钱还要明显。

因此，要想做一名合格的管理者，就应该学会运用这种激励手段，既将礼物合理地送出去，又能激励员工们努力工作，让这些礼物在关键时刻达到预期的目的，发挥它们的价值。

第十二章　信任激励
——让员工自动自发

信任会使员工产生使命感，如果管理者对员工采用信任激励法，不仅会开启员工积极性、创造性的引擎，还会大大增加员工的使命感与工作动力，进而实现员工和企业的双赢。反之，如果管理者不懂得对员工运用“信任牌”，就会严重挫伤他们的自尊心与归宿感，使员工产生一种强大的离心力，甚至可能导致企业内部的分崩离析。

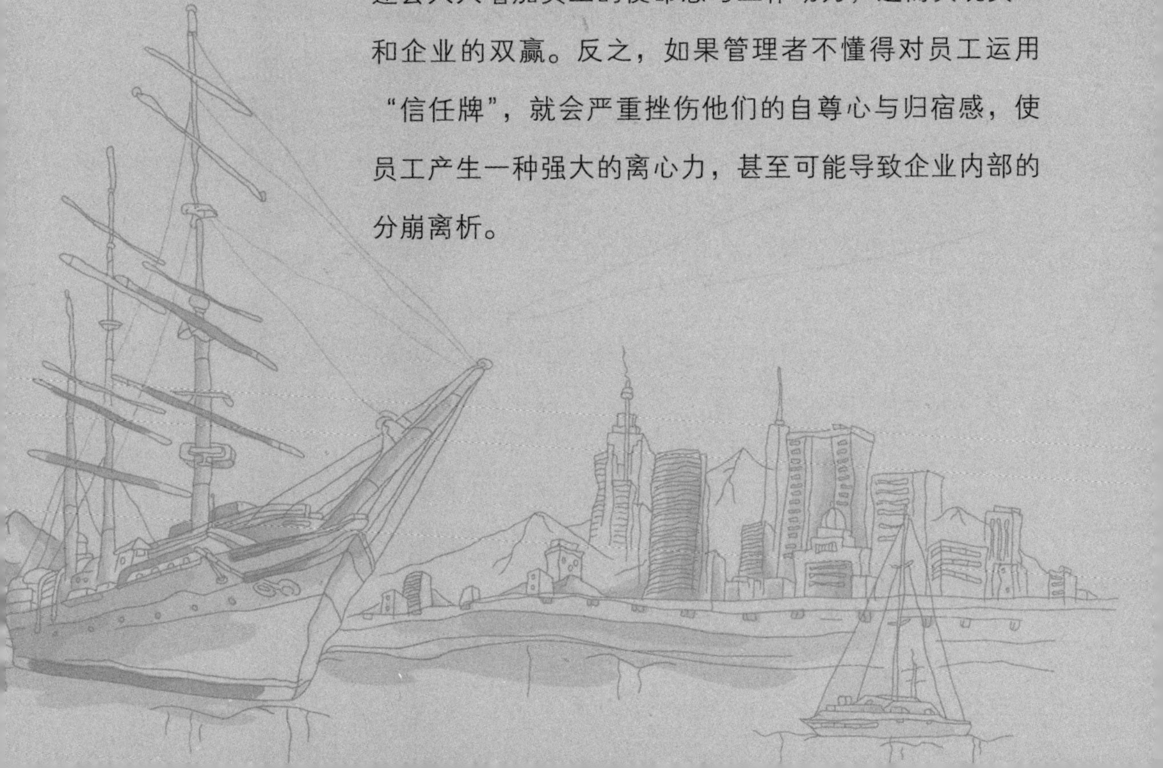

信任具有神奇的力量

一个真正信赖别人的人，一定也会受到大多数人诚心诚意的信赖。毕竟，人是有感情的动物，几乎每个人都有“投桃报李”“以心换心”的想法。当管理者给与员工信任的时候，员工的积极性是他们对管理者最好的回报。

如果企业管理者能和员工之间建立起良好的信任关系，并能够形成有效的授权和责任机制，无疑会增加员工的使命感和工作动力，从而能够促进公司业绩的稳步发展；反过来，那些不信任员工的管理者，往往让员工没有归属感，纷纷离开他们的企业，使得他们的公司分崩离析。

人在获得信任之后，就会对给予他信任的人有着莫名的好感，这种好感是根深蒂固的。从心理学角度来说，这是符合员工的心理需求的。

第一，符合“以人为本”的管理要求。“以人为本”的管理，就是要求尊重、理解、维护和信任员工，并充分发挥其积极性、主动性与创造性，这是企业良性发展的内在需要。但如果管理者对员工做不到最起码的信任，就根本谈不上对员工的尊重与理解，也谈不上“以人为本”的社会要求。

第二，符合员工积极进取的诉求。随着社会竞争的日益加剧和生活压力的不断增加，导致很多员工都出现了危机感，并因此产生焦虑、躁动和迷惘的心态。为了摆脱这种危机感，员工就会努力工作、积极进取，在这种状况下，他们更需要管理者的理解和信任，以激发他们的工作热情并因此不断地取得进步。

第三，符合员工追求信任的心理特征。人们有时把信任誉为“最高的奖赏”，这在资历尚浅的年轻员工身上表现得尤为明显。这是因为，没有比得到领导的信任，更让他们感到鼓舞和欣慰的了。而且由于他们工作的经历和经验比较欠缺，人际关系与工作地位有待积累和提升，工作能力也未能得到认可。因此，他们特别希望有一个展示自己能力的舞台，也极其渴望被领导信任和重用。

因此，管理者应该首先树立信赖员工的观念，用自己无瑕的信任，和自己真挚的情感，去打动下级，与下级产生心灵上的共鸣。相反，那种漠视他人对自己的信任，时时刻刻都在怀疑他人，利用他人的“吸血鬼”，是不会受到别人爱戴的。管理者只有充分地信任员工，放手让其工作，才能使员工产生强烈的责任感和自信心，从而焕发出积极性、主动性和创造性。所以说，信任是一种有力的激励手段，其作用是强大的。信任会直接给人以力量，会让别人感觉到自我价值的存在。因为你信任对方一定是因为对方有值得你信任的优点和能力。信任人是以高尚的动机度量人，以美好的愿望设计人，是直接为他人设定意志行为选择方向，并让人按照你所信任的方向选择他的意志。

信任能调动员工的工作积极性。中国最大的民营企业，四川希望集团的老总刘永好兄弟俩，在管理中实行的“信任原则”，就是一个典型的例子。

希望集团在各地的人员经理，都不用专业人士，刘永好兄弟解释原因说，只要充分对外行人士信任，他们就会马上变成内行，取得比行业内人物更大的成就。结果刘永好将自己的信任给予了他们，而他们为了回报刘永好，自然会加倍努力学习并融入工作。信任产生的心态就是被认可的心态。从这个角度来说，信任就是最好的激励，信任可以让彼此有自由发挥的空间而心照不宣。

总之，受到被信任和被重视的员工，往往会更充分地认识自我，挖掘个人潜能，增强信心。在这样一个追求效率与财富的时代，“信任”变成了一闪而逝的“人性光芒”，这种光芒存在于你我的心底，却少得可怜。但是，管理者却要让这种“人性光芒”多些，再多些。表现信任，能调动员工的工作积极性，如果我们能用信任之光照亮我们的每一位员工，员工就会调动他们内心的积极性，从而为我们创造财富。

不被信任的员工只是在为钱而工作

如果人与人之间缺少了基本信任，社会就很难正常运转。对于企业来说，也是如此。而管理者对员工的信任，既体现在“用人不疑，疑人不用”上，又体现在放手任用上。这是因为信任可以拉近管理者同员工之间的距离，并充分发挥员工的积极性与创造性。在企业对员工的管理中，其中一项是要充分激励、开发员工的潜能，以实现企业与员工之间的双赢。管理者采用信任激励，会对员工产生一种强大的精神力量，进而激发出他们的潜能。

激励的手段，除了高薪之外，还有很多很多，从内心尊重和信任你的员工，也是一种极好的手段。对于管理者来说，如何更好地信任员工则代表着一种能力。只有信任才是人们互相沟通的真正桥梁，只有尊重才是人们交流的最后底线。企业管理人员一定要明白信任和尊重的作用，学会运用这种“非金钱激励”方法。

一个劳改犯人在外出修路时，捡到 1 000 元钱，他不假思索地交给了狱警。可是狱警却轻蔑地说：“少来这一套，你不过是想用你的钱来贿赂我，让我帮你逃走，我告诉你，你们这种人我见得多了！不可能的！”

囚犯万念俱灰，认为这个世界上再也不会有人信任他了。到了晚上，他越狱逃跑了。

在逃跑的过程中他抢劫了很多的金银财物，然后逃上了一辆远去的火车。火车上很挤，他只好站在厕所旁。

这时，一位十分漂亮的姑娘走进厕所，关门时却发现门扣坏了。姑娘走出来略带羞涩地说道：“先生，您能为我把门吗？”

他一愣，看着对方无邪的眼神，他点点头。

姑娘红着脸进了厕所。而他则像一名忠诚的卫士，虔诚地保有着那位姑娘对他的信任。那位姑娘出来之后红着脸道了谢走开了。而他，在下一站投案自首了。

信任使得这位不再相信人的罪犯，重新获得了直视人生的欲望，获得了正常人该有的尊严，挽救了一颗本已死去的心，足见其力量之巨大。

环顾今天，因为对员工的不信任导致工作效率下降，企业陷入困境的例子仍然都在发生着。在国内一家高学历者“扎堆儿”的企业中，公司老总为了防止企业员工在上班时间玩游戏，在上班时间用网络聊天，在上班时间利用网络做自己的事情，而开始监视员工的网络使用情况，抽查电子邮件，以及监听电话，并且规定一旦发现就要严厉惩处。

一段时间下来，公司里已经有员工因违反规定而遭到了相应处理。但是这种惩罚尤其是监听别人隐私的做法，引起了员工们极度的不满。人力资源总管每天都要面对这样的质问："公司这样是对我们的不信任，是侵犯我们的隐私权。""我的工作业绩完成得很好，表现也没走样，主管为何要检查我的电子邮件？"

这样的情况持续了一段时间，很多人才纷纷离去，寻找别的公司和合适的岗位了，这些员工见到以前的老板还会说："嗨，先生，我现在很开心地工作着，您还是一样不会信任您的员工吧？我说呢，原来您那里的同事这个月又有两个来到了我现在的公司。"听到这种话老总心如刀绞，可是为时已晚。

事实证明，如果你充分尊重、信任员工，他们就会努力上进。如果员工持续受到尊重，持续得到认可，员工们就会愿意和领导成为朋友，成为互相促进的工作伙伴，会对领导产生一种"士为知己者死"的忠诚与追随。这种激励是别的东西换不来的。充分尊重员工并给予适时的赞扬，能使员工更有归属感，更加富有责任心地工作。每个人都渴望得到别人的尊重和认可，这是因为每个人都有他们自己做人的尊严，一旦他觉得你践踏了他的尊严，他就会用同样的方式回敬你，或者大闹一通离开，或者有意无意地带着情绪工作。信任对员工的激励作用表现在以下三个方面：

1. 信任是员工进步的动力来源

人们前行的动力往往源自于精神方面，如果管理者信任他的下属员工，就会给他们强大的精神动力。这主要体现为下列两点：第一，我们每个人都会追求尊重和认同感，这体现出来的是实现自我价值，而被管理者信任就等同于被对方尊重和理解，这就能够大大激发员工的工作热情，进而促使其不断进步。第二，人是感性动物。因此，管理者对员工信任就意味着知遇之恩，也就是说，员工会产生"不辜负信任"的动力，并努力回报给管理者。这对于试图证明自己的年轻员工来说，会表现得更加明显。

2. 信任是员工自信的催化剂

人能否取得成功，从自身方面的因素来说，主要取决于其意志与能力。意志是最重要的，而最能体现人意志的就是自信。人一旦拥有自信，才能正确面对挫折和失败，并从中积累经验，逐渐走向成功。因此，管理者如果给予员工充分的鼓励和信任，就能使其获得足够的自信。

3. 信任可以培养员工的忠诚度

员工的忠诚度是判断其所在的团队凝聚力与战斗力是否强大的重要标志。而管理者的信任就是培养员工忠诚度的重要塑造点，即“士为知己者死”，因为信任不但能够带给人一种“认知”的态度，而且还能带来亲和力，使员工忠诚于整个团队。1936 年 10 月，中国工农红军第一、第二、第四方面军在甘肃的会宁地区会师，自此结束了长征。随后，中央命令徐向前继续率领两万大军西征，准备进军宁夏，打通与苏联的联系通道。但却因西北地区的地形更适合以骑兵为主的西北军作战等因素，徐向前的西征军遭到空前惨烈的失败，最后仅剩下 700 人。徐向前为此痛苦不堪，十分自责。当他回到延安后，很多人也都纷纷埋怨徐向前，但毛泽东却极其信任地对徐向前说：“世界上没有什么常胜将军，而且这次失败也是多种复杂因素导致的，并不是你一个人的责任。还是那句老话，‘留得青山在，不怕没柴烧’。只要我们红军的革命骨干还在，部队迟早还会发展起来的。”徐向前听后，感动得热泪盈眶。果不其然，仅过了半年时间，徐向前在太行山地区领导的部队，从几千人又迅速壮大到了几万人。我们从这个案例中看到，徐向前元帅因一次失败而受到了众人的指责，而作为管理者的毛主席却始终信任、鼓励徐向前，并最终取得了良好的效果。

总之，信任员工是很好的“非金钱激励”，在很多人看来，即使是毫不起眼的认可，都是人生中非常重要的时刻，犹如黑暗中你所擦亮的第一根火柴，让他人看见光明在前，希望在握。

抓大放小，不必事事都过问

俗话说：“疑人不用，用人不疑。”实际上，这是强调对人的信任。如果将其应用在企业管理上，就是要放手让员工大胆去做，管理者则不必插手。其实治理国家与管理企业大同小异。

中国台湾的奇美公司董事长许文龙对于公司内部大大小小的事情都不过

问，自己也从不作任何书面指令，就是偶尔和主管们开会，也只是聊聊天、谈谈家常而已。像许文龙这样的管理者就是聪明的管理者。因为他懂得正确地利用员工的力量，发挥协作精神，为公司创造业绩，也有效地减轻了管理者的负担。

管理者其实很像一个指挥比赛，同时给大家鼓劲打气的教练：他指引球队前进，要求严格，也尽量把自己的看家本领传授出去，以便促进运动员的成长。在比赛进行时，坐在场外的教练必然能为运动员团结合作的精神和杰出的表现感到欣慰。

公司的许多事情应该让你的下属去做决定。要不断地向上级请示才能做出决定的下属肯定不是好的下属。你的下属往往比你更了解实际情况，所以在很多情况下比你更有权做出决定。即使偶然做出不正确的决定，那也没有关系。接下来，该员工会从错误中得到教训，变得更加聪明。作为一名企业管理者，不可能控制一切；你协助寻找答案，但本身并不提供一切答案；你参与解决问题，但不要以自己为中心；你运用权力，但不掌握一切；你负起责任，但并不以盯人方式来管理员工。你必须使下属觉得跟你一样有责任关注事情的发展。

其实，企业里的许多事务并不需要你的参与。如果员工有能力找出有效的办法来完成任务，你就不用指手画脚。也许你确实是出于好意，但是员工们可能不会领情。更有甚者，他们会觉得管理者对他们不信任，至少他们会觉得管理者的管理方法存在很大问题。于是员工一片死气沉沉，消极怠工。

有一家大公司为了激活员工活力，对企业策划人员重新确定工作范围。公司采取了以下措施：

（1）改变以往上司对员工各类文件大包大揽、吹毛求疵式的校改与审核，上司只进行框架式的审核，员工具有一定自主权并对文件负责。

（2）对经验丰富、能力较强的员工，上司只对其少数极重要文件进行审阅，其他一律直接呈送。

（3）改变以往上司承担各种文件质量与准确性责任的做法，每个员工对自身的工作成果负责。

（4）改变以往上司好像碎嘴婆一样的叮嘱、催促，员工对自己每天、每一项工作的进程拥有一定自主权。

（5）改变以往所有疑难甚至一般问题都向上司请示的工作方式。员工在向上司请示之前，可以就有关问题咨询专家或同事，并独立形成完整思路，上司只需必要的思路调整与工作指导。

（6）改变以往文件、方案撰写中“八股文”式的固定与僵化模式，除少数必要的格式外，鼓励员工以个性化方式撰写。

这些措施看起来非常一般，但是在“润物细无声”中带给了员工全新的心理体验，让他们充分感受到尊重、信任、责任、创新和工作乐趣。实施激励举措后，员工的工作态度与业绩有了明显改善，而且业绩持续提升，各类文件质量有了明显的提高，准确性与及时性也大大加强，他们在言行中对工作的喜爱程度也在明显提升，员工得到了有效而持续的激励。

由此可见，亲力亲为未必会获得好的效果，抓大放小才是正道。抓大放小要抓住以下三个关键点：

1. 不宜实行过于细致的管理方法

对于很多员工来说，一些过于细致的管理方式，会让他们感到不被管理者信任，甚至感到是对他们水平和能力的怀疑。比如，有的管理者要求做到事事有人管、时时有人查、时时有计划、事事有总结，这种做法在一定程度上表明了企业对员工的不信任，就会使他们缺少对工作的主动性、积极性和创造性，更难以提高工作效率。

2. 要给员工提供一定的空间和机会

虽然有的管理者在口头上对员工表现出信任，但却没有给他们提供信任的空间和机会，这种口头上的信任不是真正的信任激励，也很难起到预期的效果。对此，管理者可以采取下列方法，来为员工提供一定的空间和机会：第一，管理者先给员工在一定期限内定下一个目标，然后让员工提出自己的想法，以及为此做出工作规划；第二，管理者到期检查员工工作成效，如果表现好，给员工另外的机会和任务。

3. 为员工营造和谐、融洽的工作氛围

每个人都喜欢在和谐、融洽的氛围中工作，这会让人感到温馨和愉悦，进而提升工作效率。那么，管理者如何营造良好的工作氛围呢？第一，一旦工作中出现了问题，自己要勇于承担责任；第二，不能因为员工的偶然错误，就将其全盘否定；第三，帮助员工排解一些生活和工作中的不良情绪；第四，要保持与员工之间的高效沟通。

总之，管理者领导人首先自我突破，不要事事亲力亲为，抓大放小，把精力放在重要的地方，才能实现或超越企业所能够达到的高度。

不要以成败论英雄

通常说来，一个人只有在浪费了无数的弹药后才能将自己训练成一个“神枪手”。对于一个显示出过人才华的年轻员工，任何一个雇主都应该舍得花费金钱与精力做实验，鼓励他们冒险，给他们充分的信任。因为从长远来看，这些付出都会有丰厚的回报。

然而，信任总是和一定的风险联系在一起的，如果没有风险，也就谈不上信任。公司经营管理本来就是在诸多不确定性因素下不断承担和降低风险的活动，因此，风险绝不应成为怀疑和不信任的借口。人们只能通过自己所犯的错误吸取教训，学到的经验才是最宝贵的。任何一个管理者都会期望也应当鼓励自己的员工发挥积极性和主动性，鼓励他们勇于犯错误。只有通过这种方式，这些员工才能积累到经验。这种管理培育员工的方式在早期可能代价十分昂贵，但这是唯一正确合适的培训员工的方式。

一名出色的管理者，不能只重视那些圆满完成任务的人。你必须认真对待那些已经尽力甚至做出了巨大牺牲，但出于其他无法克服的困难而未能完成任务的下属。当那些有革新意识并具有冒险精神的部属所做的一些尝试没能取得成功，而是失败，甚至是彻底的失败的时候，不要因此而惩罚他们。失败的部属已经感到非常难过了，羞愧、挫败感和尴尬的心情已经对他们产生了负面影响。一次失败可能使他们丧失自信没有了斗志，如果你能宽容他们，并适时地鼓励或者表扬一下，让他们明白自己的心血没有白费，他们肯定会重新恢复自信，找回自我。那么，下一次他们很有可能就不再是失败者，而是成功者了。

容许失败，就是鼓励尝试和创新，就是为成功铺路。容许失败，旨在激励失败者的挑战精神，以使其从失败中寻找成功的因素，把失败真正作为成功之母，从而最终获得成功。管理者一定要激起员工进行实验、革新和拥有积极进取的热情，要让大家知道：有些项目的结果并非一定能如我们所愿，但是，失败却让我们向成功迈进了一步。假如管理者批评或惩罚了那些对失败负有责任的部属，那么，可能出现两种结果：第一种，在他们以后的工作期间，他们不愿再做别的尝试；第二种，他们会开始寻找另外的能够接受他们的失败并鼓励他们继续努力的公司。假如冒险和失败带来更多的是学习而不是惩罚，那么，人们就愿意冒险，因此也就有了创新的可能。所以，一个成功的管理者能意识到，在员工中形成冒险精神是激励员工发挥积极性和聪明才智的重要因素，也是促使个人与公司不断成长、发展的重要条件。

大家可以想象一下，当员工遭受训斥和否定，而没有被理解时，他们会觉得在公司内部蔓延着一种令人紧张惧怕的气氛，他们彼此会传递着相互保护的信息，学习逃避责任和懒于创造。对此，杰克·韦尔奇有一句较为精辟的话："惩罚失败的后果是，没人会勇于尝试。"事实也是如此，一旦没有人勇于尝试新事物，公司自然会失去了生命力。

从某种意义上讲，企业的工作任务总有失败、完不成的时候。而任务失败时，也总会有一些表现不错的员工，这时对这些员工的表现是否奖励，将直接影响到他们以后工作的积极性。如果管理者因为企业的任务失败而不去考虑对员工的奖励，只会对员工造成打击。所以，即使公司的任务没有完成，员工也同样希望别人对他们的卓越表现进行肯定。所以，在任务失败时奖励表现出色的员工是非常有必要的。

所以，成功的管理者会去创造一种氛围：提拔、奖励和支持敢于冒险的人，并且给他们从错误中学习的机会，这也是激励员工的有效方法。

"用人不疑"是驾驭人心的基本方法

所谓"知莫大于弃疑"。什么是信任？信任就是不怀疑。给对方充足的信任就是要对别人放心，疑人不用、用人不疑，每一个下属都希望获得管理者的信任，因此管理者应该将信任完全交给员工，让他们很安心地工作。可以说，管理者对下属越信任，下属就越忠诚，就越有干劲，对于核心下属，尤其更应该如此。

崇祯皇帝生性多疑，对袁崇焕就是如此，从最初信任袁崇焕到最终冤杀，无不体现了崇祯多疑的用人方式。此外，崇祯做了17年皇帝，一共杀了2个首辅大臣、11个总督，并撤换了50个内阁大学士、14个兵部尚书。可以说，崇祯的“用人多疑”，直接导致明朝的迅速灭亡。而“疑人不用，用人不疑”这句老话，不仅被奉为千百年来的用人要则，而且也变成一个千古不变的用人之道。在第二次世界大战中的欧洲战场，由巴顿指挥的第三集团军作为盟军的先头部队一直所向无敌。后来，盟军总司令艾森豪威尔任命一位军官到巴顿的部队担任师长。巴顿听说后以对这位军官不熟悉为由，当即表示反对，但艾森豪威尔却没有同意。没过多久，这位师长就打了败仗。此时，艾森豪威尔感觉到这位军官不能胜任师长的职位，就下令他立即辞职。但出乎所有人预料的是，巴顿却没有同意。在刚开始时，最先提出不让这位军官任职的就是巴顿，可此时他又不愿意辞退这位军官。面对艾森豪威尔的质疑，巴顿斩钉截铁地回复道：“尽管他表现不佳，但如今他是我的部下，我就要信任部下的能力并愿意为他承担一切后果，无论好坏，我都会竭尽全力，让他变成一名合格的将军。”

巴顿的言语让所有人为之动容，而那位军官更是对巴顿感激涕零，从此，他发奋努力，终于在战场上接连取得胜利，并成为一名非常优秀的将军。从这个案例可以看出，巴顿的第三集团军之所以被称为“铁军”，正是归功于巴顿对部下的充分信任和爱护，并勇于为部下承担责任。他的信任，让将士们愿意听从他的命令，这样，才最终将第三集团军打造成一支“攻无不克、战无不胜”的军队。

以上例子说明，对于核心员工，要放手委以重任，不约束，给他们充分的信任。

对于核心员工来说，他们一方面具有更强的自主性，不希望被上级管理者遥控指挥，而且更强调在实际工作中的自我引导；另一方面，核心员工具有获得良好业绩的成就感，一旦被管理者委以重任，即可让他们充满工作的热情，并发挥出更大的主动性。在如今的知识经济时代，核心员工在专业上的素质往往要比管理者更强。因此，他们也比管理者更清楚如何更高效地开展工作。如果管理者信任企业的核心员工，并给他们一个施展才华的舞台与机会，就会为企业带来更大的经济效益。联想的杨元庆从柳传志手中刚接过帅印时，大家对杨元庆的能力抱着怀疑的态度，都觉得他的资历尚浅，难以驾驭庞大的联想。但柳传志马上力挺杨元庆，他公开发表言论，请大家不要对杨元庆过于苛刻。另外，不管别人如何质疑杨元庆的能力，柳传志都不为所动，他始终坚守自己的职责，那就是决不干涉由杨元庆负责的大小事务。柳传志的坚持最终得到了回报，联想也在杨元庆的领导下，超越了戴尔和惠普，登上了全球 PC 市场占有率第一的宝座。正是柳传志对杨元庆的完全信任与支持，才使联想得到了更好的发展。因此，突破"怀疑"他人的心理特征，是很多领导人所面临的重大问题，即有效突破企业的战略和组织变革等方面的问题，这往往需要领导人首先自我突破，进而才能实现或超越企业所能够达到的高度。

另外，要为核心下属员工创造出充分发挥的空间。很多员工都渴望被管理者重视和信任，也渴望得到一个施展自己能力的机会。但如果管理者不信任手下的员工，也不肯给他们放权，并把错误全都推给员工，就会形成一个怪圈：一方面，管理者不信任员工，每当遇到棘手的问题时就会亲自处理，变得独断专行；而另一方面，员工在这样的管理体系中，养成依赖、从众，甚至是有些封闭的习惯，处理问题时总是会显得束手束脚，也缺乏主动性和创造性。在这种氛围下，一些优秀的员工就会选择离开，即便他们不离开也会变得碌碌无为，而企业也会因此丧失生机与活力。微软公司的比尔·盖茨就喜欢凡事简化，并充分信任员工，让员工自己来决策。因此，微软公司的员工对自己的工作有权做出任何决定，他们的决策过程也特别迅速。微软公司的首席技术官巴特在 52 岁时应聘来到微软，他立刻就感受到了微软公司宽松的工作环境，也体会到盖茨对于员工的信任。这是因为除了盖茨偶尔向巴特请教一些问题外，几乎没有人来打扰他。为此，他非常感慨地说："微软从来不给我指派任务，也没有规定研究的具体期限，因此我能够用心钻研很多我感兴趣的问题。只是，盖茨有时候会来询问一些难以解答的问题，但通常我不能立刻做出回答，必须要在整理一些材料和思路以后，也就是一两个月后才能答复。"

在盖茨这样充分的信任下，巴特每天待在微软的研究院中，即便是一年没有任何研究成果，他的薪金及股份也没有受到丝毫的影响。而这种宽松的信任，并没有换来员工的碌碌无为，反而因为他们有了更多的空间和自由来施展他们的才华，效果更佳。比如，在巴特加入微软的最初 4 年中，他一共研究出 6 项享誉业界的重大科技成果，其中，最突出的是电子邮件的加密软件程序，这项研究成果要大大领先于微软的竞争对手。我们可以从微软的案例中得知，充分地信任员工，并给他们一个发挥能力的舞台，能够激发他们的创造潜力，最终将会为公司带来难以想象的价值。

总之，用人不疑，这是最基本的驾驭人心的办法，希望每个管理人员都能记住这点。

| 对技术业务骨干要信任与鼓励并用 |

越是重要的人，越是需要被信任，因为他们的责任很重大，压力很重大，所以他们就需要更多的精神支持。管理人员一定要知道，火车跑得快全靠车头带，骨干员工就是所有员工里的车头，而这些骨干员工的作用，往往是决定性的。他们具有能力，具有创意，具有别人不具备的水准，这些骨干员工对于管理者来说，无疑是极其重要的。

我们需要给予他们更多的信任，这样他们才会有更大的作为。该如何更好地建立这种信任关系呢?

1. 没有业绩时也要主动信任骨干

人们总是喜欢首先接受信任，因为这种激励效果更明显，也更让人舒服，有一种开心的感觉，作为管理人员，你就不应该等骨干员工相信你而应先去相信他们，主动付出你的信任，以诚相待，主动向业务骨干表示信赖。唯有这样，管理者和业务骨干之间才能建立起牢固的信赖关系。这是一条屡试不爽的真理。

2. 失败时更要主动送去信赖

人们总是会受挫的，没有人的人生和事业是一帆风顺的。在受挫的时候，人们往往更需要鼓励，倘若管理者果真能够及时向业务骨干送去他最需要的东西——充分信赖，可想而知，这将对业务骨干产生多么巨大的激励作用。及时向业务骨干表示信赖，是确保用人行为取得成功的动力。

3. 信赖要表达出来

无论多么信任下属，不表达出来而深深地放在心里，也会造成员工感觉不到的尴尬场面，所以管理者应该适时表达出对他们的信赖。当然，精明的管理者有时也不通过“语言”来表达，而是通过“行为”来显示，因为“听”到的东西往往不如“感觉”到的东西来得深刻，更能打动人心。比如一次深入灵魂的聊天，对骨干业务的主动寻求了解，遇到困难的大力支持，都是一种表达。

4．以事实为依据，不要无端怀疑

信赖业务骨干是以平时对业务骨干的认识和了解为基础的，平时要多观察和了解业务骨干的德才素质、一贯表现、工作业绩、群众反映、发展潜力等。记住，千万不要以业务骨干对自己的亲近程度，作为是否信赖业务骨干的依据。有了平时的基础，无论发生什么事情，在缺乏明显证据以前，管理者不应该无端怀疑业务骨干。对业务骨干应该相信他们，即使在无数次的相信之中，管理者可能有一两次“受骗”，付出一点小小的学费。但是用这些小代价来换取他们的信任，是非常非常值得的，因为一旦他们能对管理者产生信任，他们的回报往往是比管理者的期许多出许多倍，管理者应该付出最大的真心，因为他们值得被这样对待。

5. 用人不疑，对骨干要充分使用

管理者对业务骨干的充分信赖，理应贯穿于整个用人过程的始终。正所谓“路遥知马力，日久见人心”，这些信任是一点一滴建立起来的，要从平时对待员工的方式中体现出来。海阔凭鱼跃，天高任鸟飞，不要手里总是想拉住他一点点，怕他直接飞走了，如果你这样做，你就不是真信。如果你信，你就放手去用。

总之，管理者一定要对你的业务骨干信任有加，让他们放手去干。

| 增加员工的自信心是最好的信任 |

如果你想让你的员工积极向上，仅有信任激励是不够的，你要给他们更多的自信，因为信任终究是别人给的，人只有有了自信才会相信和肯定自己的能力，也会接受你的信任。如果说员工都畏首畏尾，没有半点自信，那么你的信任也就没人敢于去接受。因此，管理者需要增强员工的自信心，用全体员工的自信推动企业的发展。

要激发员工的自信，除了信任之外，管理者还需要更多的技巧。

1. 多给员工打气

运动员在比赛的时候，总是会有人给他们呐喊助威，比如，“××你最强”“××一定赢”等，这样的口号当然不是预知未来了，但是从某种程度上说，这种给别人打气的话，确实有预知未来的能力。

“只要相信自己的能力并努力工作，必定能够成功。”下属被上司这么一说，往往能使他们产生自信和动力。这种对未来的断言和对他的打气，能给他产生巨大的动力和自信，从而驱使他朝着预言中的未来行动迈进。

2. 必要时，拉员工一把

在长期的工作中，大家都会有一两次失去信心的经历，也就是所谓的低潮。许多管理者在这种情形下，都责备下属的缺点，但这么做会得到相反的效果：受责备的人会逐渐失去自信，甚至越陷越深。在情绪的泥淖中，人们总会想有人拉自己一把，让自己开心一些，向上一些，而此时如果管理人员能够鼓励员工，帮助员工走出困境，那就做到了“拉对方一把”。当员工从困境中挣脱出来时，心情是喜悦的，对领导是感激的，这时候员工的自信会增强。所以，面对着这些陷入低谷的员工，管理者必须让他们重新获得自信，重拾信心。

3. 提携平凡者中的精英

企业固然需要精英骨干，但是更需要貌似平庸的普通人，每个企业都有很多平凡的人在辛苦劳作着，他们不辞劳苦，他们没有抱怨，拿着很低的薪水做事情。可以很不客气地说，很多企业的坚实力量，实际上就是这些平庸者一手托起来的。对于这样的员工，管理者的态度不该是放任自流，而是去提携他们。歧视和冷落，只能使“小泥鳅”变为“老泥鳅”；提携和鼓励，“小泥鳅”或许可以成为“大龙”。很多企业家一直有忠心耿耿的属下追随，这是因为他们乐于提携那些平凡的员工。

每个人都希望自己能够有一番事业，做一个顶天立地的人。但要知道，世界的构成是有它的规律的，既然有英雄，就要有凡人；既然有精英，就要有平凡的人。对这样的员工，管理者要慧眼识珠，辨别出平凡人中的精英，大力提拔，他会回报你一个意外惊喜。

总之，要信任下属，也要增加其自信，管理者信任员工是必需的，但是教给他们如何自信，或者说增加他们的自信，那才是从根本上解决了激励的问题。

| 工作中时时处处表达对员工的信任 |

现代管理学中，信任具有极其广泛的应用范围和场合，在具体运用这种激励方法时，管理者应灵活巧妙，形式多样地表达对员工的信任。

①在一些公共的场合，在众目睽睽之下，特意制造最隆重的氛围，将最困难、最光荣的重要工作任务交给某个员工，使他觉得这是上级对他的最大信任，即"看得起他"。

②管理者在与员工一起讨论工作的时候，只要条件允许，就应该先听听员工的意见和看法。当员工由于自己的看法和上级不一致，因而表现出含糊其辞或竭力"靠拢"管理者的观点时，作为上级，应及时鼓励员工坦率地说出不同意见。当员工在上级鼓励下，大胆发表了不同意见，而这些意见确实比管理者原来的想法高明时，管理者应当予以肯定；如果员工表述的意见毫无可取之处，管理者也不要生硬地全盘否定，而应该首先肯定它在某些方面具有参考价值，然后再详尽地说出自己的看法。要知道，在员工面前充分发扬民主作风，正体现了管理者对员工的信任。

③管理者要注意批驳进谗者。管理者与员工之间的信任危机，大多是在好事者、多疑者、挑拨者、离间者向管理者进言之时发生的。此时如果管理者对舆论对象没有切实的信任，那么，在这种时候，信任感往往是要动摇的。正确的做法是，在听到别人对员工的不公正非议时，应当旗帜鲜明地予以驳斥，并且一如既往地使用员工。即使听到他人议论员工短处，也应淡然处之，不予理睬。这种冷处理，一是表明管理者用人不疑、坚定信任的态度；二是不让闲言碎语干扰自己的用人部署；三是可以净化用人环境，让人

把注意力放在工作上，而不是放在说人是非或是打小报告上。

④对于从竞争对手那里来的能人贤士，经过考察了解，只要确实德才兼备，哪怕过去和自己曾有过私仇，也应该不计前嫌，和自己的其他员工一视同仁，大胆委以重任，就像春秋时期齐桓公不计一箭之仇，宽厚豁达地立管仲为相一样。

⑤不以一时的胜败论英雄。在员工屡遭挫折，工作进展不畅时，并不因此而抹杀他过去的功绩、怀疑员工的才能，草率地中途换将。而应及时地对员工提供必要的支持和帮助，消除他心中的阴影和疑点，尽快恢复他战胜困难的信心和勇气。

⑥在员工汇报工作时，应根据具体情况，有选择地听听员工完成任务的经过。这样做，不仅可以更全面、详细地考察员工的德才水平，而且可以使员工希望“显示成绩”的心理得到某种满足，感到上级领导对他的信任，从而更加情绪饱满地投入下一项工作。

⑦用人不疑，关键还在于“用”。信而不用，这种“信”就不是真信；用而不信，被用者觉察后心中难免存有疑虑，这种“用”也不太容易用好。

⑧好好学习员工的长处，也是一种极好的尊重和信任。在时间许可的情况下，管理者应设法请员工展示自己的知识，通过虚心学习，使员工感到上级对他的尊重和信任。

⑨有意“免检”员工从事的某项工作，甚至对员工工作中偶尔出现的小过失佯作“不知”，只要本人知错能改，不再重犯，就不予追究。通过这种宽容的做法，以使员工切实感到管理者对他的充分信任。

⑩适时暗示或明白表示上级“知道”员工在某一阶段做了哪些工作，取得了哪些成绩，从而让员工感到领导对他是了解的、信任的。

⑪抽空找员工“随便聊聊”，在闲聊中间，应有意识地表示理解员工的工作动机和所作所为。这种在日常接触中培养起来的信任关系，往往比正式谈话中建立起来的感情更亲密、更自然、也更牢固。

⑫在制订计划以及执行、检查、总结等管理过程中，管理者应尽量安排员工“参与”这些活动，让他们充分发表自己的意见。通过满足他们愿意“参与”的心理，来传递管理者的信任。

⑬对员工不必统得过死，管得过严。应在抓好大事的前提下，适当放松一下缰绳，给予员工适度的自由，让他们根据自己不同的兴趣、爱好、特

长和追求，去努力实现个人的“小目标”。有时候，员工在小目标上取得进展，不仅不会影响上级制定的大目标，反而有利于大目标的提前实现，对于整个组织也能多做一些贡献。相信员工的自我约束能力，适度“松绑”，也是对员工的充分信任。

⑭当员工确因某些客观原因而遭受挫折和失败时，管理者应敢于承担自己的责任，决不可不分青红皂白将责任全部推到员工身上，让员工做替罪羊。只有具有安全感的员工，才能真正感受到上级领导对他的充分信任。

总而言之，时时处处、灵活多样的信任方式，不仅体现了管理者对员工的充分信任，也能体现管理者的智慧、才干、胆识和水平。这些丰富多彩的可供选择的信任方式，正是管理者用来激励员工、密切上下级关系的绝好手段。

第十三章　股权激励
——让打工者成为老板合伙人

股权激励法是指经营者通过让员工努力工作获取公司一定股权的形式，使他们能够以股东的身份去参与企业的各种决策，并分享企业的一部分利润和承担一定的风险，从而尽职尽责地为公司的长期发展服务的一种激励方法。简单地说，股权激励法是把员工和老板绑在一起的一种激励方法。

股权激励让员工与企业成为“利益共同体”

不管是普通员工还是中高层管理者，他们都有自己的需要，都需要激励。有没有办法使普通员工和中高层管理者同时受到激励，产生共同的进取意识？有，那就是股权激励。

能把企业和员工远期利益统一起来的激励方式，只有股权激励。股权激励具有延迟支付的功能，可以大大缓解企业的资金压力，降低企业以现金支出所带来的成本压力。换句话说，股权激励就是用明天的钱来激励今天的员工，使其能够更好地为企业的现在以及未来的发展服务。股权激励作为一种长效的激励工具,其迸发的持续激情远非工资与奖金等短期激励所能比拟的。

股权激励能够有效地将“让员工干”变成“员工自己要干”，其优点是显而易见的。具体表现在以下几个方面：

1. 建立利益共同体，唤醒员工的主人翁意识

股权激励，能够让员工与老板之间建立起一个未来的利益共同体。只有当老板与员工未来的利益一致时，员工才会与老板一样关心公司的发展状况，并与老板共同创造未来，也就是享受未来的成果，并承担相应的风险。企业把一部分股份分给员工，员工的身份立刻就从员工转变为股东，这让员工有了非常强的参与管理、发表建议的意识。换句话说，员工具有了“主人翁意识”。通过这种意识的培养，练就了一批非常优秀的管理团队以及核心团队。实行股权激励，员工成为企业的主人，能够使员工拥有更加强烈的参与意识，培养其独立人格。这样企业老板与员工之间的相处就会更加平等，相互之间也会更加信赖，进而企业的运转变得更加和谐。

2. 提高团队的凝聚力与战斗力

企业一旦实行股权激励，那么从员工到股东，再从代理人到企业的合伙人，全都出现了身份的转变，而这种转变一定会带来员工在工作心态方面的改变。他们感觉之前只是在为老板或股东打工，但如今自己也变成了股东。即身份的转变会带来工作心态的改变，使得员工比以前更加关心企业的经营、发展状况，也会竭尽全力来抵制所有损害企业利益的不良行为。

3. 对内留住精英，对外吸引优秀人才

一些员工，尤其是对企业非常重要的员工，随时都有被竞争对手挖走的可能，而如果企业与员工签署股权激励，把双方的利益绑在一起，就能够留下员工，保持企业长期发展战略的连贯性。另外，通过股权激励可以不断为企业吸引外来优秀人才。这是因为，对于这些优秀人才来说，他们不仅会在意固定工资的高低，而且也会在意所拥有的股权或期权的数量及价值，因为这也是一种身份的象征，也是对其内在价值的肯定。

4. 降低激励对象的薪酬成本

股权激励本身是要鼓励公司员工把企业的业绩做大，也就是做“增量”业绩，然后再通过设置一定的业绩目标，来激励“激励对象”为公司创造出更大的价值，最后再从中分给激励对象一部分利润。因此，股权激励应先有贡献，再有激励，即分的是增量而不是存量。

当金融危机等“寒冬”来临之时，企业对于支出现金就会显得十分谨慎，很多企业的现金流也会捉襟见肘。通过股权激励则可以替代企业支付一部分的固定薪酬，这将大大降低企业的经营成本，为企业能够度过“寒冬”而储备足够的能量，并实现企业和员工之间的双赢。

作为外资投行高管的蔡崇信，在当年决定加入阿里巴巴时，竟然放弃了70万美元的年薪，而愿意领着500元的月薪，这让家人十分不解。蔡崇信义无反顾地加入了马云的团队，除了欣赏马云的个性外，真正打动蔡崇信的是马云还有始终追随他并与他患难与共的18位员工。因为蔡崇信相信，马云能把这一群人聚集在一起，肯定也有能力做成一番事业。随后，蔡崇信帮助马云组建公司。于是，他问马云，哪些人将成为股东，马云很快就给了他名单，屋里的所有人都是股东。马云把公司的很大一部分股权都给了这个创业团队，而给他的最多，这让蔡崇信本人非常惊讶。因为按照惯例，创始人会占有更多的股份，并对公司拥有绝对的掌控权。但马云不是，这让蔡崇信感觉，自己既跟对了人，也没有白白为其付出。随后，通晓财务、法律并作为外资投行高管的蔡崇信，亲自为阿里巴巴操盘了3次极为重要的引资。随着2014年阿里巴巴在纽交所的上市，阿里巴巴集团董事局执行副主席蔡崇信在2015年福布斯华人富豪排行榜中，以59亿美元的身价名列第38位。这个案例告诉我们，股权激励不仅可以吸引像蔡崇信这样的人才，还可以留住始终与马云患难与共的18罗汉，由此可见股权激励的重要性。

很多公司都存在着这样的问题，管理者对员工管得越多，员工就越没有动力，结果越管越乱。而股权激励可以让员工成为公司的“老板”，这样员工就能自发地管理自己，把管理者的“让员工干”变成“员工自己要干”。要想彻底激发员工的动力，就必须要让员工看到未来和希望，更重要的是让他们看到实实在在的东西——股权。管理者的股权激励，不但能够培养一些优秀的员工为企业全心全意地工作，而且还能让企业走上高速发展的道路。

了解股权激励的模式和实施的技巧

如果企业管理者想运用股权来激励员工，就应该对其模式有所了解，总的来讲，可分为以下几种。

1. 业绩股票

业绩股票指的是公司在年初确定一个比较合理的业绩目标，如果激励对象在年末时能够实现预期目标，那么公司可以授予激励对象一些股票或者提前用公司的奖励基金为其购买股票。但应注意的是，这种业绩股票的流通和变现，必须有一定的时间和数量的限制。

2. 股票期权

股票期权指的是公司授予激励对象的一种权利，激励对象可在事先规定好的期限内，以事先确定好的价格来购买一定数量的流通股票。同样，股票期权的变现也会有时间和数量的限制。但在我国的一些上市公司中，应用的虚拟股票期权是虚拟股票与股票期权的结合体，即公司授予激励对象的是一种虚拟的股票认购权，激励对象在行权后得到的是虚拟股票。

3. 虚拟股票

虚拟股票指的是公司授予激励对象一种虚拟的股票，激励对象可以享受公司的分红权和股价升值的收益，但所有权、表决权都没有，也不能进行转让和出售，并且在离开企业时就会自动失效。

4. 股票增值权

股票增值权指的是公司授予激励对象的一种权利。如果公司的股价在规定的一个阶段出现上升，那么激励对象即可通过行权来获得股价升值所带来的收益。而且激励对象不需要为行权付出现金，即可在行权后取得现金或等值的公司股票。

5. 限制性股票

限制性股票指的是给激励对象事先授予一定数量的公司股票，但只有当激励对象能够完成公司的一些特定目标（比如把公司业绩扭亏为盈等）后，激励对象才能够抛售这些限制性股票，并可以从中获益。

6. 延期支付

延期支付指的是公司为激励对象而设计的股权激励收入，但股权激励的收入不在当年就发放，而是按照公司股票公平中价折算成的股票数量，并在一定的期限之后，以公司股票的形式或者按照届时股票市值以现金的方式支付给激励对象。

7. 经营者或员工持股

经营者或员工持股指的是让激励对象持有一定数量的本公司股票，并且股票是公司无偿赠给激励对象的，或是公司补贴激励对象购买的，或是激励对象自行出资购买的。但激励对象只能在股票升值时受益，在股票贬值时遭到损失。

8. 管理层或员工收购

管理层或员工收购指的是公司管理层或全体员工利用杠杆融资而购买的本公司股份，并成为公司的股东，以及与其他股东一起承担风险和享受利益，从而可以改变公司的股权结构、控制权结构以及资产结构，实现共同持股经营。

9. 账面价值增值权

账面价值增值权，分为购买型和虚拟型这两种方式。购买型指的是激励对象在期初按照每股净资产值来实际购买一定数量的公司股份，但在期末再按照每股净资产期的末值回售给公司；虚拟型指的是激励对象在期初不需要支出资金，由公司授予激励对象一定数量的名义股份，在期末再根据公司每股净资产的增量以及名义股份的数量，来计算激励对象的具体收益，并据此来向激励对象支付现金。

股权激励具体实施时还应该注意实施的技巧和方法，一般来说，需要注意以下问题。

1. 选对合适的激励对象

选择股权激励对象要考虑四个方面的因素：

（1）能力的高低。如果人才的能力很强，能够对公司未来的可持续发展产生重大影响，从公司未来发展需要的角度来看，通过高成本的股权激励方式获得人才的长期效力是明智之举，反过来人才也能够为企业带来更大的利益。

（2）历史贡献。要尊重对公司做出过历史贡献的员工，以避免公司内部出现争议或风波。

（3）难以取代程度。如果激励对象掌握了公司的核心商业机密，或者是拥有公司专有技术的特殊人才，或者是公司难以取代的人才，就要用股权激励的方式留住人才。

（4）与现有股东的匹配度。一定要考虑激励对象能否认同企业未来的发展以及是否与企业现有的股东相匹配。否则，选择这样的人才就会给企业造成很大的隐患。例如，某企业聘请了一位著名的职业经理人，并授予其10%的股份。但在该经理人主管公司后，现有股东却发现与其经营思路存在着很大的差异，双方之间的矛盾由此产生。在经过长时间的磨合后，矛盾仍未能解决，而且企业的发展也没能取得预期的效果。最终该经理人选择退出，但企业却为此支付了高昂的赎回成本，并对企业的经营造成了很大的影响。这个案例充分说明了企业选择合适的激励对象是非常重要的，否则就会给企业造成非常大的隐患，甚至导致严重的经济损失。

2. 选对合适的股权激励方式

股权激励的方式有很多种，如期权、期股、实股、虚拟股权等；受让的方式也有很多，比如现金购买、折价购买、分红购买等。因此，企业要根据具体情况来具体选择，一般应该结合人力资本附加值、敬业度和员工的出资意愿综合考虑。如果是高级人才但不是核心人才，就可以采用虚拟股权的方式；而对于企业的核心人才来说，可以让他以现金全价的方式来购买公司的实股，使其与企业绑在一起。

3. 分批、分阶段授予激励对象

不要太过于相信“一见钟情”，这毕竟是小概率事件。如果想要产生一种长期的激励效用，可以分批、分阶段授予激励对象。这样，就能够给企业和人才一个长时间的考量，给双方一个不断磨合的过程。

4. 必须与业绩挂钩

股权激励必须要与激励对象的业绩挂钩，即拿业绩来说话，这样激励对象才能心安理得地接受奖励。

5. 明确股权激励的时间限定

对于如何确定激励的周期，应综合企业的战略规划期、员工的心理预期和工作性质等方面来予以确定。明确股权激励的时间限定，这是一个非常重要的环节，如果时间限定过于宽松或不明确的话，就很不合理。这会让双方之间对未来的预期变得十分模糊、随意，进而导致在绩效、付出和收益等方面难以实现平衡。

6. 对激励对象股权的退出做出合理安排

为了避免产生一些不必要的法律纠纷，在实行股权激励方案前要事先细化和明确有关退出的机制。俗话说："没有永远的朋友，只有永远的利益。"这句话也可以理解为"在不同的阶段，团结不同的朋友"。因此，企业必须对激励对象的退出方式提前给出一个比较合理的安排。如果激励对象达到了预期的业绩，其正常退出可适当宽松一些；而如果没有达到预期时的非正常退出，则必须要对违约一方进行一些适度的扣罚。

此外，当企业与激励对象之间确定了股权激励方案以后，接下来就要签署股权授予协议。这标志着股权激励的正式实施也是对双方权利与义务的明确界定。

| 实施股票期权激励的主要环节 |

股票期权是企业提供给员工的一种权利，凭此权利员工可以在一定时间内，以一个固定的价格购买该企业一定数量的股票。对于股票期权计划的受益者（员工）来说，他们当然希望股票价格不断上涨，以便以较低的价格购买股票，再以较高的价格出售，从中获益。股票期权的激励机制，就在于此。

股票期权激励实施主要环节有哪些？

1. 授予股票期权的前提

一般说来，股票期权是无偿授予的。企业希望员工通过有效的工作提升企业业绩，提高股价，从而获得收益，这也是股东的利益所在。

2. 授予和行使股票期权

股票期权的授予范围，一般是企业管理层成员和科技研发员工，具体人员由董事会确定，股票期权的授予时间、授予数量和行使价格，同样由董事会决定。

一般情况下，股票期权获受人只有在股票期权的授予期结束后才能获取行使权，而不可在授予后立即执行。股票期权的行使权一般按授予时间表分批进行，因企业、授予时间、获受人身份的不同，各企业股票期权行使权的授予时间表各有差异。董事会有权缩短管理者持有的股票期权的授予时间，甚至可以在当日将所有的不可行权的股票期权，变为可以行权的股票期权。

3. 授予股票期权的时机和数量

员工获赠股票期权的时机，一般是在受聘、升职和每年一次的业绩评定时（受聘时与升职时获赠股票期权的较多），股票期权的授予数量通常没有下限。期权为获受员工私人持有，不得以任何形式出售、交换、记账、抵押、偿还债务，也不得以利息支付给第三方。

4. 确定股票期权的行权价

对于股票期权的行权价，不同企业的确定方式各有不同，比如，有的规定是授予日最高市场价格与最低市场价格的平均价，有的规定是授予日前一个交易日的收盘价。

当某员工拥有企业10%以上的股票期权时，如果股东大会同意他参加股票期权计划，则其行权价必须高于或等于授予日平均市场价格的110%。

5. 设定股票期权的评价标准

如何设定期权激励的评价标准，是股票期权制度实施过程中一个很重要的问题。为了达到最大的激励目的，应选择何种标准来授予股票期权？评估标准设定是否恰当关系到股票期权制度实施效果的好坏，这就需要在企业内部建立一整套员工业绩评估体系。

利用一种长期潜在收益激励企业员工，尤其是高级管理者，使其与企业成为“利益共同体”，奋斗目标与企业股东的目标最大限度地保持一致，以保证企业价值的持续增长，这是股票期权激励的根本目标。

我们来看杜邦公司的股票期权计划。

1991 年，杜邦公司开始实行其股票期权计划。

此前，对于实施该计划的原因，怎样把该计划纳入人力资源管理体系，怎样使公司和员工结成利益共同体等问题，公司管理层做了充分讨论，并达成了共识。

该计划有几个重要规定：

（1）员工行使期权的前提是持有期权至少一年时间。

（2）员工在行使期权时，既能按期权的执行价格用现金购买股票，也可以直接用期权换股票。所有这些交易，世界各地的员工都能参加。

（3）在 10 年内，员工可以随时行使权利，把期权换成股票。

（4）公司不是每年都提供股票期权。员工不应认为被赠予股票期权是自己的一项权利；是否应该根据公司绩效向员工提供期权，必须由董事会主席办公室决定。

在那一年，杜邦公司向其在世界各地的每个员工（包括公司的高级执行官们，虽然他们还能得到另外的期权，但该计划仍把他们考虑进去了，这一点体现了公司的基本价值观，即公司所有员工公平参与激励计划）赠予 100 股股票期权，同时对他们进行了大量的教育，解释股票期权是怎么回事（如果公司股票价格增长，期权的价值就会增加，而如果公司的市场业绩一直优秀，股票的价格就会增长），以及员工的表现将怎样影响公司的股票价值：公司的成长、盈利能力和在市场上的表现，决定了股票期权的价值，而公司的成长、盈利能力和在市场上的表现，又取决于员工的工作业绩，也就是说，每个员工都对这些结果的实现负有责任。

员工被告知，他们有 10 年的时间行使期权，10 年后，是继续持有股票，还是卖掉股票取得现金，由他们自己决定，另被告知，在公司业绩不佳时，公司不保证肯定提供期权。这样一来，员工们都认识到，自己的利益与公司发展息息相关，不仅要留下来，更要好好干。

“杜邦股票期权计划”很值得企业管理者们借鉴，它不仅把高级执行官的志向和普通员工关心的问题结合到一起，而且在员工和股东之间建立了一种联系，于是劳资双方有了共同目标，即把杜邦公司建设成世界级优秀企业，并分享这一成就所带来的效益，当然，这个效益没有保证，但公司上下齐心协力，采取把公司导向成功的行动，它就能实现。总之，这个计划成了一个共同利益的纽带。

总之，让员工与企业成为“利益共同体”，这就是股票期权的独特价值。股票期权承认了员工对企业发展的重要性，因而能有效地激发他们的主动性和积极性。

股权激励是把双刃剑，成败在于细节

股权激励是大型公司常用的一种激励方法：管理者让员工获得公司股权，给予其一定的经济权利，使其能以股东的身份参与企业决策、承担风险、分享利润，从而心甘情愿地为公司的长期发展竭诚服务。

股权激励构筑了利益共同体，等于把劳资双方的利益捆在企业资产的战车上，使员工和企业的利益长期保持一致，既为员工提供了保障，又有利于留住人才，是一种很不错的员工激励方法。

然而，股权激励是把“双刃剑”，用好了能提高员工的忠诚度，但如果用得不好，则会使企业成为没有良好表现员工的“养老院”。即使管理者裁员，也可能有“被裁”的员工拿着股权继续待在那里。

管理者怎样才能发挥股权激励的作用呢？做好细节工作。常言道，细节决定成败，在进行股权激励时，管理者只有认真做好了以下细节，才能发挥其积极作用：

1. 出发点要正确

股权激励的出发点，当然应该是“激励”，也就是说，授予股权的初衷，是创造财富而不是分配财富。员工获得股权的前提，是企业经营业绩的提高，员工可以将其所获股权看作是企业财富增加价值的一部分。

2. 明确股权激励战略目的

管理层要考虑股权激励所要达到的目的。股权激励有很多种方式，比如，针对中高层人员，做一个中长期的激励机制，把他们的业绩跟公司的业绩和利益捆绑在一起；对于全员持股，就要给大家一个共同的目标，一起努力把公司做好，都能从中获益。

3. 选好激励对象

作为一种激励手段，股权激励的持股方不能局限于高层，做出相应贡献的员工都可以持股；同时，它还可以采用多种股权转让方式，如资金投入、品牌投入、智力投入、知识产权投入等。

4. 明确股权激励的盘量

公司准备发行多少股，其中多少留下来作为给员工激励用，多少是给高管，多少给董事会成员等，对于这些问题，在公司上市之前，管理者必须考虑清楚。

如果开始留出来的用于激励员工的盘量不足，随着公司的发展，管理者会发现股权激励的盘量不够用了，这时虽然还可以增发，但必须全体股东批准才行，增添了不少麻烦。

5. 要有完善的考核体系

如果企业缺乏客观公正的绩效评估体系，员工的贡献就很难衡量，股权激励也就失去了依据。要有完善的考核体系，这是管理者要注意的问题，这种考核体系既要有企业内部纵向的业绩评价，也要有同行企业间可比的横向评价。

6. 要做好与员工的沟通工作

员工持有公司股权，并不意味着将来一定能靠卖出公司股票发财致富。为什么这么说呢？持有股权到底能不能赚钱，很大程度上要看公司上市后的经营业绩，要看公司未来的业绩，还要看公司上下能不能把既定的商业模式坚持下去并做好。

因此，授予股权时管理者一定要跟员工沟通清楚，要让他们认识到，股权既可以让他们享受利益，也需要他们承担风险，最主要的是对股权的未来要有一个合理的预期，否则可能影响到股权激励的效果。

总之，股权激励相当于给员工戴了一副“金手铐”，让员工把公司当成自己的家，持有股权的员工会感觉是在为自己工作，企业内部的凝聚力由此大大增强。

第十四章　事业激励

——事业是员工毕生的追求

留给员工成长空间，让员工看到自身良好的发展机会，才是最根本的挽留人才的方法，也是最长效的事业激励方法。如同“授人以鱼不如授人以渔”的道理一样简单，没有什么比自己能够成功的进步更让人欢欣鼓舞了。如果管理者能让员工发现自己上升的空间，并有机会朝着那个方向去做，企业就能真正留住人才了！

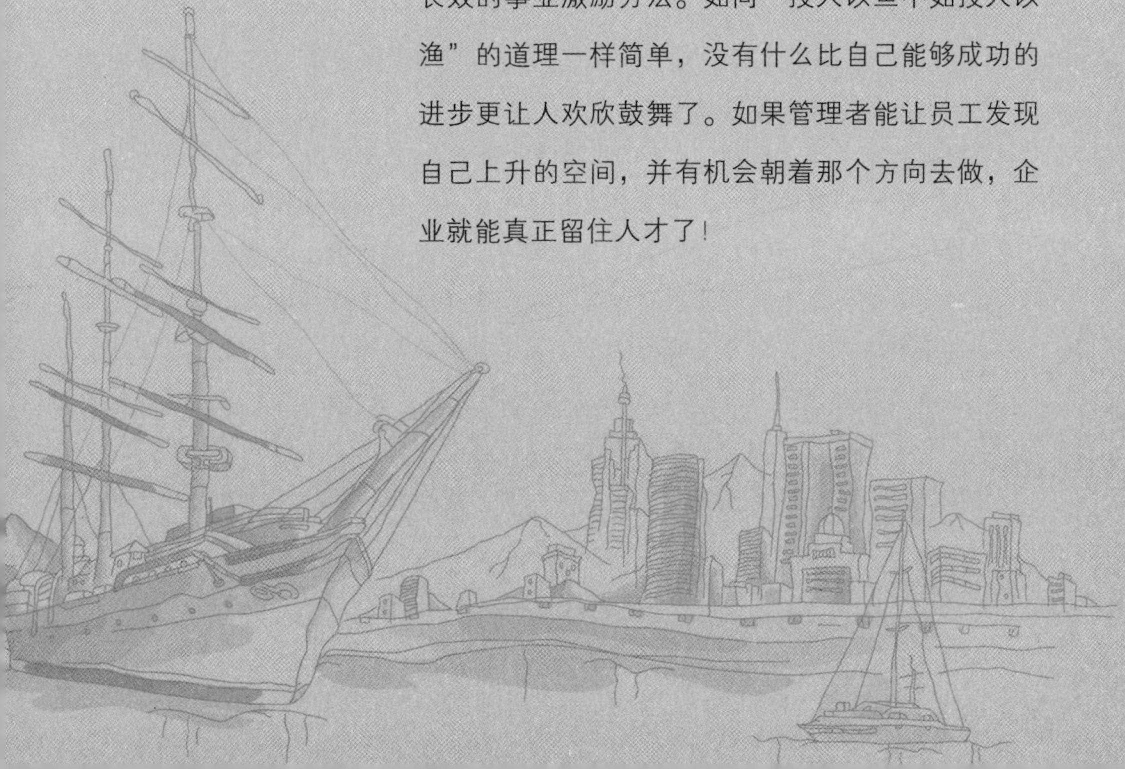

让员工对企业的前途充满信心

企业就像是一棵参天大树，在它遮天蔽日、枝叶茂盛时，自然会有人靠它乘凉，员工自然想在这棵树下蒙受福荫；如果这棵大树只有秃枝败叶，窟洞密布，管理者手下的"孙悟空"们，自然会各奔前程，寻找新的"花果山"。树倒猢狲散，这句话放在企业中一样有效。所以说，企业的发展确实很重要，因为它能让员工安心在企业中上进、努力发展。但是员工也需要成长，拥有和企业相对应的发展空间，是人才极为需要的。管理者只有给了员工成长空间，让他们看到自身良好的发展机会，他们才能从内心深处认可企业和管理者，并愿意留下来贡献聪明才智。

所以说归根结底，如果管理者想让你的企业留得住员工，就要让企业发展壮大，给员工吃"定心丸"，使员工相信企业光明的前途。

美的集团董事局主席、首席执行官何享健在接受记者采访时，讲出了他们用事业成就人的方式方法。

记者："从你目前的资产来看已经可以让你和你的家人过上优越的生活了，你为什么还要努力地工作？"

何享健答道："我的工作动力有几个方面。首先，这个企业创建十几年以来，我是一直做着的，很有感情。这个企业办得越好我越高兴，企业不断发展壮大是我的精神支柱。其次，我希望企业越做越好，促进社会进步，能为政府分忧。最后，也最重要的是，我们要确立具有很好的文化、技术、体制和清晰的方向，以及更高的目标，包括具有共同理想、共同精神的团队，这样我们就能为员工的发展创造更多更好的发展平台，这是企业最大的价值。企业重要的不是今年销量增长多少、明年增长多少，那只是一时的，长远的要靠人才，要靠大家。所以，我们要用事业来成就人，没有发展平台，企业员工就无法施展自己的才华。现在我们的企业发展得很好，员工的工作热情很高，生活水平也不断提高，有能力买房买车了，这令我很高兴。"

何享健的话，道出了一个管理理念：企业管理者要站在企业未来发展的高度，积极营造一个能“拴住人心”的员工发展平台，营造一个有利于充分发挥人才作用的激励机制。对此，管理专家给出了如下具体建议：

1. 营造适宜人才发展的空间

高薪并不是一个人的唯一要求，有很多人才，更看重自己的发展空间和发展路线，他们不屈居人下，企业给出的薪水不是他们的目标，高薪只是他们暂时的需要，他们向往着有朝一日实现自己的梦想。

管理者要做的，就是为这样的人才提供发展空间，成长空间这种看不见、摸不着，却是每一个有抱负、有理想的员工都需要的，他们需要公司的这种态度，这种态度和立场会让公司给他们更多的机会、更大的空间。这种空间会将他们牢牢拴在企业这条大船上，在企业里一直发挥他们的才华，从而为企业带来无法想象的利益。

还有，管理者要科学设岗，使人才在他们的岗位上，既能施展才干，又能学到新本领；要注重企业内部的人才流动，在一个岗位干好了，就要及时根据其能力，使人才的活动舞台更广泛，造成一种“海阔凭鱼跃，天高任鸟飞”的生动活泼的局面。

2. 建立有利于人才脱颖而出的用人机制

不断深化企业人事制度改革，坚持公开、公平、竞争、择优原则，逐步实现因需设岗，竞争上岗，择优聘任，以岗定薪，考核有标准、奖惩有依据的用人制度体系，力争实现“人员能进能出，职务能上能下，待遇能高能低”的动态用人机制。这样做的目的不言而喻，那就是给人才上任的机会，因为只有人才能上任，企业才能真的越做越强。真正意义上的人才，并不在乎管理者多一点的薪金，他们更在乎自己的发展，更在乎自己能够上升的空间。要真正留住人才，使人才有用武之地，就得靠事业。留住人才是一项系统工程，贯穿于企业内部工作安排、内部晋升、员工培训、参与管理及职业发展计划等过程中。

总之，给员工成长空间，让员工看到自身良好的发展机会，才是最根本的挽留人才的方法，也是最长效的事业激励方法。如同“授人以鱼不如授人以渔”的道理一样简单，没有什么比自己能够成功的进步，更让人欢欣鼓舞了。如果管理者能让员工有自己上升的空间，能发现自己上升的空间，有机会朝着那个方向去做，企业就能真正留住人才！

给员工创造干事业的平台

每个人或多或少都是有进取心的，这就代表了他们对自己的表现会有一个期望，但是当公司无法满足他们自我价值的实现时，他们就会感到自己和公司的价值取向存在较大差异，因而就会抱怨得不到公司充分的重视和支持，行动上就表现出懒惰，情绪上就会消极怠工，甚至“跳槽”。

解决这种问题，优秀的管理者都是对症下药。兴趣是人的第一老师，当人们对一件事情或者某个问题有了兴趣，就会努力去做，努力去想。员工的兴趣往往就表现在对于某个岗位的热忱，他们会对某些工作非常感兴趣，管理者不如就让他们做一次试试。他们如果能在这个岗位上人尽其才，就会发挥自己的热情，努力工作，有所成就。

杰克·韦尔奇刚进通用电气公司不久，就以其积极的工作态度和出色的科研创新能力，成为PPO材料研究领域的专家。但是，当时的通用电气公司有着非常严重的酬薪问题，管理层也非常没有水准，官僚主义十分严重，这让韦尔奇非常压抑，同时这个公司给他的职位他非常不满意，他更希望能进一步研究如何将他的科研成果应用到生活中去，而不是坐办公室。当时担任通用电气公司副总裁的鲁本·加托夫闻讯后，对杰克·韦尔奇许诺以高薪，并委以重任。

杰克·韦尔奇成了PPO工艺开发项目的领导人，他的任务是负责将PPO转变成具有商业价值的产品。这是个十分艰巨的任务，但是韦尔奇非常快乐，他朝思暮想，他成功了，他研发出了该产品，并取名“诺瑞尔”。1965年，韦尔奇建议通用电气公司建造一座价值1 000万美元的工厂生产诺瑞尔。到了指定一名经理的时候，却没有人愿意接受这个工作，因为谁都不愿为一种商业价值未被证明的产品去冒险，只有韦尔奇渴望这个工作，他具有其他搞技术的人员所缺乏的销售产品的能力。杰克·韦尔奇不负众望，1968年，到公司只有8年的他，就成了公司历史上最年轻的一位总经理，负责整个塑胶事业部门。1981年，韦尔奇成了公司的总裁，领导通用电气公司雄踞全球企业500强中的第一位。

做到“人尽其才”，让员工干他想干、能干的工作，这就是我们说的兴趣的作用。如果韦尔奇一直保持在原来的岗位上，他就不会有这么大的兴趣，投入这么多精力到工作中去，又怎么会有机会成就世界500强第一的企业呢？可见，做到人尽其才，企业才会越做越强。

管理者希望看到的局面是，在正确的岗位出现正确的人，而不是在正确的岗位出现错误的人，更不是把正确的人放到错误的岗位上去。无论怎样，管理者都应该尊重一个人对岗位的渴望，如果他做得不好，可以再去调动他，也不要不给对方机会。因为只要员工自己了解自己的兴趣和想法，管理者就要去尽可能地满足他们，从而让我们的企业能做到把正确的人用到正确的岗位上去。

总之，做到“人尽其才”，让员工干他想干、能干的工作，能做到这点，公司就会在运作上更合理、更迅速，壮大的速度也就更快。

把员工的兴趣投入到工作中

管理者会发现当员工对工作的期望远远超过满足生存需求时，工作对于员工就不仅仅是一种负担和责任，更多的还有在工作中满足兴趣的快乐。兴趣是人的第一老师，当我们对一件事情，或者一个问题，或者一个领域有了兴趣的时候，我们才真的会努力地去探寻。兴趣提供的动力是非常强大的，而且这种动力非常地持久。在企业中，员工在工作中更倾向于拓展自己的兴趣，发挥所长，在工作的同时实现自我价值、个人成就感、受重视等目标。

美国曾对两千多位著名的科学家进行调查，发现很少是出于谋生的目的而工作，他们大多对某一个领域或者某一个问题的兴趣很强。因为这个兴趣，他们可以不计名利报酬，忘我地工作，他们的成功是与他们的兴趣相联系的。

缅因州的汤姆斯公司（天然牙膏制造商）鼓励员工拿出5%的带薪时间

去做志愿服务和感兴趣的工作设计。结果公司的业绩不但没有因为工作时间的减少而造成工作业绩的下降，反而为公司创造了很多的额外盈利。

在戴尔公司，戴尔时常会提出一些问题，引发员工进行思考，比如“顾客的喜好为何”“他们需要什么”“他们希望看到我们有什么样的进步”“我们要如何改进”“怎样可以让你在戴尔公司的工作更轻松、更成功、更具意义”等等。戴尔提出大量问题供员工探讨，并且非常认真地聆听他们的意见。他的员工也确实因为这样的问题而开始自我发挥，在戴尔公司，员工们通过主动积极的思考、分析，在潜意识当中将自己当成了公司的主人翁，所有的付出，都是自动自发、心甘情愿的。

苹果公司在其创业初期，员工每周的工作时间不止 80 小时或 90 小时，这种狂热的工作态度和高涨的工作热情不来自于苹果公司的任何一条强硬规定，而是来自于公司里的每一位员工的自我挑战和兴趣的发挥。

不难看出，员工之所以在工作中达到忘我的境界，就是因为公司的工作最大限度地激发了员工的兴趣，他们渴望着能够开发出更多更好的产品给大家使用，这就是一种动力，一种推动着苹果公司员工努力向上的动力。

兴趣作为个体的典型心理倾向，在很大程度上决定着员工的工作态度和工作认真程度，这种兴趣可以影响到他们对工作的责任心和上进心。作为心智的重要组成部分，兴趣还影响着管理层的激励手段，尤其是精神层面的引导、激发和鼓励是否有效。

因此，作为一名管理者，一定要最大限度地去发现和了解员工的兴趣所在，随时地细微调整员工的工作内容，让他们的内容时时刻刻都充满他们对工作的兴趣。只有这样，员工才能对他们的工作充满信心和爱心，开心努力地工作，由此大大地提高工作效率。

给成就欲很强的员工建功立业的机会

在企业中，经常会有一些成就欲很强的人，他们永远不会满足，他们期望更高，他们渴望更多更大的成功，而且他们的素质能够引导他们走向成功。他们聪明能干，自信自强，具有超凡的创新意识和勇于创新的胆识。不论做什么事，他们总能竭尽全力，而且一般都能完成得较为出色。他们喜欢设定特殊的目标，并且也喜欢尽自己最大的努力去完成这些目标。了不起的是，他们总是能真的去完成他们的目标。时间的紧迫、外界的干扰、个人的挫折或情绪的变化，都不足以影响他们优异的表现。他们勇于挑战，他们勇于上进，他们勇于承担别人所不能承担的工作，因为这些工作有难度，而他们就是需要这种有难度的工作来证明自己的存在和重要。

正因为他们是一个特殊群体，和他们特殊才能相应的，是他们的特殊心理、特殊处世方式以及特殊的个性。他们常常自以为是，他们也很自负，绝不轻易地同意别人的观点。他们很不喜欢受人操纵和受人支配。对管理者，他们不喜欢这个阶层的人对他们指手画脚，因为他们本身更注重内容，办事也讲实质；他们很注重自己的形象，也要求别人尊重他们的形象。他们最在乎的是别人的认可，他们希望的是管理者无条件的信任，而薪水有时候并非是他们最渴望的。

拥有这一类职员，无疑是公司的一大资产，但管理者要管理好这类人，就像是驾驭一匹性格暴烈日行千里的良驹。对于这些有卓越成就欲者，管理者们容易犯一些错误，如：有些管理者怕出乱子，不会轻易放手让他们自由驰骋；还有一些管理者嫉贤妒能，害怕这些人才上任，并且也嫉妒他们的才能，所以想方设法地压制他们，当然更不会给他们机会；还有些管理者有着强烈的支配欲，想要证明给别人看“即使是这样的人我也能轻松驾驭”，于是软硬兼施地企图控制他们。

显然，这些做法都不能使这类人充分发挥才能，结果很可能使他们另谋高就。其实要激励这样的员工很轻松，那就是激起有“成就欲”者的斗志。

首先，管理者可以给他们一些特定的指标，而且要尽量高一些的指标，这会让他们感到一种信任和挑战，然后给他们一定的期限，这种人越是有压力越是希望打破压力，他们不希望有任何东西能够阻止自己的脚步。如果有压力，他们就会去成功，进而甩掉压力。

其次，给他们一些特殊的权力，这是一种特别的重视，这就更能激起他们的斗志。在平时要让他们发表自己的观点，给他们表现的机会。

最后，要经常冷静地指出他们观点中的不足，因为他们一旦放开，就如同脱缰的野马一般，如果任由其拉动企业是非常危险的。一旦没有看准方向，他们就会拉着管理者坠入深渊，所以管理者要适时提出他们的不足，让他们知道和了解自己的缺点，进而去改正。

记住，要想驾驭他们，就要在工作中，让他们觉得自己支持他，了解他，对他们的出色表现给予及时的、中肯的赞扬；同时也要毫不留情但又妥当地指出他的不足，这样管理者就能处于一种积极主动的位置。

总之，海阔凭鱼跃，天高任鸟飞，管理者要认识到，如果能有一个合适的舞台，手下这些“鲲鹏”们，就能“水击三千里，扶摇上九天”，而企业也会因为这种人迎来质的飞跃，所以，一定要学会去激起这种人的斗志，从而让他们能腾飞，他们的腾飞就意味着企业的腾飞。

把功劳留给员工

成功管理者的秘密，是他们懂得与员工一起分享功劳，有时候他们会故意把属于自己的功劳推让给员工，以给员工更多建功立业的机会。这样做，不仅能让员工感谢管理者，而且能让他们更好地将自己融入企业当中，营造出可信的、积极向上的团队氛围。对此，亨利·福特在他的自传中这样写道：“一个喜欢抢夺下属功劳的领导，是不可能成功的，他得到了近利，却忽视了远利；反之，一个不与下属抢功劳的领导，才有可能成功。”

胡安的公司专门为高噪声下工作的工人开发和生产耳朵保护产品。一个政府订单要求他们生产一种既舒适又实用的护耳产品。公司尽管做了大量的研究开发计划，耗资数万美元对各种原材料进行了实验，都无功而返。所有原材料都没有通过政府要求的声学实验，无法两头兼顾，要么只能舒适，要么只能防止噪声。

该项目的工程师乔治为了这个产品耗费了很长时间，费尽了心血，一次，当按照惯例乔治把几种原材料的最新实验结果拿到胡安的办公室时，他发现所有原材料的测试再次失败了，但是其中一种材料通过了所有低频率噪声，而另外一种材料则通过了所有较高频率噪声。胡安自然想到只要把这两种材料融合到一起就行了。

胡安把乔治叫进了他的办公室。一般人会想，胡安肯定要指出这个显而易见的问题，甚至批评乔治的分析不全面，至少，胡安也许会将最终的发现归功于自己。但是，胡安的举动让人惊讶不已。胡安首先说，他已经检查了实验结果，乔治的实验周详，缜密，全面，并且有极强的科学依据，这让他惊叹不已。他看了一眼实验结果，说："乔治，你知道，这正是托马斯·爱迪生解决问题的办法。他总是保留实验材料，分析实验结果，直到发现解决办法为止。我相信，你最终也会按照这种途径发现解决的办法。有时候，分析和比较跟实验本身一样有价值。我知道，你还没有机会分析这些数据。这些数据都在这儿，我相信你在其中一定会有所发现。"

乔治带着数据离开了。果然，15 分钟之后，乔治非常兴奋地给胡安打来了电话，说他发现了（跟胡安同样的）解决办法；而且，他还想到了更改原材料，以便混合的效果更好。

事后，有人问胡安，为什么不直接告诉乔治问题所在？胡安说："乔治是一个优秀的员工。为了这个项目，他工作了几个月，一直都很卖力。只要有可能，他总会及时把实验结果送给我，不管结果满意不满意，因此他并没多少时间去分析理解这些数据。但是现在，他有这样的机会了。让乔治自己去发现问题并解决，才是最好的。我的员工付出了努力，那我就应该坐等他的结果，如果他做了这么多，而我却抢走这份功劳，这简直就像是盗窃一样无耻。我的员工既然这么努力，就应该获得他所应该获得的回报和成功，还有他应得的喜悦。"

胡安最先发现的办法确实可行，但是乔治却获得了发现解决办法的荣耀。后来，乔治作为胡安手下的一个工程师，一直工作得非常努力、成功，为此他和胡安都得到了提拔。胡安最后成为了那家公司的总裁。

当下属千辛万苦地解决了问题，管理者不应该把这份努力的结果据为己有。如果管理者和员工抢成果，员工肯定不会抢成果，而是干脆不去成功。把功劳推让给员工，这才是高明的管理者应该做的。人都是知好歹的，意识到上司将功劳让到了自己头上，员工怎会不感恩戴德，全力回报呢？成人达己，这是管理者大智慧的表现。

第十五章　挫折激励

——让受挫的员工笑对失败

每个人工作中都会遇到挫折。对管理者而言，挫折激励法就是利用人们的挫折心理对其进行激励，以改变、转换和调整他们的行为，变消极态度为积极进取，变被动不利为主动奋争的一种激励方法。进行挫折激励的目的，就是要给下属员工一定的支持和引导，使其不灰心、不丧气，并激发员工迎难而上的精神，从而为企业创造更大的价值。

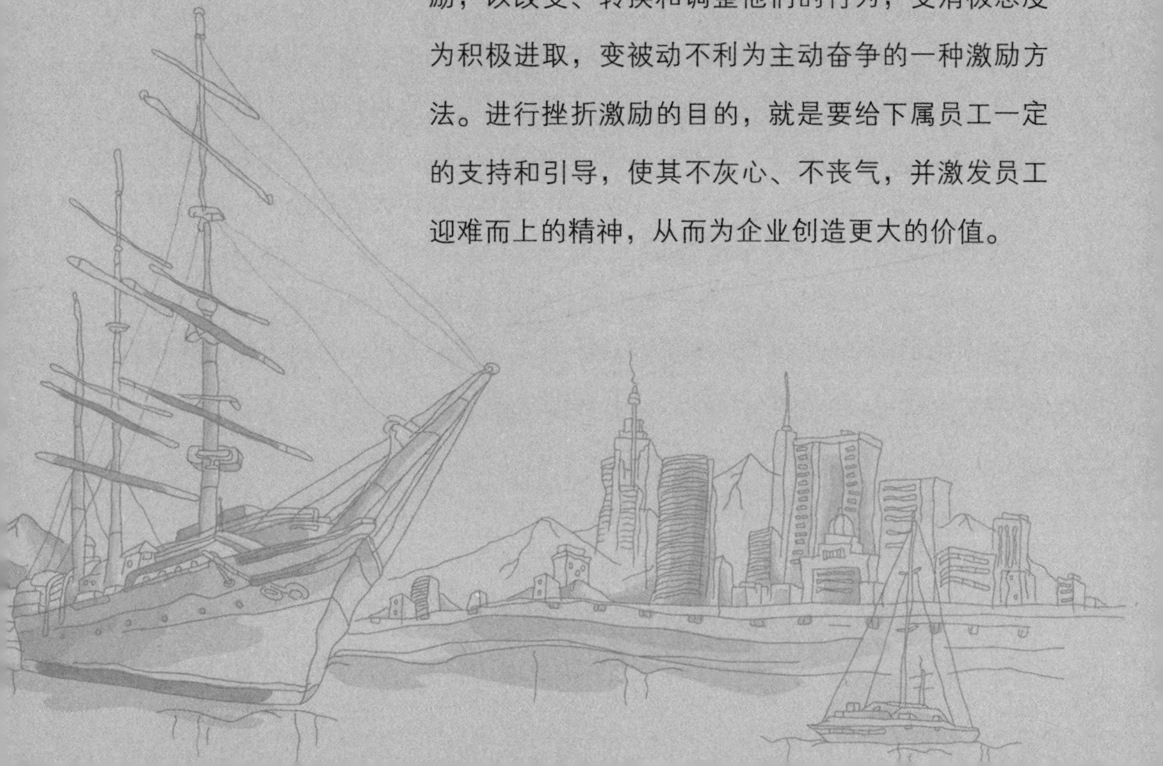

激励员工笑对挫折

当下社会是一个高速发展的社会，员工自然不能脱离社会，他们每天面临着各种压力，来自生活的、来自工作的、来自于方方面面。当员工努力工作却总是遭受挫折时，这时管理者千万不要一味指责和歧视，而是要缓解员工的受挫心理，振奋其精神。管理者应当给员工一定的支持和引导，对其进行挫折激励，让员工能够以积极的态度来面对挫折，不断自查、完善自我，以更坚强的意志战胜挫折。要告诉员工生活并不是完美无缺的，虽然每个人都在不断地追求完美，但总会遇到挫折和失败。

在遇到挫折时，管理者要借此机会与员工进行一次深入心灵的谈话。管理者应当要让员工明白，失败给了他一次自我反省的机会。失败会带给我们心灵上的震颤，正好可由于这种震颤重新认识自己，进而好好梳理自己的心情，调整好自己的心态，好好做一下反省。著名作家林清玄曾说："痛苦是产生一切智慧的根源。失败在给我们带来痛苦的同时，还会迫使我们反思经验和教训，使得在思考中找到解决问题的答案和方法。"由此可见，失败是有益的。管理者应当让员工明白，经验与教训是失败带来的最好礼物，这也是未来成功的有利基础和条件。员工有了这些经验与教训，即拥有了少走弯路，节省成功的成本。相反，如果没有这些挫折，长期处在安逸、舒适的环境中，我们的勇气、意志和雄心就会逐渐消磨并使人丧失动力，而失败却能让我们从安乐的状态中走出来，让意志变得坚不可摧。

总之，如果员工在遇到挫折，一蹶不振的时候，自然也就不能将精力投入到工作中去。管理者就应该走入员工的内心世界，进行思想交流，多安慰、多鼓励，从根本上疏导员工的心理压力。

给过于自信的员工体验一定的挫折感

过分自信就是自傲。员工有时候过度自信、眼高手低，以致工作上出现失误和纰漏，甚至影响到部门内部或者部门之间的合作。此时，管理者应当给予他们一定的挫折，以打消他们的过分自信感。

对于企业管理者来说，在可控的范围内，可以通过如下渠道给员工一些挫折和历练。

1. 在可控范围内，让他犯个小错误

这些人不犯错误是不会悔过的，他们过于强大的自信，蒙蔽了他们对缺点和不足的判断。对此，管理者就应该制造一些错误让他犯，但是这个错误绝不能不可弥补，因为管理者的目的是让他们正视自己，而不是把对方的自信和努力一棍子打死。

某公司市场部的刘主管，是一个很有能力的人，他做事果断、有魄力，但他同时是一个自信心过强甚至有些自傲、自负的人，他时常一意孤行，一旦决定就要立即实施，很难听进市场部赵经理的意见。

有一次，他和一家广告公司的业务员就本公司产品促销的事进行协商，双方最终就生意问题达成了共识，但是还没有签署合同。关于这次的促销计划，刘主管大致向赵经理说明了一下，可是赵经理却发现了一些问题，刚要指出来，刘主管却满口说着不可能有问题。赵经理看他如此坚决，就想放手让他去干，等他犯了错误就明白了，而那些不多不少的损失就算是交学费了。于是，赵经理同意了让刘主管签合同。

果然不出赵经理所料，就是在他表示异议的那个促销环节上，那家公司并没有办法执行到位。由于这次的促销是配合着公司的广告投放来做的，促销执行不到位，势必会影响到公司的宣传力度和声势需要，而这个时候刘主管终于认识到自己的过失，他马上找到了那家广告公司，但是多次协商之后对方还是没有办法解决这个问题，他不得不求助于赵经理，并深刻检讨了自己的过失。

赵经理并没有过多地追究他的失误，只是立即着手请律师与该广告公司进行交涉，同时第一时间和另外一家更大的广告公司签订了合同。其实，就在赵经理同意刘主管签合同时，他就已经与这家大广告公司谈妥了这件生意，只等着签合同后就立即实施。

在公司不会遭受到多大损失的前提下，赵经理没有及时纠正刘主管犯下的小错误，让这个自大的刘主管终于明白了自己的问题，趁此机会，赵经理与刘主管进行了一次长谈，对其工作进行了肯定，但是也提出了诚恳的意见。这次，刘主管终于听得进去了，他虚心接受了批评，以后工作起来更加认真细致严谨了。

2. 借用第三方力量提醒员工

作为过分自信员工的直接上级，当管理者对他的威慑力不够的时候，也可以借助第三方来打击他，比如，可以通过更高的上级或者借用客户的力量，来使他们认识到自己的问题。

3. 给他安排难度较大的工作

过分自信的人通常妄自尊大，认为自己的能力超过其他任何人，对症下药的方法就是安排工作难度非常大的工作给他，让他明白自己的能力也是有极限的。

4. 调换工作岗位，让员工了解自己视野的局限性

自以为是的员工经常只是强调自己的付出，指责其他部门的人没有很好的配合自己的工作。这时，对员工适当进行岗位轮换，就具有一定的积极作用，可以更好地促进部门之间的了解与合作，让自以为是的员工了解自己视野的局限性以及其他岗位的艰辛。比如，让计划部门的人员轮换到生产现场，计划部门的人就知道自己制定计划与实际情况有多大的差异了。让开发部人员轮换到销售部去，开发部的人员就能明白为什么自己设计的产品不符合顾客的实际需求，到底什么才是顾客真正喜欢的产品。

总之，打消员工的过分自信，是对员工进行挫折激励的基本做法。那些自信心很强的员工，其实有着普通人没有的东西，那就是强大的自信，如果管理者能巧妙地将这个缺点告诉这些人的话，就能打消他们的自负，从而让这些员工尽快走上正轨，将这份对工作的自信正确发挥出来。

给犯错误的员工宽松的环境以度过挫折期

当员工遇到挫折时，通常会心灰意冷、丧失斗志。此时，管理者要对员工持以宽容、信任的态度，并主动帮助他们分析原因、吸取教训，以缓解员工的心理压力，激发他们重拾信心，从而更加努力地工作。

有一家公司老板的性格比较强势，他表情十分严肃、刻板，脾气也非常暴躁。他最初管理员工的方式就是对他们大吼大叫，而且从来不分场合。这让手下的员工非常恐惧他，每次见到他时都会感到压力倍增，甚至很难安心工作，工作效率大大下降。久而久之，老板也意识到了自己身上的毛病。于是，他开始不断反思，后来，他决定改变自身的这些缺点。为此，他先从微笑开始。不管是在工厂的任何角落，只要见到员工他都会对他们面露微笑，并且像普通人见面一样和他们打招呼。没过多久，不但消除了员工紧张的情绪，让他们的工作效率提高了，而且就连他的客户，也被他的真诚所打动，甚至之前远离他的客户也愿意重新与他合作。我们从这个案例中看到，管理者学会用宽容、信任的态度来对待员工，就能在一定程度上缓解他们心中的压力，使其更加努力工作。

面对压力和挫折，每个人都有可能犯下错误。在犯下错误的时候，管理者严厉的呵斥或许会让员工记住自己的错误，但是被严厉呵斥的员工也很有可能因此而失去工作的积极性。此时管理者还可以设法拉近与员工的关系，多与员工展开一些非正式的谈话，借机与他们建立情感。管理者除了多说，还要多认真地倾听，不要急于进行分析或解决问题。对身处挫折的员工来说，管理者能够认真倾听他们的倾诉，就足以让他们尽快走出困境。这是因为，当某个人努力满足自己的需要而工作却遭受到挫折时，他可能会采取两种态度：一种是积极适应的态度，另一种是消极防卫的态度。无论什么态度都是通过员工内心的反复挣扎思考作出的，但是当管理者能够认真倾听，疏导员工情绪，并因势利导帮助员工分析问题、解决问题之后，员工则更容易出现积极的态度，而呵斥则是在最大程度上遏制了这种良好情况的出现。

让我们来看看日本电机公司的激励方式：

日本电机公司的一位项目部经理，平日里非常谨慎小心，而且非常能干，但是近几天工作异常繁重，工作压力巨大，于是在日常工作中出了一个小失误，虽说仅仅是一个小失误，却为公司带来了不小的损失，然而公司高层人员却并没有对其马上采取严厉的措施，而是默默地将这件事情按了下去。这位经理却因为这个过失而一直内疚着，于是这个挫折也慢慢地变成了他的动力，他非常地努力、兢兢业业地工作着，每天都加倍地用心，希望能够弥补他给公司带来的损失。

这位项目经理的成功受到了多位上层人士的赏识，而高层管理者的态度只有四个字“将功补过”。这位经理不仅仅没有抱怨公司没有奖赏他，反而如释重负，认为自己的过错终于获得了原谅，从此每天更开心地工作着。

日本电机公司的管理者如是说：“员工是非常有责任心的，没人愿意面对错误，你如果在他犯下错误之后大肆地批评他，即使你教训他的作用确实起到了，你的员工也会一蹶不振。那么对我们来说，这无疑是受到了损失。”

司马迁因受腐刑而发愤写作，写出千古巨著《史记》；屈原被放逐，写出《离骚》；左丘失明，才有《国语》的诞生。发愤是一种升华，属于挫折激励后的积极态度。

而这种积极态度是需要管理者去引导激发的，如果员工犯下了错误，那么不要紧，给他机会去补过，给他时间去修正，一竿子把员工打死绝不能起到弥补的作用。让这个挫折激励员工，到最后再予以肯定，这才是管理者应该拥有的管理素质。

给员工将功补过的机会

没有不会犯错误的员工，因为任何人都是在不停的犯错中获得经验，继而成长起来的。管理者此时不要过于严厉地对其惩戒，而是应该给员工将功补过的机会。这样才能在挫折中更有效地激励员工。有智慧的管理者往往会让员工意识到，自己不追究他们的过失，是因为自己相信他们可以做得更好。这是管理学中的一种非常高超的境界。

贝特富德是老洛克菲勒的至交，他曾经帮助老洛克菲勒创建了标准石油公司。在一次经营活动中，贝特富德由于急功近利，致使投资失败。面对这个让人懊恼的困境，他不知道该如何去面对老洛克菲勒。

然而事不凑巧，就在贝特富德投资失败的第二天下午，在回家的路上他就碰到了老洛克菲勒。当他准备接受老洛克菲勒的指责时，洛克菲勒却非常友好地在贝特富德的背上拍了一下，然后说："我刚刚听说了你在南美投资的事情，你干得好极了，我的兄弟！"贝特富德心里觉得这是对他的嘲讽，只好伤心地说："这实在是一次惨败，简直糟透了！尽管我们后来尽力做了补救，可仍然只收回60％的投资。"

"就是因为这一点，我才觉得你干得棒极了。"老洛克菲勒神情真挚地说，"我本来以为会血本无归的，幸亏你处置果断及时，才出人意料地给我们保住了这么多的资产。真的，贝特富德，你能干得这么出色，真是让人忍不住替你叫好啊！"紧接着，老洛克菲勒又对贝特富德说："我的兄弟，我之所以没有批评你，没有惩罚你的这次错误，是因为我相信你可以干得更好，你以后肯定会让我看到你做出的更好的成绩。加油啊！"

贝特富德听了老洛克菲勒的话后，心中升起一阵温暖，这是他一生中所得到的最好的安慰，他的精神重新振作了起来，自信心也大大增强了，并在以后的工作中，确实做出了很大的成就。

管理者应该懂得，人非圣贤，孰能无过。错误固然是不可原谅的，但管理者却不能把犯了一次错误的员工就打入冷宫。犯了错误的员工通常都有自知之明，他们在对自己行为检讨的同时也是懊恼不已。管理者对他们的冷眼相待，会使他们产生"破罐子破摔"的消极情绪，并对企业与管理者个人产生极强的敌对抵触情绪，这显然是企业安定团结的一种巨大的潜在危险。

另外，评价一个员工的表现，不是看他有没有犯错误，而是看他犯错误后的态度以及有没有从犯的错误中吸取教训。许多人在犯了错误时，心里总是不知所措，盘算着是否把事实隐瞒起来。其实，犯错也是获取工作经验的方式，勇于承认，更是鞭策自己的方法之一。管理者要鼓励那些犯错并能认错的员工，给他们进一步成长的机会。

作为员工，当他出现失误后，本身肯定会自责，必然会垂头丧气，对自己失去信心，对工作失去热情，同时也在怀疑会不会失去管理者的信任。员工明白，管理者对他失去信任将会意味着什么。所以，在这个时候，与其追究他们的责任，还不如以安慰鼓励的话来安抚他们，让挫折本身来激励员工，给员工一定时间修正，给他一个机会，员工自然就会更加努力工作。这种用挫折来激励员工的方法，是一种比较艺术的管理方法。

帮助员工从挫折中奋起

随着社会竞争的不断加剧，员工所面临的工作、生活等方面的压力也越来越大，这很容易使员工产生挫折感。所谓挫折感，指的是大多数员工在工作中经常会碰到的心理问题。引发个体产生挫折感的原因是多种多样的，既有客观方面的因素，如大自然的灾害、在组织内得不到上级的理解、信任使得个人才能无法发挥等；也有个人主观方面的生理、心理等方面的因素，如外貌和体力不佳、过高的抱负、不合理且不符实际的需求等，都会在某种程度上对个体目标的实现造成困扰，从而诱发挫折，产生消极情绪和不当行为反应。

当员工遭遇挫折后，如果能够采取积极的心理自我防卫形式，加倍努力，再作尝试，通常会有利于工作的开展，至少不会引起明显的副作用。但是，若员工遭遇挫折后，采取消极的心理防卫形式，则具有巨大的危害：对员工来说，挫折感会损害身心健康，妨碍其正常的工作和生活，生活质量下降，对工作不满情绪增加，甚至发展到最后离开企业组织；对企业来说，受挫折的员工所表现出的种种妥协甚至是消极的心态及行为也将影响到企业的和谐、稳定、发展，导致企业的缺勤率、离职率和事故率增加，工作效率下降，从而影响公司的发展。

企业员工在挫折面前，除了需要自己用理智来克服不理智情绪外，作为企业管理者，要从稳定大局出发，有责任帮助员工走出“挫折”的情绪低谷，从挫折中奋起。如果管理者不能及时对员工进行有效激励，就会降低员工工作的积极性和主动性，企业也会出现管理成本增加、整体业绩下滑等不利后果。作为企业的管理者，应当采取各种有效措施避免员工产生挫折感。员工一旦产生挫折感，就要对其展开针对性的激励，让员工从挫折中走出来，并把员工工作的积极性、主动性重新调动起来，那么应该如何从挫折中激励员工呢？

1. 要宽容、信任那些正处于挫折中的员工，以缓解员工心中的压力

当员工遇到挫折时，通常会心灰意冷、丧失斗志。此时，管理者要对员工持以宽容、信任的态度，而不能漠不关心，更不能嘲笑、讽刺，应该主动关心帮助他们分析原因、吸取教训，以缓解员工的心理压力，激发他们重拾信心，从而更加努力地工作。此时管理者还可以设法拉近与员工的关系，多与员工展开一些非正式的谈话，借机与他们建立情感。管理者要帮助员工分析挫折的原因并吸取经验教训。管理者可以引导员工将挫折归因于内部的不稳定因素，如努力不够等，而不宜归于内在的稳定因素，如能力等。管理者除了多说，还要多听。也就是认真地倾听，不要急于进行分析或解决问题。对身处挫折的员工来说，管理者能够认真倾听他们的倾诉，就足以让他们尽快走出困境。而且，管理者还应充分信任处于挫折中的员工，促使他们重塑信心，为企业发展做出贡献。

2. 要经常与受挫员工进行个别沟通

要认真听取员工的想法，分析其挫折产生的原因，为其提供战胜挫折的方法和建议，帮助员工找到自己的优势，提高挫折承受力，使受挫者的不良情绪及时得以排除，以达到心理平衡。此外，像国外有不少公司还设立了“情绪发泄室”，某些企业还成立了员工心理服务机构，如美国的“员工帮助系统”，在国内，惠普公司为帮助员工塑造一个良好的心境，也与北京同仁医院临床心理科进行了合作，这些做法都便于企业管理者协助员工排遣内心的怨恨情绪和挫折感，从而振作起来。

3. 积极引导员工审视自己的职业规划，克服挫折

管理者应该用鼓励的方式积极地引导，促使员工重新审视自己的职业目标与职业规划，帮助员工正确地认识挫折，引导员工采取积极的、健康的心态和行动来应对挫折并获得成功。管理者要积极地诱导受挫员工保持自信心，改变妥协的、消极的态度，尽快摆脱挫折的不良影响。如果有必要，管理者还可以帮助员工改变受挫的环境，使员工感受到企业组织的关心、同情和温暖，从而协助员工消除挫折感。

4. 当团队遇到挫折时，不要给员工制造紧迫感

很多管理者都认为，给员工制造紧迫感可以调动员工的积极性。但如果员工正处在挫折中，这种急迫感就很容易转变成为恐惧症或恐慌症。在心理学中，恐惧虽然可以调动员工的积极性，但也会给员工带来一定的混乱。就像我们在丛林中遇到了凶猛的野兽，就会出现想要立即逃生的恐惧感，并毫无目标和方向地仓皇而逃。此外，恐惧还会给员工造成一定程度的压力，大大降低他们解决问题的能力。因此，绝对不要给挫折中的员工带去紧迫感，这是一种有害无益的做法。正确的做法应该是首先要稳定团队中已经出现的紧张情绪，这需要管理者先把自己的情绪稳定住。因为管理者的一举一动，都会影响到团队中的员工，如果此时管理者的情绪不稳定，就会在无形中将各种不利因素放大，这样更不利于问题的解决。接下来，管理者要重新提醒企业的最初愿景到底是什么，然后把愿景传递给整个团队，让大家完成具有一些挑战性的目标,并产生正向压力,以此激发出员工朝着目标前进的能量。

总而言之，作为企业的管理者一定要多关注员工的思想变化，采取各种方式与之进行思想沟通和情感交流。要耐心倾听员工的诉怨和意见，对合理的要求能够解决的尽量给予满足。要用深刻的道理给员工以精神上的鼓励，启发其提高信心，增强勇气，向正确的方向发展。

第十六章　培训激励

——为企业可持续发展加油续航

有效的培训激励可使员工的个人发展与公司的发展战略紧紧相连，极大地调动员工的积极性与创造性。这样，既可以使员工个人的人力资本得到升值，反过来也增强了其对组织的忠诚度。

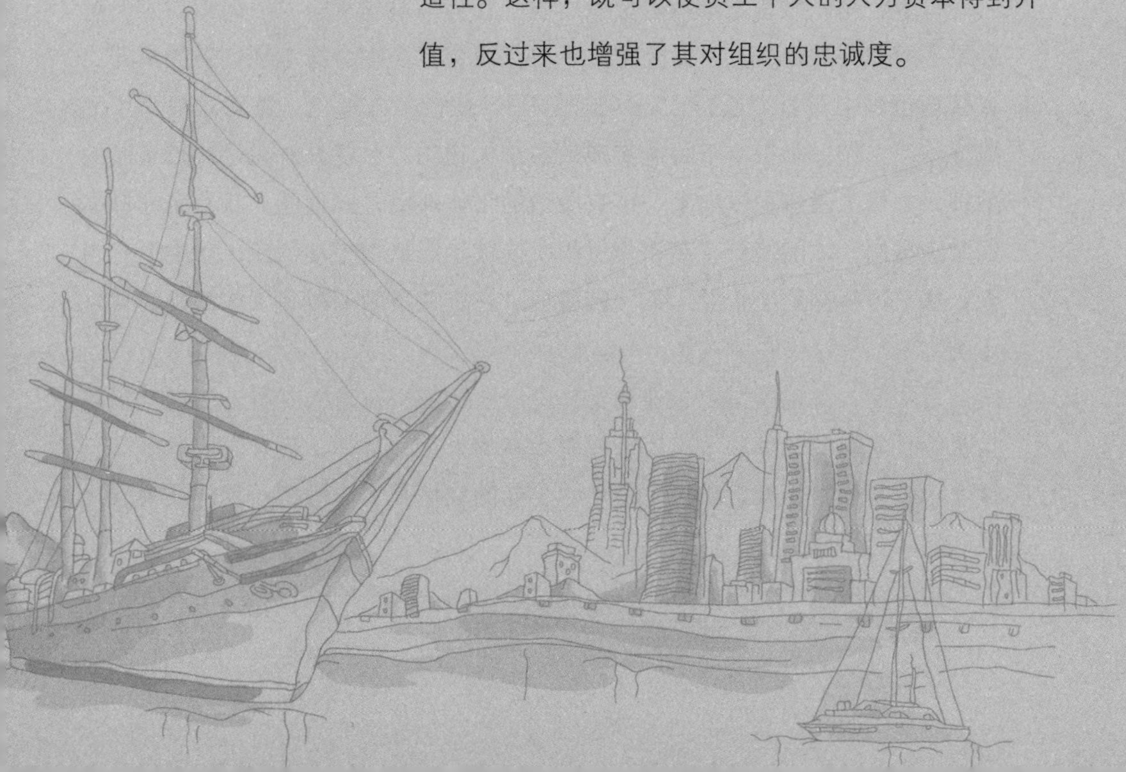

只有培训才能让员工拥有可持续发展的后劲

现代社会的发展迅速，竞争激烈，要求人们的工作习惯和方法也随之变化。培训已不再是一项奢侈的开支，而是一种必需。即使今天我们享有盛誉，也无法保证明天能够继续获得成功，因为竞争者随时会出现在我们的身边，并随时可能取代我们今天的位置。我们需要做的就是通过培训不断适应新的环境，不断地激励自我，并更新和改善工作习惯和行为方法。

为此，许多跨国公司不惜重金建立了自己的培训基地，甚至还成立了自己的学校，专门用于培训员工。这在一定程度上宣告了培训时代的到来。我国为了推动培训事业的发展，也建立健全了职业准入制度，从制度上给予规范，可以进一步推动职业培训的进程。海尔认为：没有培训过的员工，是负债；唯有培训过的员工，才是资产。为此，海尔努力为员工创造各种学习机会，进行以市场拓展为目标的各种形式的培训，以提高员工的能力和素质，激励员工保持不断奋发向上的进取心。

一个企业纵然有雄厚的资金做后盾，有具备市场竞争力的高新技术，但如果不能充分激励员工，而是把员工看作只会工作不会思考和创新的机器，在管理过程中对员工进行“高压式管理”，使员工机械化、被动式地为了完成工作而工作，是根本不可能实现效益最大化的。企业只有通过持续不断的培训，为员工营造积极向上、富有激情的工作环境，并且建立具有实际意义的激励机制，才能使员工在工作过程中变被动服从为主动创新，摆脱旧有观念，从“干活都是给企业干的”转变为“在企业所做的所有工作都是为自己干的”。

现实中，无论是国内企业还是外资企业，它们在选人时看中的是被招聘人员综合素质的高低和个人未来发展潜能的大小，譬如，良好的职业操守、诚实正直、创新精神、积极主动性、工作的韧性和工作激情、良好的领导才能和团队合作精神等。

美国西南航空公司认为，要培养富有激情、能够融入公司文化的员工，从招聘时就必须严格，该公司的用人哲学是“态度最重要，本事靠培训”。隶属于世界500强企业之一英国翠丰集团的百安居，在雇用员工时非常关注员工是否有潜质成为部门经理或商店总经理，是否有能力和激情承担起更大的挑战。比尔·盖茨也说过类似的话：“在我的公司里，我愿意雇用有潜质和激情的人，而不是那些有经验的人。经验可以从后天所进行的培训和实践中获得，而从长远来看，潜质更有价值。”

由此可见，有效的培训激励可使员工的个人发展与公司的发展战略紧紧相连，极大地调动员工的积极性与创造性。这样，既可以使员工个人的人力资本得到升值，反过来也增强了其对组织的忠诚度。

只有持续不断的、强有力的培训，才能保证公司与员工有持续发展的后劲。为此，企业应建立一整套员工培训制度和培训激励措施，并将员工培训计划落到实处。

| 培训前的准备工作 |

俗话说：凡事预则立，不预则废。即使你已经下定了培训的决心，也不要轻举妄动。兵法云：“大军未动，粮草先行。”就是指在行动之前，首先要做好充分的准备工作。但是有许多员工并不喜欢培训，不喜欢接受新任务或是因对新工作没有信心而抗拒培训。这个时候，管理者就要激发受训员工的培训愿望而使培训达到预期的效果。那么，具体该怎么准备呢？概括来说，就是让员工们明白他们自己为什么要参加培训，与员工分享绩效评价信息；与员工进行个人职业生涯发展讨论；让员工对自己的技能优劣势以及个人的职业兴趣和发展目标进行评价等。具体来说管理者在实施培训之前，至少应做好以下四点：

1. 让员工从内心深处渴望培训

第一，让员工明确培训需要、职业兴趣以及目标。为了让员工有充分的动力去学习培训内容，就必须让他们知道自己在技能方面存在着的劣势以及在培训计划和改善他们个人的不足之间是存在联系的。

第二，使员工了解培训的收益或结果。通过与员工进行沟通，告诉他们参加培训项目可能会给他们带来工作方面、个人方面以及职业方面的收益，这样会有助于强化员工的学习动机。

第三，提高参训员工的自信心。让员工知道培训的目的在于提升他们的绩效，而不是找出他们在哪些方面能力的不足。在实际开始培训之前，也要尽可能多地向员工提供关于培训计划以及培训目的方面的信息。还要向员工表明与他们从事类似工作的某一位同事已经成功地完成了培训。告诉他们培训是处在他们自己的控制之下，他们有能力也有责任去克服在培训过程中所面临的任何学习困难。

第四，为员工在工作中应用新技能提供时间和机会。试想，如果培训的内容不能运用于工作中，对工作没有帮助的情况下，那么，学习它又有何意义呢？谁还会费精力去学习它呢？

假如有可能，还可以赋予员工一定的选择参加何种培训项目的权利，并且一定要将实际的培训安排围绕着使员工的学习动力最大化这一要求来设计。如果赋予他们进行选择的权利，但并没有尊重他们的决定则会对他们学习的动力产生非常有害的影响。

2. 制定一套适合员工的合理的培训机制

员工在职务高低和工作内容上都是不一样的，所以为了使培训收到应有的成效，管理者必须制定一套合理的培训机制，以适应不同层次和类型员工的需求。举例来说，按照职务的不同，分别对文员、组长、主任进行培训；按照工作的不同性质，分别进行财务、管理、企划、市场营销、人事、生产管理等方面的培训；根据工作的特别需要对员工进行特别培训，比如幼教员工培训、教师培训等。

3. 为员工培训提供各种保证

培训并不是一件单一的事情，假如缺少了某些必要的支持和保障，有的培训就无从谈起。这就是说，管理者应当为员工的培训提供各种保证，以便使培训能够顺利进行。这其中包括培训设施的投入、培训时间的保证等。在IBM公司，公司保证每个员工每年至少能够在教室里学习40个小时；在施乐、摩托罗拉等知名公司，员工工资总额的5%~10%被用于员工培训；西门子公司拨款建立了“学徒基金”，专门用于员工的培训。上述公司的做法都为我们树立了良好的榜样。

4. 确定明确的培训目标

进行员工培训是为了更好地工作，然而有效的培训不能仅仅依靠领导的意愿和热情，更重要的是使培训带来实际的收益。在对下属进行培训之前，管理者需要判断哪些人真正需要接受培训，哪些人能够真正从自己接受的培训中受益，培训的具体目标是什么，培训要提高整个团队在哪一方面的能力。让我们来看看英国航空公司在这一点上是如何做的。

1980 年前后的那段时间对于英国航空公司来说无异于是一场噩梦：公司连续两年大幅亏损，糟糕的经营绩效使它的乘客们称这家航空公司为“血腥恐怖”的公司。为了彻底扭转这种糟糕的局面，新上任的总裁科林·马歇尔决定采取措施。在经过了考察和分析之后，他得出结论：服务质量不高是问题的症结所在。于是，他在公司上下展开了一场大规模的培训活动。培训中始终强调的核心是：任何一种竞争优势都必须存在于它为顾客提供的服务之中。培训的结果是积极的和显而易见的。利用相同的航线、相同的工作人员、相同的技术，英航一举转变为世界上最受欢迎的航空公司之一。在科林·马歇尔看来，这是那场培训的力量，因为员工们从培训中学到了对他们有用的东西。

| 内部培训对培训师的要求及培训形式 |

如今，有的企业一提到培训，往往倾向于将培训外包，有意无意地忽视了内部培训资源作用的发挥。当确定了培训需求或者培训计划完成后，企业就开始着眼于搜寻、筛选和考察培训课程承包商，而很少甚至没有意识到本企业内部存在着丰富的培训资源，也没有去着力组建一支规范化的内部培训师队伍。其实内部培训师是企业人力资源培训的重要资源之一，建立内部培训师队伍并有效加以利用，对于企业整体的人力资源开发和培训以及员工的激励是十分必要的。

例如，在惠普公司，一个培训项目开发出来之后，常常从内部挑选几个人试讲，最后选择试讲效果最好的人作为培训师。通用电气公司半数以上的课程都是由公司管理人员讲授，其前任 CEO 杰克·韦尔奇承担了四门课，他每年都要花一百多个小时亲自培训高级管理人员。其他一些跨国公司也都在内部设置专职或兼职培训师，承担企业内部的培训以及对客户的培训。

惠普要求每个员工有义务提高自身的工作能力，并激励他们通过培训获得自我提高、待遇的提升和职位的晋升。在一个技术发展异常迅猛并要求员工能够立即适应的技术领域中，这一点尤为重要。惠普早已形成一套有效的培训激励制度和激励创新的人才机制。现在，惠普每年投入数亿美元用于员工的在职培训，并支持员工的再教育。

同样，教育培训也是中国惠普的一个重要组成部分，重视对员工的培训和发展这一方针，在中国惠普也得到了切实的贯彻。中国惠普组建二十多年来，随着公司业务量的不断增加和员工队伍的日益壮大，公司的培训工作也越来越处于十分突出的位置。据统计，1989 年至 1996 年中国惠普的培训费用总额为 870 万美元。

现在，企业也逐步认识到建立内部培训师队伍并有效加以利用，对于企业整体的人力资源开发和培训以及员工的激励是十分必要的。与外请师资相比，企业内部师资具有很多优势：熟悉企业的情况，培训能针对企业实情；易于课后交流和改进提高，促进管理者与员工的沟通和了解；能够有效降低培训成本；可锻炼、培养培训者本人。

一些企业在招聘人事经理（或人力资源部经理）岗位时往往把能否担任培训师作为基本的任职条件之一。例如，万科房地产公司的人事总监解先生，就是既能够到北京大学、上海交通大学那样的高等学府讲课的讲师，又能到自己公司及下属各分公司、各经营业务点讲课的培训师。这些培训师要求既有一定的管理能力（在培训的过程中能以有效的管理来保证质量、获得成效），又有作为一名讲师的人际沟通能力，同时还掌握了计算机的基本应用技能，对培训中员工的动态与信息能及时掌握并加以处理。具体来说，培训师应该有以下几方面的能力：

（1）讲解或口头表达能力。能准确、清晰地表达自己讲课的内容，重点突出，逻辑性强，思路清晰。

（2）沟通与交流能力。这是人际技能最主要的一个方面，要求培训师善于与人打交道，机智地应对各种问题，理解别人的表达与思路，并善于理出别人讲话的脉络，使自己充分地与对方交流。

（3）发现与解决问题的能力。作为一名培训师，不能“照本宣科”，而应该充分调动员工学习的积极性，善于发现员工在学习中遇到的问题，并提出解决问题的思路与建议。

（4）创新能力。富有创新能力的培训师，不仅仅能够经常设计一些不落俗套的培训课程和独特的培训方式（如互动式讨论、无追加考核的自我表现情景模拟、团队游戏竞赛、角色扮演等），更重要的是能从受训员工的实际情况出发，加上自己的想象力、创造力和鼓动力去启发学习者的创造性思维，让员工在精心设计的培训课程中激发出创造能力，并把这样的创造性思维“移植”到改进工作、提高绩效的实践中。例如，上海大众汽车公司下属的许多团队经过培训回到班组后，对于如何节约落料成本、如何提高产品一次合格率等问题，均提出了许多创造性的改革思路，而正是这些点滴的积累，才使整个公司能不断提高质量、降低成本，在日益激烈的市场竞争中站稳脚跟并不断发展。

（5）计算机与多媒体应用及信息处理能力。计算机与多媒体应用能力是一种技能，这一能力是培训师通过自学获得的。熟练地应用计算机与多媒体是提高培训效率的重要保证。一些培训师不仅能用上述手段使培训、讲演变得十分生动，而且能自己动手到现场摄制影像，并自己动手剪辑成与讲课内容相匹配的声像画面穿插在幻灯片中（如 PowerPoint 软件中制作的电脑投影）。

可以说，计算机与多媒体应用的技能使培训师的信息处理手法更为娴熟。运用数字化技术获取信息、汇总信息、评价与转换信息，使培训师大大丰富了培训课程的内容。

培训师给内部培训的形式要多种多样，以有利于提高学员的学习效率和学习效果为准，有如下几种：

1. 课堂讲授法

世界上最传统的教学方式就是课堂讲授了，这样的课堂讲授可以让员工有机会集体学习，而且这种方式会让他们重温上学的感觉，有更强的学习欲望。

2. 案例研究法

管理者在工作中当然会碰到很多不同的工作案例，而这些案例的发生、解决，无不包含着知识和经验，用案例来分析教学，是非常好的方式。

3. 程序化教授法

这是一种通过教科书或计算机传授工作技巧的系统培训方法。这种方法首先提出问题或陈述事实，要求接受培训者做出回答，然后立即对其回答的问题给予反馈。

程序化教授法的优点：一是克服了课堂讲授法“单向灌输”的缺点，使受训者可以通过反馈机制更好地掌握所学知识；二是因进度统一，程序化教授，可以减少培训时间。

这种培训方法的缺点是制作符合企业程序化教授的教学手册和软件要花费很大的成本。

4. 影视培训法

运用电视、录像等来向员工示范出正确的工作方法，这对于一些可操作性非常强的行业是非常有效的。

5. 模拟培训法

模拟总是能让我们亲临其境，这样模拟能够加强员工的实战感，让他们能更轻松地从演练转化到实战工作中去，这是一种非常好的方法。

6. 现场培训法

现场培训法是管理者应用得最多的方法了，这种现场培训法其实就是让员工实习。让一名新员工到工作岗位上去实习，接受和适应工作，而管理者还要派遣一名老员工在旁边，指导新员工，以便帮助他们解决不能够解决的难题。

7. 工作轮换法

这是一种企业通过有计划地让员工轮换承担不同的工作任务，从而达到考察员工的长处和弱点的培训目标的培训方法。

8. 经营演习法

经营演习法是指让受训者分别扮演同一行业中互相竞争的企业的不同经营者，并向他们提供相同的经营条件和数据，让其根据这些数据进行竞争“经营”，最后以“经营”成绩优劣来研究经营决策得失的一种培训方法。

这种方法由于真实且富有竞争性，因而有利于企业开发领导能力，培养合作及团队精神。

但这种方法也有其固有的缺点：一是其软件的设计及实施费用高；二是这种培训方法往往只限定受训者在一个既定的决策表中进行决策选择，而不利于创新。

9. 参与管理培训法

参与管理培训法主要就是让员工参与到管理层当中去，这种方法的优点是参与管理层都是来自企业各个部门的管理人员，因而在相互学习讨论中有利于他们对各部门的了解；另外，其就高层管理问题，如组织结构的调整、部分冲突的解决所提出的建议，会对企业高层管理者有积极的意义。这种方法的缺点是抽调企业的中层骨干容易给企业造成不良影响。

10. 参观访问法

参观访问法是指通过有计划、有组织地安排员工到有关单位参观访问，以使受训者得到启发，巩固所学的知识和技能的一种培训方法。这种方法的优点是通过典型的现身说法，受训者可以迅速接受某一新方法、新事物。

以上方法都是能够让员工很好地参与到内部培训中去的方法。

总之，内部培训必然会让员工更加具有专业性，让普通员工变得更精明强干。实施培训激励，首先要对员工提供切实可行的内部培训。

| 外部培训让员工活力最大限度地被激发 |

参加外部培训是员工最为喜欢的一项奖励。一般而言，在企业内部员工的工作环境是非常难打破的，所以员工就异常关心去外面学习的机会。管理者则可以针对这点，把外部培训当成一种奖励来激励员工。

外部培训也是一种重要的培训方式，赋予外部培训以激励作用对于提升培训效果同样具有重要意义。把参加外部培训作为团队个别成员的竞赛奖励，可起到非常明显的激励效果。但一定要给外部培训的参加者制订一个结构性的计划，让其在培训回来后为其他员工做一个简要的介绍。这样就可以使每个员工都以极小的代价获得知识与经验。

这点海尔集团做得就很好，我们来看看海尔集团的方法。

海尔集团自创业以来一直将培训工作放在首位。上至集团领导，下至车间一线的工人，他们都会根据每个人的不同需要，给这些领导和员工展开不同的充电计划，增强他们的专业能力。

海尔集团培训的原则："干什么学什么，缺什么补什么，急用先学，立竿见影。"

海尔集团秉承"以人为本"、时刻为员工"充电"的思想，建立了一个充分激发员工活力的大机制，最大限度激发了每个人的活力，从而使企业一直保持着高速稳定的发展。

在海尔，每个人都是创新的主体，每个人都是经营者，每个人都是老板，而每一个员工的战略创新，又会保证集团战略的实现，这样员工的自主性可以得到很好的提高，手中权力也增多了，激发了员工对工作的热情，提高了工作效率，促进了企业的不断发展和进步。

最好的管理者懂得给员工提供学习的机会，这样会给公司和员工都带来好处，公司也会因此得到专业性更强、技术更好、能力更强的员工；而员工也得到了学习新技能、发展新观点以及结识新同事的机会。对于员工来说，外部培训就是一个走出小屋子，看看新世界的过程，这个过程是新奇的，是员工乐意接受的，员工如果有机会到外部学习培训，那么原本死气沉沉的气氛也会变得生机勃勃。

外部培训是一种重要的激励方式，赋予外部培训以激励作用，对于提升培训效果具有重要意义。因此，在实施外部培训时，管理者需要注意以下几点：

①如果成本允许，可以让员工到一个具有吸引力的地方接受培训。

②要求参加培训的员工要带着问题去,在申请表的一边一定要写出问题。

③采用申请制，只有申请的员工才能参加。

④必要时考虑将培训、休闲和旅游相结合。比如，在华南地区，很多企业将两天的培训安排为上午培训、下午游玩。游玩的时候，让员工思考一些问题。

⑤要求培训公司的讲师给学员打分，并寄回公司。

⑥参加完培训要写心得报告，并在内部讲解。

⑦内部宣传报道，重点在于培训后的行为。

当然，外部培训也要有监督和管理，具体如下：

①培训期间，公司要求负责培训的讲师务必给参加培训的每个学员按特定的标准打分，并将结果及时反馈给公司有关负责人。

②培训结束，员工回到公司后要在规定的时间内写出培训心得，包括回答当初在申请表上所写的问题，然后，在部门内部会议上向没有参加培训的员工一一讲解说明，并就相关问题一起讨论。

③最后，公司高层有关领导会召集所有参加培训的员工开一次大会，会上由参加培训的员工代表发言，说出自己参加培训的最大收获及当前存在的不足之处，并提出自己今后应该努力的方向。会上还会公布培训讲师为每个学员打分的情况，有关领导会奖优惩劣，进行及时激励。

培训后的很长一段时间，高层的有关领导会重点关注培训后员工行为的改变，并在公司内部刊物上进行持续的宣传报道，进行相应的激励，直至下一次培训开始。

总之，外部培训让员工活力最大限度地被激发。外部培训比内部培训更加有诱惑力，原因就在于外部培训可以让员工走出公司，从而见到更高更宽广的天空，激发他们的斗志和兴趣，最重要的是激发他们的活力，员工的活力注入企业中的时候，企业就真的能够蒸蒸日上。

给员工创造自我培训的机会

如果看不到有职业发展的前景，员工就会因得不到有效的激励而失去激情。试想，让一个持有博士学位证书的人在银行做出纳数钱，却从不增加工作内容和给予培训机会，纵使给他万元月薪，他又能够坚持多久，他能坦然面对吗？

所以，培训作为一种激励手段，对员工保持持久的工作热情是非常必要的。但是，企业毕竟资源有限，能够用于培训员工的人员、时间和精力都非常有限，大部分企业所能够组织的只是管理人员的培训，甚至有些企业不具备培训的能力。

马斯洛的需求理论告诉我们，人的最高需求是自我实现，也就是自我的管理。要想达到完全意义上的自我实现，离不开每日的自省与自励，只有每日坚持自我学习，坚持每日进步，每日修炼，才能不断超越自我，在迈向成功的终极路途上抓住机遇，达到最终的自我实现。这就涉及了自我培训。

自我培训的一般含义是，自己做自己的老师，自己给自己讲课，对自己进行训练，达到教与学的统一。自我培训的根本含义是，激发员工自我学习、自我追求、自我超越的动机和超越自我、实现自我的愿望。

要想真正实现员工的自我培训，企业必须全面做好各方面的准备，建立健全培训激励机制，从制度上对员工的自我培训进行激励。例如，对员工的技能改进进行奖励，对技能水平达到一定高度的员工准予晋级，通过各种形式的竞赛和活动对员工的良好表现进行确认和表扬，等等。自我培训的方法有很多，企业员工可以根据自己的实际情况具体实施。

下面有几种方法，以供参考：

1. 周六的员工课堂

大多数企业的周六日都是休息日，管理者可以专门拿出一些时间来，组织员工去学习，这种学习并不是授课，如果有条件，管理者可以把它做成野炊，或者是一起出游的形式，在此期间管理者可以让员工聊聊自己对工作的感受和感悟。

每个人都是自己本职工作的专家，而往往员工自己的本职工作很少被别人了解，这也是很多企业的通病。大家只管自己的分工，对此以外一概不知。事实上，每个人都认为自己的工作重要，都认为别人工作做得不好，从心底里对别人进行排斥。这种状况导致了沟通障碍，员工“各自为战”，互不理解，把气氛搞得很沉闷。

这种周末集体学习法，就是让大家体验同在一个屋檐下的感觉，互相交流和互相谈心，并且了解同事都会做些什么，这样一来，员工就更加喜欢和希望这种独特的培训方式了。

2. 鼓励员工深造

管理者都有过这样的体验，员工所学专业与所从事的工作之间，有着很大的差距，存在着很多的专业缺口，有的根本就是转行，半路出家。所以，这些人在从事实际工作时，都或多或少地感觉到一些压力，力不从心。那么他们的专业水平从哪儿来？当然是再次深造。

管理者可以提供一些便利，或者提供一些让员工深造的渠道。大部分员工上进心很强，一旦有这样的机会就不会放过，而管理者提供这样的渠道，正好是为他们提供了最大的便利。

3. 利用互联网

现在是一个信息爆炸的时代，管理者能够从互联网上获得的信息量是无比巨大的，员工也可以从互联网上获得知识，而且利用网络学习这种方式并不枯燥，不会让员工失去学习兴趣。

4. 鼓励员工读书

书籍是人类迈向成功的阶梯，如果管理者能够让员工多读书、读好书，多收集一些外部信息，多掌握一些知识，多培养自己的素养，那么员工就会慢慢受到书本的熏陶，从而变得更具有专业性，具有更高的素质。

5. 提倡“标高超越”

“标高超越”是企业管理的一个概念。简单来说，标高超越是一种通过解剖和学习先进榜样来改进自己的一种活动，它跟一般的学先进、赶先进很重要的一个区别是，它是一种系统性的活动，是一种立足于过程思路上的活动：通过对先进的组织或者企业进行对比分析，了解竞争对手的长处，了解竞争对手的具体行事方式，在此基础上，对比自己的行事方式，然后制定出有效的赶超对策以改进自己的产品服务，以及系统的一种有效的改进方式或改进活动。“标高超越”用在员工培训上也很恰当。

员工要标高超越，自然是要比自己行业里的优秀员工更优秀。三百六十行，行行出状元，每个行业里都有许多优秀的成功人士、专家和精英，这些人都是值得员工学习和赶超的对象。

总之，企业培训终究是一种带有强制性的培训，管理者知道，让一辆车跑起来的方法不是推车，而是让车自己跑起来。激励员工也是如此，让其从外部被管理者训练，还不如鼓励员工从内部激励自己。学有所用，鼓励员工自我培训，这其实就是在推车，更好的方法是鼓励员工自我培训，管理者鼓励员工自我提高，就相当于给一辆车加满了油。员工的我培训，能让其被自己的动力带着跑，向前飞奔，无疑拉动带动的是整个企业。

尽快把培训成果应用到工作中

员工培训之后要把在培训中所学到的知识、技能和行为应用到实际工作中去。确保培训成果得以顺利转化是培训有效性的关键。培训成果的转化受应用的机会、自我管理技能、管理者的支持、技术支持以及同事的支持等因素的影响。

1. 应用的机会

应用的机会（运用所学的机会）指的是受训员工所得到的或受训员工自己努力寻找的运用在培训项目中所学到的新知识、新技能以及新行为的机会。应用的机会受到工作环境和受训员工动机两个方面的影响。受训员工应用在培训中所学能力的途径之一是安排他们从事需要运用所学内容的工作。受训员工的上级管理者通常在决定这种工作安排时起着决定作用。应用的机会还会受到受训员工是否愿意承担起个人责任的影响，即他们是否愿意承担他们发挥新获得的那些技能的工作任务。

2. 自主管理

培训还应该让员工做好在工作中运用新技能和采取新行为时进行自主管理的准备，特别是在培训的进展过程当中，应当让受训员工有机会制定在工作中运用新技术和采取新行为的目标；确定在何种条件下可能无法达到既定的目标；列举运用新技能、采取新行为的积极与消极后果；监督整个新技能和新行为的应用过程。此外，受训员工本人也应当明白，在运用培训内容的过程中遇到一些困难是不可避免的；回复到原有的行为和技能模式并不意味着受训员工就应该放弃培训中所学到的内容。最后，由于同事或上级管理人员可能无法对受训员工运用培训内容的行为给予奖励或自动提供反馈，因此，受训员工需要创建自己的自我奖励系统，并且要求同事和上级提供反馈。

3. 管理者的支持

管理者的支持指的是受训员工的上级管理人员强调参加培训项目的重要性。上级管理人员的支持程度越高，则培训成果越有可能得到转化。管理人员所能够提供的最低层次的支持是允许受训员工参加培训；最高层次的支持是作为一名指导者（参加培训项目的教学）亲自参加培训，并带领下属把所学应用到实际的工作中去。

4. 技术支持

电子操作支持系统是一种可以按照要求提供技能培训、信息供给以及专家建议的计算机应用软件系统。电子操作支持系统可以被用来促进受训员工的培训成果转化，即当受训员工力图在工作中运用培训中所学得的能力时，只要他们遇到问题，随时都可以通过这一支持系统获得自己所需要的电子信息。

5. 同事的支持

通过在受训员工之间建立起一种支持网络，会有助于强化培训成果的转化。所谓支持网络是指由两个或两个以上的受训员工自愿组成的一个小群体，他们定期讨论将培训中学到的技能转化到实际工作方面时所取得的感悟和成功经验。

另外，如果员工培训后的绩效考核做得好，通过培训有效性评估显示其能力提高了，能产生更大效益了，就应该给以职位的晋升或者薪资待遇的提高。否则，不管是自己培养的也好，还是从外面招聘的也好，优秀人才都会留不住。将企业培训计划同个人发展计划融为一体，才是未雨绸缪、防范人才流失的好措施。要使人才培训后不是流动，而是更加稳定，关键要把培训与企业的发展和员工个人的发展相结合。培训者要在员工的需求和企业的需求之间寻找最佳结合点，在时间和空间上最大限度地贴近企业管理和业务的实际，使员工接受培训后能够在企业中实际应用培训成果，发挥自己的职业技能，体现自身的市场价值。同时，要帮助员工规划好自己在企业的发展途径，让员工感觉到在公司他的前途是看得见、摸得着的，从而达到激励员工的目的。

第十七章　创新激励

——建立鼓励创新的体制

创新激励不是口号，需要有制度作保证，只有这样，创新激励才能发挥其应有的作用，员工和企业才能同时进步、共同发展。

鼓励员工不断创新，不要墨守成规

创意是上帝送给人类的礼物，这份礼物承载着人类开启未来最重要的钥匙，而对于一个企业来说，鼓励员工出创意，正是作为一个企业管理者应该做的。创新能给员工带去更多的快乐，也能为企业带去更多的利益。所以管理者一定要鼓励员工创新。只有创新才是人类最伟大的能力。因为创新，我们发明了科技，因为创新，我们拥有了艺术，而还将是因为创新，我们的员工会为我们的企业带来明天。

第二次世界大战期间，美国有家生产火柴的公司，他们的员工每天都在做火柴，但是业绩平平。有一天，一名员工突然想到了一个好办法。这位员工推陈出新，利用人们仇恨希特勒的心理，在火柴盒上画上了希特勒的画像，并且将磷涂在了画像的手臂上，这样，每划一次火柴，就好像火烧希特勒一次，对于热爱和平的人们，似乎也解了心头之恨，而正是因为这种火柴，使这家公司一度火柴脱销。

这就是创新的力量，员工想创新，最重要的是观念的创新，而这种观念，自然是企业的管理者要传达给员工的，鼓励员工创新，让员工创新，一旦企业的团队都有了创新意识，企业一定会飞速发展。

沃尔特·迪斯尼说：“我们的动画，送给所有的人，因为我们的动画拥有的是创意，这种创意，来自于我们公司的每个员工，他们有大有小，有老有少，这种创意让我们的动画具有活力，拥有生命。我每天都在鼓励我们的员工创新，要知道，很多创意都是从垃圾桶里翻出来的，而这些创意本不该被扔掉。没有鼓励，我的团队不会拥有这么多创意。”正是这种创意，让我们觉得耳目一新，也正是这种创意，让迪斯尼变成了世界上最知名的动画公司。沃尔特·迪斯尼对员工创意的鼓励，正是管理者要学习的。

英特尔公司创立时间很短，但是在瞬息万变的 IT 业界，英特尔绝对是一方巨擘，没人能否定它的地位。英特尔公司能在 IT 业保持如此飞速的行进速度，毫无疑问地和它的创新精神和改革推进速度分不开。

英特尔创新性格是由三位传奇式创始人奠定的，他们对公司文化的影响历久弥新。提出摩尔定律的摩尔经常说“改变是我们的挚爱”，那种快速创新的节奏至今主导着整个信息产业的发展脚步。葛鲁夫的口号则是“只有偏执狂才能生存”，他引导英特尔顽强完成了第一个战略转折点。而诺伊斯的口号则是“对未来充满幻想”，热爱新想法，每当听到新点子，“总是双眼发亮，像小孩子看到新世界般地快乐”。这种创新的精神带着英特尔一路前行，并且变成了英特尔的企业精神、企业文化。

鼓励冒险是英特尔与生俱来的一种精神。冒险就是要打破一切规律和条框，冒险就是要摒弃一切墨守成规，冒险就是要扫空所有的边线棱角，冒险就是要不顾一切地创新，这种尖锐的创新精神，让员工能够一次又一次地打破陈规，给企业带来新的生命力。让员工习惯于“跳出三界外”，才能俯瞰产业大势，不当井底之蛙。英特尔的员工就秉承了这一精神，在英特尔公司支持创新的精神下，英特尔员工一路斩杀了诸多旧事物，奔一、奔二、奔三、奔四等的创新产品让人目不暇接、眼花缭乱，而这诸多的产品则是借着英特尔员工的手腾飞的，英特尔员工也十分享受这种创新的工作精神，他们如是说：“在这里，只有你想不到，没有做不到。”

创新是人类的必经之路，长路漫漫，没有创新则没有真正的开拓，所有的创新都是为了更加美好的明天，企业同样如此，鼓励你的员工创新吧，为了企业的新明天！

| 允许和宽容创新过程中的失败 |

创意是什么，创意是新奇，是陌生的道路，而每个人的创意都不尽相同，以往经验已经不能再起太多的作用。每个人都会失败，每个人都经历过失败。作为一名创新者，更是会遇到失败。伟大的爱迪生，才华横溢，也是在经历过无数次失败之后才能发明出灯泡的。失败是每个人的必经之路，作为一个创意者，当然更会历经失败。

对于研究开发的成功，公司管理者向来是非常欣喜的，但是对于员工在研究开发上的失败，管理者却不能接受。这是不正确的。无数事实证明：给予失败者挑战精神的激励和从失败中寻找成功的信心，把失败真正作为成功之母，才能最终获得成功。犯了错误就能在个人发展的道路上不再犯相同的错误，从这个意义上说，没有“失败的员工”，也就没有成功的管理者。

所以管理者一定要允许员工失败，如果我们因为对方的失败而责备他，他有可能无法坚持自己的创意之路，而如果能够宽容对方的失败，员工给我们带来的效益，将是意想不到的。松下幸之助有一句名言：“如果你犯了一个诚实的错误，公司可以宽恕你，并把它作为一笔学费，当然，前提是不能背离公司的精神价值。”西门子公司也一直坚持这样的观点：允许下属犯错误，如果那个人在几次犯错误之后变得“茁壮”了，那对公司将是无比巨大的价值。

总之，只有宽容失败，创新者才能接近成功。创意是陌生的路，在这条路上什么都会遇到，一两次磨难，一两次错误，一两次困难，甚至更多的失败，但是这些只是暂时的。如果企业的管理者不允许员工犯错误，那么企业团队就不能在一种宽松的环境中积极进行发散性的创意，也很难调动一切可以调动的积极因素。如果管理者能够宽容和理解失败，员工就会在宽松的环境中努力向上、克服困难，那么取得胜利也是指日可待的。

| 创新激励一定要有制度作保证 |

我们总是说创新，可是创新不是口号，不是一句空话，创新就像我们提升员工一样，应该具有完善的制度作为保障。这一点松下为管理者带来了很多好的例子。

首先，松下公司一开始就拿出了 100 亿日元，设立松下创业基金，并且明确表示是用于支持松下员工自己去创新、去创业。在这基础上，将每年进行3次员工创业计划的征集活动，从资金上保证了公司内部员工创业的后援。

其次，松下公司还为立志创业的员工准备了一个较长时期的培训计划。员工立志创业，从报名申请松下创业支援委员会（PSUF）到实际创业，可以拥有半年的准备期。这让松下的员工有了很好的自己学习专业知识和学习经营理念的好时机。因为所谓创意，也是需要有本钱和自己的知识做后援的。

再次，松下公司规定，对于员工创建的独立企业，本人的出资比例可在30% 以下，公司出资在 51% 以上。以后如果事业发展得顺利，公司就可以通过购买上市股票或者购回股份的方式，让员工获利；而且，新公司建立后的 5 年内，创业者还可以获得松下发给的特别奖金。因此，如果从一开始事业发展就很顺利的话，员工创业家可以有双重的获利。

最后，松下还决定，为了全面解除员工出去创新创业的后顾之忧。松下建立了审核机构，通过审核的员工即使在创立了自己的企业之后，还可以是松下公司的员工，基本工资和基本待遇是不变的。当然，员工可以自己要求辞职，来去自如。

松下的 PSUF 制度从作用上体现在两大方面。一方面，向公司员工传递的是这样一个信息：我们喜欢勇于创新的人，我们喜欢自主创造性强的人，这种人比墨守成规的人更能受到我们的器重。公司为走出松下自主创业的员工准备了“安全网”的背后用意是让他们对松下公司产生一种联系感，以便让他们回馈公司。另一方面，松下需要保持在死气沉沉的市场中充满活力。松下的制度使得他们的员工更加努力，更加积极、向上。这些员工不害怕自己会在创新事业中遇到困难，因为有世界 500 强的企业作为他们的后援团，这样的后援无疑是强力的。

可见，如果管理者拥有一个真真正正的、完善的支持我们员工创新的体例、措施、制度，员工就会更加乐意去创新，从而给企业增添活力和新的动力。

归结起来，评估团队创新氛围的要旨如下：

①新方法有足够的信息和资源作为支持。

②成员间相互尊重，能客观地陈述自己的主张和评价他人的想法。

③成员在平时就认为已经做过或正在做的某些工作，还有更好、更快的解决之道。

④团队领导善于听取下属建议。

⑤共同提出方案和修正想法是团队的准则。

⑥一旦有了较为一致的新方案，成员们要专注于完善和计划实施。

⑦一定要有几个活跃分子。

⑧对于员工的思想交流，不予评判，鼓励大家畅所欲言。

⑨重视数据和推理过程。

以上这些要旨是重要的也是必要的，遵从这些要旨，我们才能更好地建立鼓励创新的体制，从而能从真正意义上让我们公司的员工乐意创新，勇于创新，而不是仅仅当作一句口号。

总之，创新激励不是口号，需要有制度作保证，只有这样，创新激励才能发挥其应有的作用，员工和企业才能同时进步、共同发展。

第十八章　企业文化激励

——为员工营造一个积极的氛围

管理学的发展，让管理者们认识到，文化生存才是一个企业最理想的生存方式，文化激励才是企业最持久的员工激励方式，探寻有效的文化激励手段，正成为一个世界性的话题。

| 只有企业文化才能触动员工灵魂，产生持久激励 |

物质激励如加薪、发奖金等，可以让员工在一定时期内工作积极性提高，但这些方式就像给运动员注射兴奋剂，其刺激作用只能在公司运营状况好的时候维持一段时间，一旦公司运营陷入低谷，刺激作用就消失了。

我们来看一个案例：

北京某网络科技公司白手起家，两年后调整了业务方向，开始代理惠普公司的产品，由此公司发展步入正轨，盈利逐年增加。在公司运营过程中，公司管理者还是重视员工激励的，对主要负责人以及业务骨干都有很优厚的奖励政策。然而，除了物质奖励外，公司再没有其他手段来调动员工的积极性，对企业文化建设不感兴趣。随着产品利润的日益变薄，公司提供的物质奖励逐渐减少，员工的工作积极性也逐渐降低。到后来，公司中凡是与奖金无关的事，哪个员工也不愿意干，这时管理者才感觉到，员工越来越难管理，公司越来越缺乏凝聚力。

从这个案例中不难看出，单一的物质奖励不足以对员工产生持久的激励作用，“重物质轻文化”的政策，最终影响了公司的发展。只有企业文化才能对员工产生持久的激励。这是企业管理者都要最终解决的问题。

由于文化发展及文化因素的影响是长期而缓慢的，文化的作用不体现在表面层次，其作用是深层次的。因此，由企业文化产生的激励作用未获得管理者们的足够重视。但是企业文化的作用是长期的、深层的，企业文化能对员工产生持久的激励；同时它又是独特的，一个企业只有形成适合自己发展的文化特质，才能拥有长期竞争力。

企业文化的核心在于一种“价值评价体系”。具体而言，就是在企业成长过程中，融合国家的、民族的文化传统，将自身优秀的积极的东西加以沉淀，并与变化发展的环境整合、总结、梳理、提升、升华，对内形成企业精神力量——一种信任、团结、合作向上的激励氛围。在具备先进文化的企业中，员工能获得一种价值的肯定，包含尊重、成就感以及自我发展，这比单纯的物质奖励更加深入灵魂，也更有效。

企业文化能对员工产生持久的激励，具体来说，企业文化主要有以下激励功能：

1. 导引理想价值

企业文化中包含的共同的价值取向、行为准则等，有利于员工导引理想价值，即引导员工朝向组织所期望的目标前进。

2. 凝聚组织力量

受集体主义价值观的影响，所有员工形成“命运共同体”的理念，做事考虑的是组织的共同利益，强烈的团队意识使员工之间形成了一种心理契约，组织力量得以汇聚，形成“1+1>2”的增效结果。

3. 形成深层激励

现代企业文化倡导人本管理，以满足员工不同层次需要为激励手段，从而形成全方位的深层激励。

总之，管理学的发展，让管理者们认识到，文化生存才是一个企业最理想的生存方式，文化激励才是企业最持久的员工激励方式，探寻有效的文化激励手段，正成为一个世界性的话题。松下幸之助有“松下精神”，井植馨创立了“三洋哲学”，微软主张“自由、创造与发明”。在中国，张瑞敏提出的“海尔文化”也开始吸引人们的目光。对企业管理者来说，文化激励方兴未艾。

企业文化是吸引优秀人才的法宝

有的企业对业务骨干很“大方”，给他们极其丰厚的工资待遇，但是他们并不满意，仍旧缺乏工作积极性，仍有意无意地表现出对企业管理者的不满，有的甚至跳槽到工资、福利条件较低的别的单位去。在企业管理者看来，这些员工“不知足”，不懂得回报企业。其实，这是管理者没有认清一个现实：不是所有员工都追求最大的工资、福利的回报，在一个有着优秀企业文化的公司工作也是优秀员工所需要和追求的。他们希望自己的工作单位有良好的文化氛围、融洽的人际关系、骄人的企业形象、有思想的老板。

管理者一定要认识到，优秀的企业文化是吸引人才的一个重要因素。具体来说，企业文化的表现形式通常通过如下几点表现出来，这也是精英骨干考虑是否愿意为一个公司效力的几个关键点。

1. 企业的品牌形象

好的企业品牌形象会给员工带来很多益处，使员工增强自信心，产生自豪感。良好的企业品牌产生良好的社会美誉度，这会给员工带来许多无形的益处。比如某企业的招聘门槛高，外界印象是非常难进入，身在其中，员工就会觉得在这样的企业工作有一种自豪感，自信心很强，工作是愉快而充实的。社会也对这样企业的员工另眼相看，当这样企业的员工换工作时，其工作背景就是一个非常有竞争力的砝码，甚至只凭工作背景就可以直接进入其他企业。

2. 企业的优秀经营管理经验或技术技能

成功企业的管理经验是非常宝贵的，只有深入其境才能真正地体会到，真正有头脑的员工都希望获得来源于企业文化的优秀经营管理经验或技术技能。这些本领的获得，其益处远远大于丰厚的工资或奖金，无法用金钱的尺度去衡量，因为它将会使员工受益终生。

3. 企业的良好人际关系

如果一个组织拥有良好的企业文化，其内部环境就比较和谐，人际关系必然融洽。员工身处其中，受到感染，心情愉快，能形成执着的事业追求和高尚的道德情操，能把企业的发展与自己的成就结合起来，以良好的心态工作，工作绩效自然提高。

4. 企业良好的学习和培训机遇

好的企业为员工经常提供学习和培训的机会，让员工一直感受到自己的成长。这是一种隐性收入或待遇。

总之，优秀的企业文化能不断吸引人才，也是留住人才的保障，更是激发人才责任心与使命感的力量。因此，企业管理者一定要下大力气打造出良好的企业文化，更好地激励员工，支撑和推动企业健康发展。

| “柔性管理”是最高管理智慧 |

“柔性管理”是相对于“刚性管理”而言的。“刚性管理”是以规章制度为中心，即凭借制度约束、奖惩规则等手段对员工进行管理。“柔性管理”则是以人为中心”，实行人性化管理，即依据企业的共同价值观和文化、精神氛围对员工进行管理，其作用机制是在研究人心理和行为规律的基础上，采用非强制性方式，对员工施加一种潜在说服力，使其把企业意志变为个人的自觉行动。柔性管理从本质上说是一种“以人为本”的管理策略，它以“人性化”为标志，注重平等和尊重、创造和直觉、主动和企业精神、远见和价值控制，强调跳跃和变化、灵敏与弹性，最终创造企业的竞争优势。

人非草木，孰能无情，在人的心理活动中，情绪、情感起着重要作用，它支配着个体的思想和行为。因此，“感情管理”应成为员工激励的一项重要内容。对于一个企业来说，柔性管理是最智慧的管理，也是企业文化建设不可或缺的部分。如果企业仅靠一些物质手段来激励员工，而不与下属进行思想沟通与情感交流，是很危险的。据调查，部分员工离职的真正原因，是对管理者缺乏人性化管理不满造成的。而这往往是双方缺乏沟通造成的，而不是管理者能力欠缺。

作为美国最古老的制帽厂之一，斯特松公司有一段时间公司情况非常糟糕：产量低、品质差、劳资关系紧张。一位管理顾问薛尔曼应邀进公司调查，调查结果让他很吃惊：公司内沟通渠道全然不通，员工们不信任管理层、工会，员工之间也互不信任，不仅如此，员工们对基层领导极度不满，指责他们作风偏激、不关心员工、态度粗暴等。通过倾听员工心声，薛尔曼认清了问题所在，他开始恢复公司的全面沟通。4个月后，薛尔曼不但消除了员工原有的憎恨、责难的心态，而且使他们展现出团队精神，工作效率也有所提高。感恩节前夕，薛尔曼和公司老板亲自向每个员工赠送火鸡，转天，老板收到员工集体回赠的感谢卡（像一张报纸那么大），上面写着“谢谢您把我们当人看”。

上面例子中的管理者，就是因为忽视了这一点，才使员工产生了不满情绪，以至于影响了公司运营。

因此，为了增加与员工的深层次沟通，许多开放型的企业正在试图对员工进行一种透明化的员工关系管理，这种员工和管理者之间主动的、透明化的沟通最有助于改善这种紧张的上下级关系、消除误解。如果企业能够加强内部沟通，做到信息共享，就可以创造一种坦诚相待、相互信任的“家庭”氛围，使员工产生强烈的归属感，员工自然也就会忠于企业。加强沟通，管理者可以通过如下方式进行：

①管理者把员工们召集在一起，用正式会议的形式请他们提出意见和建议，由企业管理者负责向员工作出解答。

②管理者放下领导者的架子和面子，和员工们坐在同一张桌子上，以最随便的方式参与员工们的闲聊，使员工消除对上司的畏惧感而畅所欲言。

③管理者下到基层，广泛听取来自最基层的心里话，还要对这些基层人员及时进行教育，使一些对企业和上下级关系不利的因素及时得以遏制和消除。

④企业定期组织晚餐会、舞会、体育比赛等活动，给员工提供发展个人关系、职业关系的场合和机会，从而增强他们对企业的认同感。

⑤管理者还可通过其他有效渠道有意识地了解下属的思想和感情，如建立思想交流的“绿色通道”，开辟经理对话日、访谈邮件回馈等通道，加强与员工心灵的交融与沟通，获得下属的理解与支持。

在一家技术创新型企业中，有一段时间，有个项目骨干经常迟到，而且精神状态不好，这是以前从来没有的事情。项目经理找到他，问他怎么了，他告诉项目经理，老婆开刀住院了，他既要完成本职工作，又要看护生病的妻子，还要照顾上幼儿园的儿子，实在忙不过来，已经打算辞职了。

项目经理了解到他的情况属实后，适时调整了他的工作量，减轻了他的负担。这名项目骨干特别感谢项目经理，更加忠诚地为企业工作，也为企业创造了不少效益。

可见，主动了解员工感情生活，实行“柔性管理”，对改善员工与企业的关系，获得员工的忠诚有多重要。

总之，员工对企业的忠诚，不是原生态的自然存在，企业要想获得员工的忠诚，必然要通过有效的管理策略来达成。管理者应该经常认真反思：我为员工提供一个人性化的空间了吗？管理生涯最大的意义，便是为员工提供一个尊重与奖励的人性化环境，使每个人能发散出工作热情；只有通过良好的企业文化感化员工，才能真正抓住员工的心，让员工对企业保持高度的忠诚。